外国文学文化论丛

主编 栾栋

Chayi · Qutong · Gexin:
Zhongxifang Daxuesheng Wangluo Jiaowang Yanjiu

差异·趋同·革新：
中西方大学生网络交往研究

袁薇佳／著

·广州·

版权所有　翻印必究

图书在版编目（CIP）数据

差异·趋同·革新：中西方大学生网络交往研究/袁薇佳著．—广州：中山大学出版社，2018.8

（外国文学文化论丛／栾栋主编）

ISBN 978-7-306-06418-9

Ⅰ.①差… Ⅱ.①袁… Ⅲ.①大学生—人际关系—对比研究—世界 Ⅳ.①G645.5

中国版本图书馆 CIP 数据核字（2018）第 187741 号

出　版　人：	王天琪
策划编辑：	吕肖剑
责任编辑：	靳晓虹　罗梓鸿
封面设计：	林绵华
责任校对：	付　辉
责任技编：	何雅涛
出版发行：	中山大学出版社
电　　话：	编辑部 020-84111946，84113349，84111997，84110779
	发行部 020-84111998，84111981，84111160
地　　址：	广州市新港西路 135 号
邮　　编：	510275　传　真：020-84036565
网　　址：	http://www.zsup.com.cn　E-mail：zdcbs@mail.sysu.edu.cn
印　刷　者：	佛山市浩文彩色印刷有限公司
规　　格：	787mm×1092mm　1/16　17.5 印张　335 千字
版次印次：	2018 年 8 月第 1 版　2018 年 8 月第 1 次印刷
定　　价：	48.00 元

如发现本书因印装质量影响阅读，请与出版社发行部联系调换

"外国文学文化论丛"序

广东外语外贸大学外国文学文化研究中心成立已有12个年头。作为广东省文科基地，该中心为广东外语外贸大学这所专业型和实用性特征突出的学校增添了几分人文气质，使广东省这个改革开放的"前沿码头"多了些了解他山之石的深度。今天，我们推出"外国文学文化论丛"，就是想对本中心研究的状况和相关成果做一个集结，也是为了把我们的工作向广东的父老乡亲做一个汇报。

"外国文学文化"是一个庞大的范围。任何一个同类研究机构，充其量只能箪食瓢饮，循序渐进。我们的做法是审时度势，不断进行学术聚焦，或曰战略整合。具体而言，面对"外国文学文化"这个极其宽泛的研究对象，我们用12年时间完成了内涵、外延、布局、人员、选题、服务学校和社会等方面的核心建构。

其一，12年的艰苦努力，基地真正地完成了对广东外语外贸大学重要外语种类文学文化研究实力的宏观联合。经过这些年的精心组织和努力集结，英、法、德、日、俄、泰、越等国别文学及其相关研究初具规模，跨文化的择要探索、次第展开，突破比较研究局限的熔铸性创制有序进行。从总体上看，虽然说各语种实力仍然参差不齐，但是几个重要的语种及其交叉研究，都有了可以独当一面的人才，有了相对紧凑的协作活动，优选组合的科研局面日臻成熟。

其二，基础研究和个案研究、单面进取与多向吸纳的交叉研究态势业已形成。长期以来，广东外语外贸大学的外语师资在科研方面比较分散，语各一种，人各一隅，教学与科研大都是单面作业，几十年一条"窄行道"，一辈子一个"小胡同"，邻窗书声相闻，多年不相往来。近几年，基地积极推荐选题，从战略上引导，在战术上指点，通过活动来整合资源，基础研究与个案研究的结合颇有成效，单向研究的局限有所突破，交叉研究的方法也有较大面积的推广。这个进步将会对学校的师资建设产生积极而深远的影响。

其三，领军人才和高端人才的培养在有重点地推进。在当今中国，高教发展迅速，不缺教书匠，缺少的是高水平的教师，尤其缺乏大气磅礴的将帅之才。自古以来,有些知识分子以灵气或知识自傲,文人相轻,是已非人,一偏之才易得,淹博之人寥寥,而可以贯通群科的品学兼优之才更是凤毛麟角。我们这些年在发掘和培养科研人才方面,花了不少心血。外国文学文化研究中心以人文学为集结号,在本校相关专业的教师当中培养了一批师资力量。让我们感到欣慰的是,最近几年基地持续多年的创新学术导向渐入佳境,熔铸性的科研蔚成风气,专兼职人员知识结构的改造成为本中心的自觉行动,科研人才的成长形势喜人。随着学校支持力度的加大,陆续有高端人才引进,他们的加盟对基地来讲,是具有战略意义的人才布局。

其四,科研有了质量兼美的提升。从2011年到2013年,"人文学丛书"第3辑15种著作全部付梓。截至目前,1、2、3辑共35种著作,加上丛书外著作5种,总计达40种著述(不包括2011年之前基地已经出版的10多种"人文学丛书"外著作),成建制地推向学界,产生了积极的学术影响。在基地的专兼职研究人员中,有些学者善于争课题、做课题,有些学者精于求学问、搞创新。我们对这两种学者的特长都予以支持。相比较而言,前者之功,在于服务政策,应国家和社会所急需;后者之德,在于积学储宝,充实学林,厚道人文,是高校、民族和国家的基础建设。从学术史和高教发展史来看,两个方面都有其贡献,后者的建树尤为艰难。埋头治学者不易,因为必须淡泊名利,宁静致远。然而,不论是对于一所高校、一个民族、一个国家,还是对全人类,做厚重的学问是固本培元的事情。有鉴于此,基地正在物色人选,酝酿专题,力求打造拳头产品,做一些可以传之久远的著述。

其五,将战略性选题和焦点性课题统筹安排。诸如,以"人文学研究"(即克服中外高校学科变革难题)为龙头,以"文学通化研究"为核心,以"美学变革研究"为情致,以"外国文论翻译研究"为舟楫,以"人文思潮探讨"为抓手,以"重要人物研究"为棋子,推出了一系列比较厚重的研究成果,如人文学原理、文学通化、感性学、文学他化、存在主义、女性主义、后现代主义、新小说、副文学现象、日本汉诗、莫里哀、波德莱尔、艾略特、柏格森、阿多诺、海德格尔、勒维纳斯、海明威、萨特、古埃尼亚斯、本居宣长、厨川白村、川端康成、大江健三郎、村上春树、米兰·昆德拉、伊里加蕾、鲍德里亚、麦克·布克鲁、雅克·敦德、德尼斯·于斯曼、勒·克莱齐奥、哈维等,一盘好棋渐入佳境。

其六,全力配合学校的总体规划。本基地为学校的传统特长——外国文学文化研究增砖添瓦,为学校学科建设的短板——文史哲学科弱项补偏救急,为学校"协同攻关"和"走出去"身先士卒。事实上,基地的上述工作,早就开始"协同攻关"。试想,把这么多语种的文学文化研究集于一体,治为一炉，交叉之，契合之，熔铸之，应该说就是"协同攻关"。"人文学中心建设"也是一种贯通群科的"协同攻关"。比较文化博士点的复合型人才培养，同样是一种"协同攻关"。我们做的是默默无闻的工作，基地的专兼职研究人员甘愿做深基础、内结构和不显山露水的长远性工作，我们为之感到高兴。笔者一贯用"静悄悄，沉甸甸，乐陶陶"勉励自己，也以之勉励各位同事。能够默默地奉献，那是一种福分。在"走出去"方面，我们也下了相当大的功夫，仅2013—2014年，基地就有5名教授分赴法、德、俄、美等国访问与讲学。这些活动的反响都很积极。对方国家的高层学者，直接把赞扬的评价反馈给我国教育部、汉办等领导部门。我们努力响应国家和学校的号召，认认真真地"走出去"，这在今后的工作中还会有进一步的体现。

以上几个方面的工作，在"外国文学文化论丛"中都有聚焦性的著作推出。还有一些方面，比如外国语言文学如何固本培元的问题、外国语言文学选择什么提升点的问题、"人文学"的后续发展问题，诸如此类，都是今后基地科研工作的关注点。这些方面也会在"外国文学文化论丛"中陆续有所体现。序，是个开端。此序，也是12年来基地工作的一个小结。

栾　栋
2015年4月19日
于白云山麓

目 录 Contents

前 言 ··· 1

第一章 绪论 ·· 3
第一节 问题的提出 ·· 5
第二节 研究的意义 ·· 7
一、理论意义 ··· 7
二、实践意义 ··· 7
第三节 国内外研究现状 ·· 8
一、国外的相关研究 ·· 8
二、国内的相关研究 ··· 11
第四节 研究思路与研究方法 ··· 20
一、研究思路 ·· 20
二、研究方法 ·· 21

第二章 网络交往的概念界定及其特点 ································· 23
第一节 交往之义的词源学追溯与反思 ································· 25
一、交往的定义 ··· 25
二、传统文化中的交往观 ··· 27

三、交往观的代表性理论和学说 ………………………… 30
第二节　关于网络交往 ……………………………………… 38
　　一、人类交往方式的发展进程 …………………………… 38
　　二、"网络交往"的概念梳理 ……………………………… 40
　　三、网络交往的主要形式 ………………………………… 43
　　四、网络交往的基本特点 ………………………………… 45

第三章　中西方大学生网络使用及网络交往实证研究 ……… 51
第一节　中西方国家及青少年互联网使用情况 …………… 53
第二节　中西方大学生网络使用和网络交往的调查研究 … 54
　　一、研究目的与假设 ……………………………………… 54
　　二、研究过程和方法 ……………………………………… 56
　　三、研究结果 ……………………………………………… 59
　　四、分析与讨论 …………………………………………… 85

第四章　自我的重塑：网络交往与自我的发展 ……………… 95
第一节　网络交往与虚拟自我 ……………………………… 97
　　一、关于自我 ……………………………………………… 97
　　二、网络交往中的虚拟自我 ……………………………… 101
　　三、网络游戏中的虚拟自我 ……………………………… 106
第二节　网络交往与自我认知 ……………………………… 109
　　一、网络交往与自我认知的深化 ………………………… 109
　　二、网络交往与自我肯定 ………………………………… 112
　　三、网络交往与角色学习及整合 ………………………… 117
第三节　网络交往与新的自我同一 ………………………… 119
　　一、心理学中的"自我同一性" …………………………… 119
　　二、网络交往中"自我同一性"的形成及危机 …………… 120
　　三、网络交往使自我从"分裂"走向新的"自我同一" …… 122

第五章　群体中的互动：网络交往与活动组织 …… 125
第一节　网络交往中的大学生群体 …… 127
一、网络互动中的大学生同辈群体 …… 127
二、网络交往中的青年自组织 …… 130
三、大学生网络青年自组织的作用及其表现 …… 134
第二节　以活动为导向的网络交往 …… 138
一、网络媒体背景下的校园活动 …… 138
二、专题：校庆网络互动推动校园组织文化形成 …… 141
第三节　以需求为导向的网络交往 …… 147
一、网络组织中的趣缘群体 …… 147
二、网络趣缘群体对于大学生社会化发展的作用 …… 152

第六章　语言的革新：网络交往与符号环境 …… 159
第一节　作为传播符号的网络交往语词 …… 162
一、网络语词的基本类型 …… 162
二、网络交往中的网络语词特点 …… 167
三、网络语词的发展趋势 …… 170
第二节　作为文化心理表征的网络交往语词 …… 171
一、表现当下大学生求新、求异、求简的心态 …… 172
二、展现大学生的反权威、反传统和宣泄缓压的心理倾向 …… 173
三、体现大学生对身份认同、群体归属的需求 …… 174
四、展现大学生对流行时尚与快乐的追求 …… 176
第三节　网络语词呈现新时期青年亚文化特点 …… 177
一、反叛与创新同在 …… 178
二、渴望认同与刻意回避同在 …… 179
三、个性张扬与盲目追随同在 …… 180
四、理想追求与享乐主义同在 …… 181

第七章　超越与失衡：网络交往与大学生社会化 …… 183
第一节　大学生社会化及其内容与特点 …… 185
一、社会化的概念 …… 185
二、大学生社会化的内容及特点 …… 186

　　　　三、网络媒体与大学生社会化 ………………………………… 187
　第二节　网络交往对大学生社会化的积极影响 ……………………… 189
　　　　一、增强大学生的主体性 ………………………………………… 189
　　　　二、促进大学生自我发展和人格完善 ………………………… 190
　　　　三、促进大学生人际交往能力的提升 ………………………… 191
　　　　四、促进大学生知识面的拓展 ………………………………… 192
　第三节　网络交往对大学生社会化的消极影响 ……………………… 193
　　　　一、造成大学生角色身份异化 ………………………………… 193
　　　　二、导致无法形成清晰的自我概念 …………………………… 194
　　　　三、造成大学生人际交往障碍 ………………………………… 195
　　　　四、导致价值观混乱和思维僵化 ……………………………… 197
　　　　五、造成大学生网络行为的失范和网络安全问题 ………… 198

第八章　多中心治理：大学生文明网络交往机制建构 …………… 201
　第一节　提升素养，增强理性交往能力 ……………………………… 203
　　　　一、发挥社会媒介教育组织的作用 …………………………… 205
　　　　二、发挥高校的作用 …………………………………………… 206
　　　　三、发挥大学生自身的作用 …………………………………… 208
　第二节　建立规范，净化交往的共同"生活世界" …………………… 211
　　　　一、加强网络立法和政府作用 ………………………………… 212
　　　　二、加强网络信息环境建设 …………………………………… 214
　第三节　加强对话，推动交往达成理解和共识 ……………………… 217
　　　　一、体现民族特色和青年特色文化 …………………………… 217
　　　　二、体现教育管理的针对性和实效性 ………………………… 220

结　语 ……………………………………………………………………… 224

附　录 ……………………………………………………………………… 228

参考文献 …………………………………………………………………… 257

后　记 ……………………………………………………………………… 267

前 言

本书主要研究中西方大学生在信息社会、网络化背景下，如何通过新兴的社交媒体进行网络交往，新的网络交往模式给大学生个体和群体带来何种影响，以及如何应对的问题。其主要议题是"新兴的社交媒体对大学生人际交往带来的新变化""不同文化背景下中西方大学生网络交往的差异和共同点""网络交往与中西方大学生自我发展、群体活动组织、网络交往语言特点""网络交往对大学生社会化的影响及如何建构大学生文明交往机制"等。对这些问题的研究都立足于"比较"的视角，聚焦于"大学生网络交往"这个主题，呈现受到不同传统文化影响的大学生在面对网络空间的海量信息、在塑造网络交往中的自我形象、进行网络互动等过程中的特点，以及与之相对应的能力、素质，乃至整个群体表现出来的青年亚文化特点。

本书共八章，以绪论开篇提出问题，以结语收束展望未来，按照理论部分、实证（实践）部分、结论和展望部分来进行考察。

第一部分：理论部分，包括第一、二章。

第一章，包括本书选题的背景及其意义，中西方有关网络交往的相关研究成果和状况的梳理总结，以及大学生网络交往研究中存在的不足和需要进一步研究的问题等。

第二章，追溯中西方学者关于"交往"的定义，回顾中西方传统文化中的交往观，概述近现代的几种代表性的交往理论和学说，并从人类交往方式的演进上，进一步界定"网络交往"的定义及其主要形式和基本特点。

第二部分：实证（实践）部分，包括第三、四、五、六章。

第三章，通过问卷调查方式，了解中西方大学生的网络使用行为以及网络交往平台、交往对象、交往内容、交往话题及交往语言等方面的特点；同时，在前人研究假设的基础上，提出本书的研究假设，通过统计和分析大学生网络交往正式问卷得出的结果，从性别、年级、学科等多个角度呈现中西方大学生网络交往的相同、相似和不同之处。

第四章，研究网络交往与自我重塑，从网络交往与虚拟自我、自我认知和新的自我同一等角度分别进行论述，并以大学生网络游戏为例，结合前章的调研结果，阐释网络交往与大学生多重身份建构、角色学习和整合、自我认知形成、自我肯定等之间的关系。

第五章，研究网络交往与群体互动，论述大学生中的同辈群体和青年自组织在网络交往中的作用，通过案例分析和访谈等方式，选取以活动为导向、以趣缘为导向的大学生网络交往群体，以点概面地阐释大学生网络群体的组织模式和交往特点，以及这种交往对于大学生社会化发展的意义。

第六章，研究网络交往和语言创新，总结中西方大学生网络交往语词的基本类型、主要特点和发展趋势，分析其所体现的大学生文化心理特点，以及由此所展现出来的青年亚文化特点。

第三部分：展望、结论部分，包括第七、八章。

第七章，结合网络媒体特点和大学生身心发展特点，指出网络媒体对推进大学生社会化的重要意义；总结论述网络交往对于大学生的社会化发展所带来的积极和消极影响。

第八章，分析当前网络媒体发展环境的新形势和新要求，提出要以"多中心治理"的原则，从政府、社会、学校、家庭和学生自身着手，多渠道完善建构科学、有效的机制，建设良好的大学生文明网络交往环境。

第一章 绪 论

第一节　问题的提出

人类进入信息社会之后，信息量剧增，传播加速，生活节奏加快，社会竞争加剧，文化形式日新月异，新技术、新现象、新词汇层出不穷，整个社会都处在动态变化之中。在这种变化态势下，每一项信息技术的突破与普及，往往会影响甚至改变一个社会的面貌，触发社会结构的转型和重构，呈现一个时代的崭新形态。随着互联网的快速发展，以数字技术为核心的网络媒体，已经成为公众交流信息、表达意见和进行交往的平台，带领人们走进了一个崭新的时代。

据国际电信联盟（ITU）估算，2016 年，全球网民数量达到 34.88 亿，其中，发展中国家的网民数量为 24.65 亿，约占总数的 70%，中国是网民数量最多的国家。据中国互联网络信息中心（CNNIC）的调查，截至 2017 年 6 月，中国网民规模达 7.51 亿，互联网普及率达到 54.3%。手机网民规模达 7.24 亿，使用手机上网的网民占比为 96.3%，可以看出，网民上网设备已向移动端集中。其中，20～29 岁的网民占比 29.7%，为网民中占比最高的一个群体；具有大学本科及以上学历的人员占 11.6%。网民中学生群体最大，截至 2017 年 6 月，学生群体占比为 24.8%。在中国，排名前三的典型社交软件/网站（微信朋友圈、QQ 空间、微博）均为综合类社交应用，截至 2017 年 6 月，使用率分别为 84.3%、65.8%、38.7%。可以看出，整个互联网的应用都在融合社交因素，展现出社交化的大趋势。

而在西方国家，以美国为例，爱迪生调研机构（Edison Research）发布的《互联网与多媒体社会行为研究》显示，2014 年，美国使用社交媒体的用户多在 12～24 岁，这个年龄层至少有 80% 的人拥有社交媒体账号；而在 12 岁以上的用户中，有三成表示不仅使用社交媒体，而且每天都多次使用；至于 18～24 岁的用户，最喜欢使用 Facebook、Instagram、Snapchat 和 Twitter。在利用社交媒体进行交往方面，以 Facebook 为例，18～24 岁的用户拥有的朋友数量平均为 649 人，排名为第一位。而到了 2017 年，在 12 岁以上美国人中，有 81% 的人使用社交媒体；而 12～24 岁美国人中，90% 是 Facebook、Instagram 或 Snapchat 的用户。可以说，出生于 20 世纪 90 年代后和 21 世纪初、成长于数字化环境的中西方大学生的学习、生活和行为方式，明显呈现了数字化、网络化的趋势。

他们积极地在网上进行自我展示，进行有效的信息沟通、缓解和驱散负面情绪，以兴趣爱好为基础建立同侪关系、开展团队合作等。网络媒体让中西方大学生在全球化的背景下，建立和维持他们父辈难以想象的数量大、多样化的人际联系。网络空间成为大学生交往的"共同基地"，在这里，共同的媒体体验和交往经历是大学生发展自我、与他人互动、组建群体组织、创造共同交往符号、形成身份认同的基础。对此，本书提出以下问题：一、网络空间这个新的"空间"和"基地"究竟给中西方大学生的交往方式带来了什么改变？二、不同文化成长背景下的中西方大学生网络交往呈现出哪些相同、相似或不同的特点？三、大学生网络交往对中西方大学生的自我发展、互动交流、活动组织和语言创新等带来什么样的影响？四、在网络交往过程中，大学生如何通过自身的实践来实现文化的传承与超越，又受到了哪些负面的影响，这些影响对大学生社会化和青年亚文化带来什么变化？五、针对大学生网络交往的新特点，我们该如何去推动网络交往环境的优化，建立文明网络交往的机制？

对于这些问题，本书以中西方大学生[①]的网络交往为研究对象，以点概面展示"90后""00后"大学生使用网络和网络交往的现状，并通过大学生网络交往的各种实践，分析大学生网络交往对传统交往内容和形式的影响和超越，及其对现实交往带来的负面影响，这些影响和变化给新时期青年亚文化的形成注入了新的元素，也将对大学生的社会化进程产生重要而深远的影响。面对网络交往所带来的积极和消极的影响，社会、家庭、高校以及大学生自身如何去正确看待，如何对网络交往进行积极引导、合理疏导和全面规范，也将是我们要研究的课题。

[①] 对于哪些是"西方"国家这个问题，本书采用学者方汉文在《西方文化概论》（第2版）一书中的观点。从地理、经济与政治的意义而言，"西方"主要指欧洲与北美最主要的两个国家美国与加拿大；而从欧洲文化的历史来看，"西方文化"包括地中海文化系统、西欧和东欧文化系统，以及欧洲之外的北美与大洋洲文化系统。因此，本书中的"西方国家"即欧洲、北美各国，以及澳大利亚。而对于"西方大学生"，结合获取样本的实际，本书主要研究的是西方来华留学生，在萧振鹏（Paul C. P. Siu）和贝利（J. W. Berry）等看来，这是"旅居者"（sojourners）群体，出于某种目的暂居他国，最终将返回故土的"临时移民"，他们只是暂居于另一种文化之中，保持了本族文化的传统和习俗。因此，本书选取这个群体与中国大学生群体进行比较研究。

第二节 研究的意义

一、理论意义

(1) 用比较的视角看大学生网络交往,能够加深对全球信息化浪潮下的中西方大学生在不同文化背景中社会化发展的认识。具体而言,通过调研数据来分析中西方大学生网络交往的相同、相似和不同点,并结合数据分析和研究现状的文献阐释,去探寻东西方传统文化对当代大学生的影响,尤其是对其交往的方式,乃至社会化进程的影响,进而去了解现象背后深层次的社会、文化课题。

(2) 通过对新媒体环境下中西方大学生网络交往形式、特点、内容和效果的研究,分析网络交往对传统交往方式带来的冲击和改变,以及在大学生的自我认知、自我认同、活动组织、群体互动、语言运用等方面所起的作用,进而拓宽大学生自我发展、青年朋辈交往、语言创新、青年亚文化等课题的研究领域。

(3) 分析网络交往对大学生社会化的重要作用,以及网络交往给大学生社会化带来的积极、消极影响的研究,能够为网络媒体成为新的社会机构提供有力支撑,这也是社会化体系中的重要组成部分。

(4) 通过对大学生网络交往实践中经验和教训的规律性总结,能够充实新媒体环境下青年媒介素养教育、高校校园文化构建以及网络环境治理等研究的内容。提出媒介素养教育要发挥社会组织、高校等机构的作用,要从教育早期着手的理念,同时要突出民族文化自信和校园文化氛围的重要影响,探索大学生文明网络交往机制构建的途径。

二、实践意义

(1) 为新媒体环境下大学生交往能力的培养和人际关系的处理提供借鉴。

(2) 通过研究网络交往中大学生的心理需求和特点,有利于对新的交往环境下大学生的心理健康问题进行及时的关注,并给予有针对性的教育和咨询。

（3）通过分析不同国情下大学生利用网络学习、生活和交往的特点，有利于教育指导大学生提升媒介素养，增强理性使用网络的意识，成为网络使用的"主人"。

（4）通过对大学生网络交往载体和网络青年自组织的研究，提高高校通过网络进行教育管理和活动组织的针对性、创造性。

（5）通过对网络交往中负面影响的研究，推动网络相关法律法规的完善和信息网络环境的建设。

第三节 国内外研究现状

一、国外的相关研究

20世纪90年代后，西方展开了大规模的网络使用行为（包括网络交往）研究，众多学者从哲学、社会学、心理学、传播学、教育学等多个学科的角度给予了高度关注和积极的探索与总结。

西方学者认为，网络社会作为新的社会形态，推动了社交互动，提供了角色扮演的平台，形成了新的社会认同，推动了人们交往方式和个性的改变。法国哲学家吉尔·德勒兹（Gilles Deleuze）等在其专著《千高原》的导论"根茎"中，前瞻性地提出电子媒介多元、无中心的趋势，传统媒介造就的"中心—边缘"的二元对立结构和造成的文化、信息的垄断和独裁被打破。2006年举行的"德勒兹研讨会：论媒介与运动"提出，媒介（包括网络视频等）已经成为一种文化刻录的境遇，一种生活的可能性。[1] 德勒兹所提出的差异哲学和游牧美学的独特理论，被用来分析赛博空间和电子媒介，引发积极反响和不同领域的共鸣。美国当代学者曼纽尔·卡斯特（Manuel Castells）突破了其信息社会学研究的领域，展开网络社会理论研究，撰写了"信息时代：经济、社会与文化"三部曲，即《网络社会的兴起》《认同的力量》和《千年终结》，认为网络社会是一种新的社会形态和社会模式，构建了新的社会时空，

---

[1] 麦永雄：《光滑空间与块茎思维：德勒兹的数字媒介诗学》，《文艺研究》2007年第12期。

产生新的社会认同。英国学者亚当·乔伊森（Adam N. Joinson）在《网络行为心理学——虚拟世界与真实生活》中提出，社交互动是互联网最普遍的用途，互联网能够让人产生归属感，人们通过在线角色的运用能够完成"身份工程"（identity project）。荷兰学者简·梵·迪克（J. V. Dijk）在《网络社会——新媒体的社会层面》一书中认为网络中的社会结构表现为联合与碎片化，呈现出一种新的社会凝聚形式，改变了人们的认知、感知方式，导致人类个性的改变。

西方学者关注青少年（大学生）对网络的使用以及网络交往的特点。美国未来学家、网络专家唐·泰普斯科特（Don Tapscott）研究随网络时代到来而崛起的"网络世代"（net generation）。在《数字化成长》一书中，他展现了在比特（bit）世界中成长的"网络世代"正以一种与其父辈不同的方式积极地学习、游戏、沟通、工作和创造社群，用革命性的新方法去思考、工作以及社交。①《网络少年：青少年的网络和非网络世界》一书也对青少年网民全新的具有网络时代特色的交往、生活模式和意识形态进行了研究。而随着社交媒介的发展，大学生交往也出现了新的趋势特点。有学者表示，社交媒体的使用与大学生日常生活中网络交往的异质性呈正相关。网络交往的异质性也与社会资本的建构、社会关系的联结及主观幸福感的水平呈正相关。② 还有学者认为，在 Facebook 中更大范围的网络社交和更多的预测受众意味着更高层次的生活满意度和对社会支持的感知度。他们还指出了在 Facebook 社交环境下受众心理的重要性。社交网站帮助年轻人满足了在人口不断变迁的社会中，人类从未改变的追求持久关系的社会心理需求，那些与过去（主要是高中朋友）保持联系的人群中，大学生所占比例较高，他们将 Facebook 视作获取社会支持的强有力的工具。③ 布朗等几位学者认为群我传播的吸引力随着社会网络规模的扩大而增强。然而，在 Facebook 上个人参与互动的水平与其他文化差异，例如个人主义价值观差异有密切关联。④ 列维斯（Kevin Lewis）等几位学者发

---

① ［美］唐·泰普斯科特：《数字化成长（3.0 版）》，云帆译，中国人民大学出版社 2009 年版。
② Bumsoo Kim, Yonghwan Kim. College Students' Social Media Use and Communication Network Heterogeneity: Implications for Social Capital and Subjective Well-being. Computers in Human Behavior, 2017, 73.
③ Adriana M. Manago, Tamara Taylor, Patricia M. Greenfield. Me and My 400 Friends: the Anatomy of College Students' Facebook Networks, Their Communication Patterns, and Well-being. Developmental Psychology, 2012, 48（2）.
④ Genavee Brown, Nicolas Michinov, Adriana M. Manago. Private Message Me S'il vous Plait: Preferences for Personal and Masspersonal Communications on Facebook among American and French Students. Computers in Human Behavior, 2017, 70.

现，社交网络中的隐私行为是社会影响和个人激励综合作用的结果。例如，如果朋友和室友都有自己的社交媒体资料，那么该学生就更有可能拥有自己的个人资料；女性比男性更有可能拥有个人资料；而拥有个人资料则与更高层次的在线活动有关。最后，那些拥有私密和公共资源的学生，其背后隐含的是较为独特的文化偏好特征，而"对隐私的偏好"可能只是其中一个很小却不可分割的部分。[①] 在另一项测试中，帕克等几位学者发现，Facebook 的使用强度与学生的生活满意度、社会信任度、公民参与度和政治参与度之间存在正相关的关系。虽然这些发现可以减轻那些担心 Facebook 主要会为年轻人带来负面影响的人的顾虑，但 Facebook 中发生的变量与社会资本之间的积极和重要联系很少，这表明线上社交活动并不是解决青年脱离公民责任和民主问题的最有效方法。[②] 艾利森等几位学者发现了使用 Facebook 和三种社会资本之间有很强的联系，其中最关键的就是弥合社会关系。此外，还有研究发现 Facebook 的使用与心理健康状况的测量结果有交互作用，这表明它可能为那些不自信的和拥有较低生活满意度的用户提供更大的好处。[③]

然而，随着网络已经成为西方青少年（大学生）学习、工作和生活中不可或缺的重要组成部分，西方学者也开始关注网络带来的负面影响。美国学者马克·鲍尔莱恩（Mark Bauerlein）在《最愚蠢的一代》一书中，用忧虑的眼光看待数字工具史无前例地融入年轻一代的日常生活，他认为技术限制了年轻一代的视野，使他们过于关注自身和身边的"小世界"，更多地交际和玩乐，而更少地展望未来，让年轻一代知识贫乏，恐惧读书，缺乏反叛意识等。美国学者尼古拉斯·卡尔（Nicholas Carr）则在《浅薄——互联网如何毒化了我们的大脑》中提出，万能的互联网、海量的信息，正在悄悄吞噬着作为生命之源的"专注力"，让人类的大脑日益变得空洞、浅薄。马森（Michael J. Mason）等几位学者则表示，参与有危险性网络社交的学生，其饮酒危险增加了 10 倍，每周大麻吸食量增加了 6 倍，每周吸烟量增加了 3 倍。通过社交网络与同龄人保持密切联系的大学生，可免受精神问题的折磨，但增加了吸食

[①] Kevin Lewis, Jason Kaufman, Nicholas Christakis. The Taste for Privacy: An Analysis of College Student Privacy Settings in an Online Social Network. Journal of Computer-Mediated Communication, 2008, 14 (1).
[②] Sebastián Valenzuela, Namsu Park, Kerk F. Kee. Is There Social Capital in a Social Network Site?: Facebook Use and College Students' Life Satisfaction, Trust, and Participation. Journal of Computer-Mediated Communication, 2009, 14 (4).
[③] Nicole B. Ellison, Charles Steinfield, Cliff Lampe. The Benefits of Facebook "Friends:" Social Capital and College Students' Use of Online Social Network Sites. Journal of Computer-Mediated Communication, 2007, 12 (4).

大麻的风险。认识到与同伴保持亲近能很大程度上保护自身免受精神疾病的折磨，为患有精神疾病风险极大的人群增添了自然的预防效果。这一结果支持了针对大学生通过网络的预防性干预来解决心理健康问题的可能性。①

而对于如何建构文明网络交往机制，肖恩·科斯蒂根（Sean S. Costigan）与杰克·佩里（Jake Perry）在其编著的《赛博空间与全球事务》中，介绍了美国Facebook等社交网络对保护网民隐私等的详细政策文件，也对信息过载所产生的注意力缺陷，以及网络中缺乏原创，复制、转发成风，个人的言论自由并未真正得到加强等进行了关注，并提出要加强媒介素养的建议。

总体而言，国外有关大学生网络交往的研究方向较为分散，而且大多是将网络交往与政治观点、公民责任、隐私偏好、心理健康、失范行为等某个细节问题联系在一起进行研究，同时，更为注重实证研究，没有出现严重的同质化问题。

二、国内的相关研究

（一）总体概况

国内对网络问题的研究，主要是从1993年译介西方网络技术和社会知识的著作开始，尤其是从1999年开始，逐步形成了网络理论研究的高潮，并出现了诸如网络经济学、网络传播学、网络文化学和网络社会学等一批新兴学科。对于网络交往的研究，主要强调网络空间作为一个虚拟场域所具有的匿名、身体不在场、去地域等情境特征，使网络交往呈现出众多与面对面交往不同的特点，从而对人的自我认知、个体心理、人际交往和个人成长等产生影响。相关研究专著有《数字化与人文精神》《网络与当代社会文化》《互联网与社会学》和《网络文化与人的发展》等；论文有《电脑网路中的人际关系：以电子邮件传递为例》《虚拟社区中的身份认同与信任》《重塑自我的游戏：网络空间的人际交往》等。

而对于大学生这个群体，在新媒体的背景下其人际交往所受到的影响、所呈现出来的新特点和规律，受到不少国内研究者的高度关注。以中国知网上收录的文献（期刊文章、博硕士论文、会议论文）为例，截至2016年5月30日，以"大学生网络交往"作为关键词，进行主题检索，共有期刊文章1466

---

① Michael J. Mason, Nikola Zaharakis, Eric G. Benotsch. Social Networks, Substance Use, and Mental Health in College Students. Journal of American College Health, 2014, 62 (7).

篇,博硕士学位论文 684 篇,会议论文 52 篇。从文献发文趋势来看,有关"大学生网络交往"主题的研究从 2000 年开始中文发文量显著增加,在 2005 年出现了较大幅度的增加,此后一直保持着较为稳定的环比增长率(见图 1-1)。

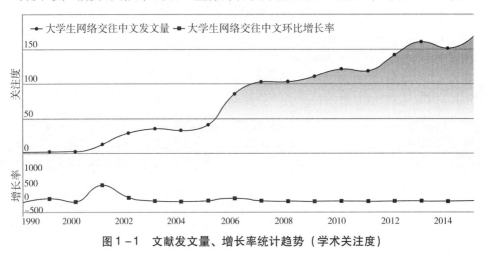

图 1-1 文献发文量、增长率统计趋势(学术关注度)

以学术期刊为例,根据统计,与"大学生网络交往"主题相关的期刊发文从 1988 年开始出现,至 1999 年期刊发文出现断档期。自 2000 年开始,期刊发文量显著增加,近几年持续保持较密集态势(见图 1-2)。

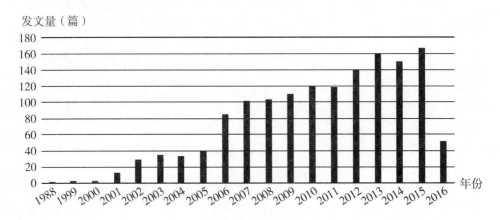

图 1-2 期刊逐年发文量

以博硕士学位论文为例,根据统计,与"大学生网络交往"这一主题相关的博硕士学位论文的发文趋势与期刊发文趋势相似,表现出逐年稳定高态增加,到 2015 年有所回落(见图 1-3)。

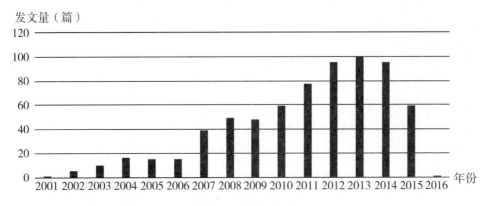

图1-3 博硕士学位论文逐年发文量

(二) 研究议题

以中国知网上收录的文献(期刊文章、博硕士论文、会议论文)为例,截至2016年5月30日,以"大学生网络交往"作为关键词,分析文献的"关键词共现网络"(见图1-4),可以看到,研究"大学生网络交往"的文章大多集中在大学生的人际交往(关系)、心理健康、网络成瘾及网络环境等方面,与此相关的网络行为、网络道德、网络文化及其所产生的影响、高校思想政治教育等同样受到较高的关注。

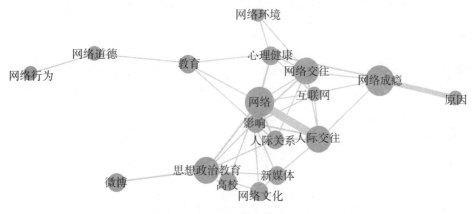

图1-4 文献关键词共现网络

分析文献的"学科主题词分布"(见图1-5),相关的研究文章主要集中在高等教育、教育理论与教育管理、心理学、新闻与传媒、社会学及统计学等学科领域。

图1-5 文献的学科、主题词分布

统计"大学生网络交往"主题下期刊论文的关键词共现网络分析（见图1-6），可以看到，大学生网络交往与学生人际交往、现实交往、社会交往等关系密切，研究者对于大学生网络交往与校园文化、网络道德、心理健康、人际交往能力、网络成瘾等问题都给予了高度关注，并通过问卷调查等方式进行及时全面的了解，以便为教育工作者和青年学生提供借鉴。

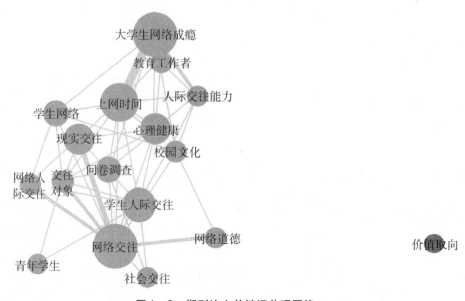

图1-6 期刊论文关键词共现网络

统计"大学生网络交往"主题下博硕士学位论文的关键词共现网络分析（见图1-7），可以看到，研究大学生网络交往与人际交往、社会支持、现实生活（交往）和社会环境密切联系的居多，研究者对于大学生网络交往与自我教育、网络道德（道德品质）、心理健康等方面非常关注。其中，对于该主题，问卷调查法很普及，可见实证法对于网络交往研究具有重要意义。

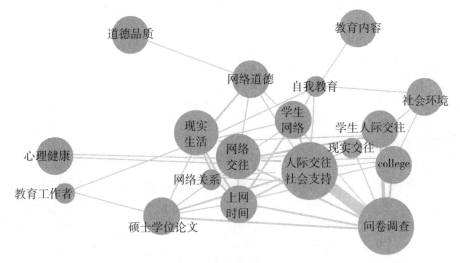

图 1-7 博硕士学位论文关键词共现网络

针对"大学生网络交往"这一主题进行检索,最早的相关文章是 1999 年秋沙《女生上网》和姚剑英《网络化:高校学生工作的新课题》,以及 2000 年陈巍等的《计算机网络对青年人成长的负面影响》等。最初对网络的研究主要集中在不同群体参与网络交往的行为特点以及网络对其产生的影响方面,比如因为性别不同带来的网络使用特点的差异,大学生网恋等现象的出现,[①] 网络化给大学生成长带来的积极、消极的影响,以及对高校学生工作带来的挑战等。[②]

1. 大学生网络交往的结构性特征

雷志萍、吴媛媛将大学生网络交往类型分为学习型、自我实现型、娱乐型、聊天型、交友型、网恋型和发泄型,其基本特征表现为自主性、平等性、自由性、开放性、虚拟性等。[③] 王千红、李永婕《当代大学生网络交往行为分析》以及孙鹤《网络互动社区大学生人际交往状况分析》等论文通过实证方法,阐述了大学生网络交往的主要形式、交往动机,以及大学生在校内网等常用网站上的交往情况作为案例分析大学生网络交往对现实交往的补充、维持"圈子交往"等特征。

2. 大学生网络交往与自我发展

何林认为,网络交往是一种普遍的、间接的交往,交往方式呈现出交互

---

① 秋沙:《女生上网》,《网络与信息》1999 年 11 期。
② 姚剑英:《网络化:高校学生工作的新课题》,《无锡教育学院学报》1999 年第 13 期。
③ 雷志萍、吴媛媛:《大学生网络交往类型及基本特征研究》,《科技资讯》2011 年第 3 期。

性、非中心化的转变，会弱化社会关系的发展，影响自我本质力量的提升，使得人的主体性在网络社会中失落。① 华伟认为，网络交往对青少年自我认识、自我体验、自我控制都会产生影响，既促使青少年表达丰富情感、自我形象更清晰，形成自律人格，但又存在角色认同混乱、自我体验"边缘感"和网络行为失控的风险，因此要积极引导理性使用网络。② 田雨、卞玉龙等通过实证研究得出，羞怯、自我意识和网络交往之间呈显著的正相关。网络的隐蔽性和虚拟性能够给羞怯者提供更多的安全感和归属感，生活中越是羞怯的人越是依赖网络。可以通过参与社会实践等方式，培养大学生自我调控和自我教育的能力，以获得更多的自我认同感和自信心。③ 陈秋珠《赛博空间的人际交往——大学生网络交往与心理健康关系的研究》一书中编制了具有心理测量学意义的大学生网络交往问卷，探索了网络交往与心理健康的关系、对大学生人格特质以及社会性发展的影响等。

3. 网络交往与虚拟自我

学者彭扬认为，网络使自我以虚拟的形式被公开呈现，满足了潜意识的需求，但同时也放大了人格的不完善，带来了过度自我表露、沉迷虚拟假象、影响现实生活等问题，建议使虚拟自我和现实自我能够相辅相成，塑造健全人格。④ 施雯认为，网络社群交往中的虚拟自我被打上社群传播情境的烙印，能建构多重角色身份，可以抚慰"现实自我"，但过于依赖网络，会带来虚拟自我问题与危机，如信任缺失、与现实割裂、群体消极等。⑤ 侯岩认为，人们在网络虚拟空间可以扮演多种角色，塑造多个自我，网络虚拟自我与人格特征存在于人与人的关系中和各类网络语境中，不再是绝对稳定的、整体的和一贯的，而具有不确定和多元的一面，并以其界域性、合情性、时代性的特征，映射出网络传播所处的现实语境、社会现状和文化样态。⑥ 而徐琳琳则以中国传统文化的视角切入，认为传统文化和社会环境与大学生的心理特点发生冲撞，使其通过塑造"虚拟自我"来逃避现实挫折和迷惑，从而出现沉溺网络问题，需要社会、学校和家庭共同发力，找到具有中国当代文化特色的"自我"培

---

① 何林：《网络交往中自我的发展与提升对策的思考》，《玉林师范学院学报》（哲学社会科学版）2007年第2期。
② 华伟：《网络交往对青少年自我形成的影响》，《青年探索》2002年第1期。
③ 田雨、卞玉龙、韩丕国等：《羞怯对网络交往的影响：自我意识的中介作用》，《中国健康心理学杂志》2016年第4期。
④ 彭扬：《网络交往中的虚拟自我研究》，《东南传播》2014年第2期。
⑤ 施雯：《网络群体交往中的虚拟自我》，《媒体时代》2013年第6期。
⑥ 侯岩：《网络虚拟自我与人格新探》，《河南师范大学学报》（哲学社会科学版）2013年第7期。

育路径。①

4. 网络交往对角色认同的建构

社会学家风笑天曾专门研究虚拟社会化与青年的角色认同之间的关系,他认为在虚拟社会化条件下青年角色认同危机主要体现为三个方面,即文化冲突、更深刻意义上的代沟以及内在的疏离感与孤独感。② 随着网络发展,他在几年后又针对 OICQ 网际互动进行实证研究,得出的结论是,相比非 OICQ 用户,青少年 OICQ 用户更加合群、活跃、胆大和任性,具有更强的现实交往能力,网络化的多层次交往方式使得青少年的自我意识得以增强,个体人格得以充分的自我表达与舒展,有利于塑造全新自我和相应的人际关系。③ 同时期,李辉认为,网络虚拟交往会导致人的自我认同危机,具体表现为:自我虚拟人格与现实人格的分离、自我与社会关系的分离、自我与人的本质的分离等,需要通过加强虚拟交往的主体性教育的方式,培养自我认知、自我控制和自我选择的能力。④ 黎力以网络游戏为对象,认为青年通过在网络游戏中扮演角色、创造人物,在自我呈现中建构各种自我,通过颠覆实现身份再造,从而在此过程中过分夸大自己的独特和与众不同之处,张扬一个放大的、充满政治热情和民族意识的自我。⑤ 而对于网络交往是否会带来自我认同的危机,学者们从不同角度切入。其中,陈井鸿认为"自我"在虚拟交往中以网名的形式存在,并借助于网络交往开始分裂;自我认同是通过人的多样化的需求表现出来,在一定条件下,"自我"分裂是达成新的同一的必要环节,自我认同的多样化是对现实中单一、片面自我的弥补和完善,是新的"自我"同一。⑥ 但是,过于沉溺网络交往对自我同一性将带来消极的影响,陈小普认为当真实自我与虚拟自我存在巨大反差时,会使大学生无法形成清晰的自我意识,他们在两个自我间频繁切换,会因为无法整合多重角色而影响现实生活中的人际交往,难以适应现实社会,并带来认识偏差、方向迷失、责任意识淡薄等问题。⑦

5. 大学生网络交往的语言

杨明刚、程安琪等对网络语言的类型、来源及特点进行了研究,认为网络

---

① 徐琳琳:《中国传统文化对大学生"虚拟自我"的影响》,《哈尔滨师范大学社会科学学报》2013年第6期。
② 风笑天、孙龙:《虚拟社会化与青年的角色认同危机——对21世纪青年工作和青年研究的挑战》,《青年研究》1999年第12期。
③ 刘中起、风笑天:《虚拟社会化与青少年角色认同实践研究》,《黑龙江社会科学》2004年第2期。
④ 李辉:《网络虚拟交往中的自我认同危机》,《社会科学》2004年第6期。
⑤ 黎力:《虚拟的自我实现——网络游戏心理刍议》,《中国传媒科技》2004年第4期。
⑥ 陈井鸿:《网络交往与"自我"认同》,《江海纵横》2007年第6期。
⑦ 陈小普:《沉溺网络交往对大学生自我同一性发展的消极影响》,《鸡西大学学报》2009年第2期。

语言具有延伸性而非终止性、创造性而非封闭性、态度性而非结果性、应用性而非欣赏性等规律。① 全春阳、周园园、陈要勤等用比较的视角，从语言学、心理学等多角度对中英、中日网络用语等进行研究。② 随着网络语言更普遍地为青年大学生所使用，承载和渗透着多元的文化内涵，越来越多的学者从文化的角度分析网络语言。马中红认为网络语言中独特的表达方式是青年亚文化的醒目标识，能表明与众不同，实现身份的认同，同时网络用语的过度狂欢也会导致青年亚文化的"抵抗"意义被放逐，冲击力被消解，体现出当代青年亚文化的"游戏精神"。③ 肖伟胜认为，网络语言作为典型的青年亚文化现象，反映出亚文化与主流文化之间暧昧复杂的结构性关联，通过拼贴与同构的方式进行"符号的游击战"，在象征性的抵抗中对付、挑战强势者所主宰的社会秩序，进而寻求自身的价值判断和意义建构。④ 宗锦莲认为网络语言能从方式上、内容上和功能上作用于青年文化的建构，通过考察青年言说体系和互动过程，可以看出青年文化既渴望认同，又刻意回避的两极化倾向。⑤ 当然，作为创造网络语言的重要力量，青年网民在网上交往中所带来的语言发展新动向，也使得青年文化的反哺功能在虚拟和现实世界凸现出来。⑥ 还有不少学者通过网络语言的产生、传播流行等角度，研究青年大学生的文化心理特点，如朱强把网络语言看作青年语言变异，认为体现了青年"为快乐而生活"的主张，是自我叛逆、向传统挑战的表达，是现代性的写照等。⑦ 黎昌友认为网络语言可以看出当代青年求新求异、追求乐趣、从众从俗、对现实的宣泄或反抗等文化心理。⑧

6. 新媒体在大学生网络交往中的使用和满足

随着网络技术的发展，新媒体的使用成为研究者关注的热点问题，相关论文有王坚《大学生BBS网际交往的特点与应对》，胡耀华《浅析移动社交媒体

---

① 杨明刚等：《大学生网络流行语使用行为的调查与分析——以上海部分高校为例》，《中国广告》2011年第12期；程安琪等：《大学生网络流行语盛行的解读与思索》，《北京城市学院学报》2014年第2期。
② 全春阳：《谈英汉网络语言之比较》，《沈阳大学学报》2006年第12期；周园园：《英汉网络语言造词方法的比较》，《宁波广播电视大学学报》2008年第6期；陈要勤：《中日大学生网络缩略语使用心理比较》，《广东外语外贸大学学报》2009年第9期。
③ 马中红：《亚文化符号：网络语言》，《江淮法治》2015年第4期。
④ 肖伟胜：《作为青年亚文化现象的网络语言》，《社会科学研究》2008年第6期。
⑤ 宗锦莲：《浅析网络语言与青年文化的建构》，《青少年研究（山东省团校学报）》2007年第6期。
⑥ 石国亮：《从网络语言看青年文化的反哺功能》，《中国青年研究》2009年第7期。
⑦ 朱强：《言说：青年社会互动的一种特殊符号———对青年俗语、网络语言、段子、翻唱歌词……的解读》，《青年研究》2001年第6期。
⑧ 黎昌友等：《从网络语言看当代青年的文化心理》，《成都大学学报》（社会科学版）2012年第6期。

对大学生人际关系的影响》，王亚煦、张育广等《大学生使用微博的现状分析及对策研究——基于广州大学城 10 所高校的调查》，韩晓宁、王军《内容依赖：作为媒体的微信使用与满足研究》，朱剑虹、王静溪等《微信对大学生人际关系影响研究》以及武永乐、吴布林、张建颖等发表的十余篇有关新媒体在大学生思想政治教育工作中的应用研究等论文。研究者们选择典型的社交平台上的网络交往作为案例，比如将微博称为"信息塔"和"文明助推器"，认为其拉近了人与人之间的距离，形成了以自我表达为目的的文化自觉，推动着人们从自我实现到自我价值实现，最后产生自我认同。[①] 微博以其碎片化的真诚记录、自我公共表达的增多为自我反思提供更多的内容基础，使个体内在世界更清晰；并以其多样性呈现世界的复杂性，通过个体"围观"让其获得自身存在的实在感，通过个体与外界的互动，推动了个体社会化的速度和程度，让个体主观真实更逼近客观真实，使得外在世界更加澄明。此外，微博构建的"关注—被关注"社会关系结构让个体的主体性更强，人的自由度显著提高。[②]

综上所述，从这些研究趋势可以看到，随着网络交往成为人们交往的一种不可或缺的重要形式，越来越多的人能够更理性地看待其存在，并开始富有前瞻性地对之展开研究，使之扬长避短，发挥更积极的作用。

此外，还有不少论文阐述了大学生网络交往与其社会化发展的关系，比如李小元《网络交往对大学生社会化的影响及其对策》，程涓《网络交往与大学生主体性发展》，华红琴《网络影响下的青少年社会化与生活方式双重机制》，陈明龙《网络交往对大学生人格发展的影响及对策》，李瑞嘉、李传熹《网络交往与大学生道德自我养成》以及熊翀《网络交往对大学生价值观及人际关系的影响》等。

这些研究从哲学、社会学、心理学和传播学多个角度对网络媒体影响下的大学生交往进行了现状描述，对网络媒体给大学生交往带来的积极和消极影响进行分析，并针对大学生心理特点和现实需求提出相关对策。这些研究既有从宏观方面去描述的，也有从微观方面去论证的，既有案例的分析，也有数据的统计，但总体上看，较为缺乏的是对于中西方大学生网络交往的对比研究和实证研究。

[①] 曹兰胜：《微博文化中的自我认同与价值审视》，《学校党建与思想教育》2013 年第 2 期。
[②] 廖建国、范中丽：《微博给予自我的意义：内、外两个世界更加澄明》，《成都大学学报》（社会科学版）2014 年第 2 期。

第四节 研究思路与研究方法

一、研究思路

本书以大学生网络交往作为研究对象,在"绪论"一章通过梳理国内外大学生网络交往的相关研究成果,提出大学生网络交往研究中存在的不足和需要进一步研究的问题。

接着,本书从理论的层面,对中西方学者关于"交往"的定义进行总结评述,回顾中西方传统文化中的交往观,以及马克思、恩格斯、哈贝马斯等学者为代表的交往理论以及符号互动论对"交往"的论述,并在此基础上,进一步界定"网络交往"的定义,并概述了网络交往的主要形式及其基本特点。同时,本书还从实证的层面,参照已有的研究成果,设计问卷题目,并根据研究需要,选用关于大学生网络交往的正式问卷,在中西方大学生中一并进行调查。通过对问卷调查结果的统计和分析,了解中西方大学生网络使用及网络交往的平台、方式和特点等基本情况,并通过卡方检验、独立样本T检验、单因素方差分析等统计方法,在比较的视阈下,对中西方大学生网络交往过程中所体现出来的行为差异进行初步分析,同时,还从性别、年级、学科等多个角度描述中西方大学生网络交往中体现出的相同、相似和不同之处。

通过上述理论和实证的研究,可以了解中西方大学生网络交往的基本情况,以及新的交往方式给传统人际交往方式带来的新的冲击。而更加重要的问题是:这种冲击背后透露出来的文化差异是什么?这对大学生自身发展及其在所在群体中的互动方式和生存方式会产生何种影响?针对这些问题,本书以网络交往与大学生自我发展、活动组织、语言创新之间的关系作为深入研究的对象,通过论述网络交往与虚拟自我的关系,以及网络交往对自我认知、自我肯定、角色学习与整合以及推进形成新的自我同一等方面的影响,阐释网络交往对于自我发展的重要意义;通过对大学生中的同辈群体、青年自组织等在网络交往中的重要作用进行论述,并以校园文化活动中的校庆、网络组织中的趣缘组织为观察对象,阐释了以活动、需求为导向的大学生网络交往的特点及其对大学生成长的重要影响;通过总结中西方大学生网络交往中所运用的网络语词的基本类型、主要特点，分析其所展现的大学生文化心理特点以及所体现的青年亚文化特点。

在前面论述的基础上，本书的结尾部分总结了网络交往对于大学生的社会化发展所带来的积极和消极影响，并结合当前网络媒体发展环境的新形势和新要求，提出如何从政府管理、法律规范、行业自律、高校引导和学生自主等多个渠道完善和建构科学、有效的机制，从而建设良好的大学生文明网络交往环境。

二、研究方法

本书采用的研究方法主要有文献研究法、问卷调查法、观察法和访谈法。

文献研究法不仅仅是资料收集，更侧重于对资料的分析。笔者对古今中外文献中关于"交往"问题的相关论述进行研究，获得启示，找到新视角，形成新认识；同时，也通过文献研究，对"自我及其发展""虚拟自我""同辈群体""网络青年自组织""趣缘群体""网络语词"等概念，在分析总结前人研究成果的基础上，笔者通过自身的分析，归纳出新的问题和规律性表现。

问卷调查法，即通过发送问卷链接和书面的形式，对中西方大学生的网络使用情况、网络交往特点以及网络交往中的内在心理结构等进行较为全面、系统的了解，并对搜集到的调查结果进行分析、比较、综合和归纳，从而得到规律性的认识。

本书还采用了观察法中的非参与式观察作为资料收集方法。在对网络空间特性进行了解的同时，笔者通过观察大学生在网上交往中的书写活动，主要是符号记录的语言文字材料、图片和视频等，进一步加深对中西方大学生的认识和了解。文字等作为感受虚拟空间的主要工具，在这里，大学生借助书写的文本来进行交往，展现和表达自我，与网友进行互动，进行以活动和需求为导向的网络交往，并在交往过程中使用具有大学生特点的网络语词，从而建构社会关系，形成具有时代特征的青年亚文化。

访谈法即带着一定的目的主动约请访谈对象进行访谈。本书中，笔者根据第五章网络交往与活动组织的研究目标，采用结构化与半结构化访谈相结合的方式，通过面对面访谈或是微信、QQ访谈等，对中西方大学生加入网络群组和群内互动的情况，以及对于网络群体交往的看法等进行访谈，以期了解不同文化背景下大学生群体交往的特点。

第二章 网络交往的概念界定及其特点

第一节 交往之义的词源学追溯与反思

一、交往的定义

在中国,"交往"一词,源于战国时期的兵法《尉缭子》,书中说道:"中军、左、右、前、后军,皆有分地,方之以行垣,而无通其交往。"该句中的"交往"指互相来往。与"交往"相类似的词语有"社交""交际"等。从对字的释义来看,"交",交胫也;"往",之也;"际",壁会也。① 而在《辞源》中,"交"包含以下含义:接触,贯通;结交,往来;此与而彼受;性交;并,都;前后交替的时候;使。"往"包含以下含义:去;昔,过去;以后,以下;死,死者;送。② 在《辞源》中,没有出现"交往"一词,只有"交际"一词,指"接触往来、和洽"。朱熹在集注中说:"际,接也。交际谓人以礼仪币帛相交接也。"③ 可以看出,在汉语用法中,"交往"常指人们日常生活中的普遍行为和方式,可以分为物质交往和精神交往,既可以是实物、信息或意义的异地传输、移动或转达,也可以是资源、信息或意义的分享与共享,而精神交往的内容是思想、意识、观念、情感和情绪等精神性的东西。

在西方,交往一词来源于拉丁语 communis,原意指共同的、通常的,英文中的 communication 即由此演化而来。从词源上看,该词在拉丁语中有两个词根:com 是指与别人建立一种关系;munis 则指代产品、作品、功能、利益等。合起来即为共享、共有,也就是我们通常所说的交流、交际。

"交往"是人的社会本性,社会学、语言学、心理学、大众传播学多个学科对其都有着不同角度的界定和论述。严格来说,交往理论是在 20 世纪上半叶,尤其是在"二战"之后,才成为一种具有广泛渗透力和影响力的理论。"最初的交往理论只是狭义的信息(传播)理论,开始时仅相当于一种数学理论,1928 年由哈特利(Ralph Hartley)第一次使用,1949 年由香农(Claude

---

① 臧克和、刘本才:《实用说文解字》,上海古籍出版社 2012 年版,第 321、54、453 页。
② 商务印书馆编辑部:《辞源》,商务印书馆 1979 年版,第 150 页。
③ 商务印书馆编辑部:《辞源》,商务印书馆 1979 年版,第 152 页。

Shannon）和韦弗（Warren Weaver）在'交往（传播）的数学理论'一文中取得重大突破。"① 此外，控制论创始人维纳（Norbert Wiener）在1948年发表的《动物和机器的控制及传播》一文也产生了重要影响。此后，交往理论开始从单纯的自然科学、技术科学领域扩展到人文社会科学领域。

哲学上的交往是指人所特有的相互往来的一种存在方式。"哲学意义上的交往理论，承认交往是人与人相互作用的中介，但更强调交往与人类社会生活的内在统一性，认为交往本身即人的生存方式，它涵盖了人类生活的全部领域，它的范围和界限亦即人类实践生活的范围和界限。"② 这种理论体现在狄尔泰的"生活关联体"、胡塞尔的"生活世界"、维特根斯坦的"生活形式"、海德格尔的"世界中的存在"和伽达默尔的"视界融合"等哲学概念中。这些概念立足交往中人与人之间互为主体的关系，强调思想观念、语言符号等在交往过程中的意义。

社会学上的交往包括社会知觉、信息沟通、社会互动等内容，是"人们通过各种手段而进行人际、群际乃至国际之间的联系和接触，从而在经济、政治、文化及心理等多方面产生相互影响的过程"。③ 交往作为人性的本质，是人们为了人性化生存不可或缺的活动。交往是一种倾向，能够对一定的人群进行划分，让他们成为同类人群。④

语言学上的交往概念主要用来表明信息交流。从交往的行为和符号的角度来看，有学者认为，"人类行为的交往活动的实质是交往双方发出的符号相互交流。人类使用符号彼此互动，凭着他们在发音和身体姿势上获得一致意义的能力，人们能够有效地相互沟通"。⑤

心理学上的交往概念指人们运用语言或非语言符号系统相互交换意见、传达信息和表达情感的过程，社会心理学则将交往看成是具体社会化过程中的人际交往，接近于"沟通"的概念。⑥ 人与人之间通过心理接触或直接沟通，彼此达到一定的认知。

综合来看，"交往"可以如此界定：它是人类特有的存在和活动方式，是人与自然、人与人之间产生社会关系的中介；它以物质交往为基础，是经济、政治、思想文化交往的总和。

---

① 范进、柯锦华：《现代西方交往概念研究》，《哲学动态》1992年第6期。
② 卢斌：《哲学视域下的网络社会交往》，中共中央党校博士学位论文，2011年。
③ 卢义忠：《非角色交往刍议》，《福建论坛》（经济社会版）1989年第6期。
④ ［日］山崎正和：《社交的人》，周保雄译，上海译文出版社2008年版，第58页。
⑤ 郭玉锦、王欢编著：《网络社会学》（第二版），中国人民大学出版社2010年版，第73页。
⑥ 陈秀兰：《交往中的建构——大学教学活动的社会建构论解读》，华中科技大学博士论文，2007年。

二、传统文化中的交往观

自从有了人和人类社会,就有了人的交往行为及对它的认识,这是一个互为表里的发展过程。交往作为人类特有的存在方式和活动方式,以一定的交往媒介为手段,伴随着人的出现而产生,伴随着人的社会性的加强而逐渐发展。由于身处不同的时空,不同的社会发展环境,人们对于交往活动的认识也不尽相同,这种认识上的差异体现在不同民族的不同阶段的文化遗产当中。

(一) 中国传统文化中的交往观

中国传统文化中关于交往思想主体部分的形成,源自战国时期。通过百家争鸣,儒、道、墨、法和兵等各家思想流派,各自形成了独具特色的交往观。"综合来看,中国传统社会交往观具有明显的主体指向性和浓郁的主体间性色彩,这同西方古典交往哲学思想从关注客体开始,顺次经历比较明显的主客一体、主客二分、主体觉醒、主体间性的发展特点有较大区别。"①

中国传统文化中,儒家的"五常"(仁、义、礼、智、信)概念,贯穿于古代交往伦理的发展史,其关注重心是人与人之间的交往关系,成为社会交往观念的核心因素。除"智"外,"仁""义""礼""信"都是与人际关系有关的美德。儒家最重视立身处世之道,尤以孟子为代表。对于"交友",孟子主张要选择正派的人做朋友。他还认为,从天子、国君、大夫到普通人结交朋友,都不能倚仗势利,而应该重视道德。他还谈到人与人之间的交际应出于恭敬之心,要按照原则来进行交往,按照礼节来进行接触。关于如何为人处世,儒家认为要讲求中庸之道,这是处理、协调矛盾的一种思想方法与处世技巧。在现实社会中,充满了各种矛盾,矛盾的双方,既相互对立、排斥,又各有相对合理的因素。人处于其中,既不能兼容,又不能回避,只能正视矛盾,设法加以协调、解决。正如孔子在《论语·雍也》中说:"中庸之为德也,其至矣乎!民鲜久矣。"他把"中庸"归于"德"。《礼记》从人生哲学的角度确立了以"中庸"作为个体道德修养的最高标准。而对于"修身"的途径,《中庸》将道德的自我完成与化育万物看作一个统一的过程。根据这一原则,个体的道德修养就不能仅仅停留在内心,而要用以"化""变"外部世界。而《周易》的人生哲学强调究明宇宙大自然的法则与精神就能自强不息,面对无数问题而能知变、应变、适变,从而确立人类行为规范,推动人类社会发展,

---

① 卢斌:《哲学视域下的网络社会交往》,中共中央党校博士学位论文,2011年。

为全人类造福。孔子认为"仁者,人也",也就是说人从根本上是仁义道德的仁,人的本性是仁。"仁"单人旁加一个"二"字,通常解释是二人关系。因此,对于"人",我们不能仅仅将之视为一个个体,而必须视为一种关系的存在,只有存在于这种关系中,我们才能认识一个人。有学者认为:"儒家的德性以强烈的人文关怀和实用倾向为中心,后来成为中国文化之特色。这些德性强调人与人相交,须共同合作,相互容忍,互惠互利,彼此尊重;也注重如何使人民和睦相处,使宇宙万物融洽共存。"[①]

此后,宋代的"程朱理学"是对儒学的发扬,其以儒学为宗,吸收道、佛各家所长,认为"理"是人类社会的最高法则,不能超越交往"礼仪"的约束。明代王阳明认为,通过格物致知可以"致良知",而将"致良知"作为人存在的主要意义,带有众生平等的底蕴。王阳明所提倡的"无善无恶是心之体,有善有恶是心之动,知善知恶是良知,为善去恶是格物"的"四句教",既可以看作明代哲学的主张,也标志着中国古代思想家对社会交往理念达到一个新境界,这个境界的核心是"扬善抑恶、和谐交往"。时至今日,儒家的交往实践观经过了两千多年的发展,仍葆有旺盛的生命力,为现代社会交往所借鉴。

此外,道家、法家等其他流派的交往思想也对儒家交往思想形成了有益补充。就道家学说而言,它以天道运行的自然原理为出发点,认为"道"是万物之起源。道家交往观强调人性自由解放,认为社会中的人作为交往的主体应拥有充分的独立自主性。庄子在《逍遥游》中提出"无所待"的思想,主体乘鲲鹏御风而行,脱离了"蜩与学鸠"的狭隘无知和对肉体存在需求的执着,表现了道家崇尚自由交往的态度。"无为",成为道家重要的处世原则和政治主张。《道德经》提到,"自然之道本无为,若执无为便有为"。道家所提倡的"无为"并非消极的无所作为,而是依据实际,在一定范围内合理活动,反对主观随意作为和任意交往。

与其他学派注重道德观念不同,法家提倡以严格完善的法律来治理国家,统治人民,用语言文字为人们的交往建立共同规范,并将之上升为国家意志。法家的一整套理论和方法为中央集权的建立提供了理论依据和治国方略,但过分夸大法律的作用,强调实施重刑,忽视德治,体现了其缺点和历史局限性。后来的许多史实证明,法家能为社会交往提供框架性前提,但难以解决交往现实中纷繁复杂的所有问题。

---

① 吴大品:《中西文化互补与前瞻——从思维、哲学、历史比较出发》,徐昌明译,海洋出版社2014年版,第112页。

兵家的理论主要针对"敌""我"双方交往主体，将"战争活动"作为交往实践的主要研究对象，提出了"知己知彼""天时、地利、人和"等战争交往制胜方法。兵家集大成者孙武的著作《孙子兵法》不单单总结了战争和用兵经验，也对现代社会交往观产生着深远的影响，被誉为"实践哲学的典范"。① 其中论及从个体主体性过渡到主体间性，在《谋攻》篇中提出"故用兵之法，十则围之，五则攻之，倍则分之，敌则能战之，少则能逃之，不若则能避之"的交往理论；在《虚实》篇和《地形》篇中提出了主体与主体间的交往机制，"故善战者，致人而不致于人。能使敌人自至者，利之也；能使敌不得至者，害之也。故敌佚能劳之，饱能饥之，安能动之，出其所必趋，趋其所不意"。在战术战略中直接体现了人与人之间的互动关系，再现了实践哲学中人的主体性原则和精神。

从历史中我们可以发现，春秋战国"百家争鸣"，各思想流派奠定了中国哲学的思想基础，其流风遗迹影响着后世众多思想家，对他们的理论形成不同程度的规约，也激发着后人不断深入探讨人与人之间的交往意义、交往规则等。可以说，我国历史上针对政治交往、军事交往、家庭交往等不同主体间交往的思想成果是丰富而深刻的，并长久地影响着当代中国乃至世界的社会交往观。

（二）西方传统文化中的交往观

西方哲学对社会交往的认识经历了一个从实体到主体、再到主客二分和主体间性的过程，始终以交往主体性为中心。西方古希腊时期和中国春秋战国时代一样，虽然已经认识到人的重要性，但在人的主体地位这一方面仍然相对模糊，在哲学上仍属于人与自然同源同性的状态，天与自然的力量大于人，人的主体性被掩盖。

古希腊哲学家泰勒斯提出水是万物的本源，阿纳克西美尼以"气"作为万物本源，这些理论谈到哲学的本体论问题和自然运动的内因、动力等，都未体现人的交往主体性。赫拉克利特进而又提出宇宙"活火说"，以及类似于中国老子"道"的概念的"逻各斯"（Logos），断言"人不能两次踏进同一条河流，因为流向你的永远是不同的水"，表明人类世界流动不居的特性。

此后，毕达哥拉斯学派提出"数"是万物本源，宇宙的本质是"和谐"，同一个"灵魂"可以流动于不同身体，并具有个体性和独立性。德谟克利特提出了"原子论"，并进一步提升了"灵魂思想"，人的主体性逐步苏醒，此

---

① 王玉芝：《实践哲学的典范——〈孙子兵法〉》，《红河学院学报》2003 年第 6 期。

时的哲学思想已经认识到在物物交换作为人类交往的形式中，人的自主性超过了物的重要性。而到了普罗塔哥拉提出"人是万物的尺度"，打破了"神是万物尺度"的神话和思想传统，第一次将"人"推上了社会交往的重要位置。其后，苏格拉底将哲学从天上拉回人间，从外部自然拉回到内心世界，从他开始，人真正作为人而成为探讨的主题。他认为，真理、本质和客体等知识是客观存在的，但其存在的依据在于人自身，他提倡以"无知者"的平等身份进行自由论辩，通过与另一个主体的精神交流，使得人们认识到理性的力量。他将"认识你自己"修改为"思维着的人是万物的尺度"，其论辩式思考首次将社会交往的一个重要组成部分——通过主体间的对话体研讨来生产知识——在哲学史上留下了浓重的一笔。

而西方交往观念的最早依据可上溯至柏拉图的对话交往思想，柏拉图的对话集保存了苏格拉底关于"对话"的思想，可以说是古希腊第一位系统阐释社会交往理论的哲学家。他认为，人类要想得到问题的答案，唯一的途径就是向"神"询问，向着真理探寻，要做到经常用心灵去思考、用理性去探索。亚里士多德认为人是社会性的存在，有合群的天性，他第一次使用了"主体"这一概念范畴。在他看来，每个灵魂的性质都是独特的，存在于自己的质料中，并构成了每一个生命独立的存在体验。

回顾古希腊哲学，可以看到，在人类社会交往的早期，自然在人们心目中远甚人的力量，且仍在统治和支配人的社会思维。在思考自己和世界的关系时，人们更多的是向自身外部的世界寻找依据。应该说，古希腊人的主体意识还处于萌芽状态，他们与自然还不是对立的，仍处于和谐统一的状态。此后，随着文艺复兴思潮的推动，西方哲学开始从对外部世界的探求转向对自身的反身内求。

三、交往观的代表性理论和学说

随着历史的前进，人类无时无刻不在反思自身社会化演进的内在机制，从各个角度和层面给予阐释。从柏拉图的对话交往思想开始，西方交往观念开始依照实体、主客二分、主体性和主体间性的逻辑理路发展，比如洛克提出了"交谈—沟通—理解"的认识论思路，休谟强调"共感"或"同情"为纽带的人性论思路，孟德斯鸠和卢梭则在自然法理论的基础上提出了侧重点各有不同的"社会契约论"，爱尔维修和霍尔巴赫指出了交往的功利主义色彩。康德较为明确地提出人际活动的交往关系问题，黑格尔则从"自我意识"的角度探讨人与人之间的精神交往关系等。到了近现代，西方已经形成各种交往理论和学说。本研究选取了具有代表性的学说和理论进行介绍。

（一）马克思、恩格斯对"交往"的论述

20 世纪 80 年代中期以来，国内学术界开始重视马克思、恩格斯的交往理论并对之进行深入研究，此后，对"交往"的探讨日渐增多。学者们认为，马克思、恩格斯通过对以往交往思想的扬弃，从物质实践出发解释交往，并在《德意志意识形态》等著作中较为集中地探讨了交往问题，他们从当时资本主义大工业兴起对社会的影响入手，对"交往"的概念和"交往"的作用，以及交往媒介的变迁及其影响进行了高度概括，从一种较高的视角考察了人类的精神交往现象。马克思和恩格斯对"交往"的论述，丰富了对社会发展的理解。

1. "交往"及相关概念的定义

马克思、恩格斯最早提出"交往方式"概念是在创立历史唯物主义的第一部著作《德意志意识形态》一书中。在该著作中，有一个德文词 verkehr，即交往，其使用频率很高、含义很广。这个词的概念相当于后来的"生产关系"，即人们在生产过程中结成的关系。在 1995 年版《马克思恩格斯选集》第 1 卷关于"交往"的注释中也指出，"'交往'（verkehr）这个术语在《德意志意识形态》中含义很广泛，包括单个人、社会团体以及国家之间的物质交往和精神交往。马克思和恩格斯在该著作中指出：物质交往，而首先是人们在生产过程中的交往，这是任何其他交往的基础。"[1] 学者陈力丹认为，"从马克思和恩格斯使用'交往'这个概念论证的问题看，它包含了这个词的全部含义，指个人、社会团体、民族、国家间的物质交往和精神传通。因而，这是一个宏观的社会性概念"[2]。

2. 交往增强社会凝聚力，形成世界的普遍交往

关于交往的社会作用，马克思和恩格斯认为，首先，交往在一定范围内形成一种社会凝聚力，它本身是一个部落或民族独立存在的黏合剂。这种现象特别在人类早期的活动中更为明显。其次，不同社会形态之间的交流，缩短了社会发展的进程，增强了社会的活力。平常孤立状态下需要几十、几百年才能充分表现出来的社会矛盾，由于交往打破了这种孤立状态而往往很快暴露出来，从而使人们产生一种改革的需要。最后，交往一旦展开，就会冲破阻力，最终

---

[1] 中共中央马克思恩格斯列宁斯大林著作编译局编译：《马克思恩格斯选集》（第 1 卷），人民出版社 1995 年版，第 790－791 页。

[2] 陈力丹：《精神交往论——马克思恩格斯的传播观》，开明出版社 1993 年版，第 2 页。

发展为世界的普遍交往，使各个民族的交往日渐同步化。① "交往的力量" 受到重视，认为只有交往能使双方的观点接近，使得 "地域性的个人为世界历史性的、经验上普遍的个人所替代"。②

3. 社会需要推动交往媒介的变迁，促成新的交往方式和语言

关于现代交往媒介的发明、使用和推广，马克思和恩格斯认为其直接的内在动力是社会需要，而交往也推动着需要的扩大，为更大规模的交往创造条件。就精神交往而言，在一定历史时期，人们的精神需要与满足这种需要的手段（如语言、文字、印刷术、电报等）的发展是相互影响和制约的。同时，交往媒介的改变也会促成新的交往方式、语言等的产生。马克思说："生产者也改变着，炼出新的品质，通过生产而发展和改造着自身，造成新的力量和新的观念，造成新的交往方式，新的需要和新的语言。"③ 与此同时，个人的情感、个性、文化心理等交往的内容、形式及动机，也受到传统力量的影响，这种延续性的影响，对现代交往的内容和形式而言也是一种制约。

（二）哈贝马斯对 "交往" 的论述

德国哲学家哈贝马斯（Jurgen Harbermas）无疑是极具影响力的思想家，他在哲学、政治学、社会学、语言学等众多学术领域都做出了非常重要的贡献。"交往合理性" 思想是哈贝马斯 "批判理论" 体系中的最主要内容。以此为核心，他分析了资本主义社会中走向异化、不健全的交往对合理社会关系的形成所产生的阻碍性和破坏性，也揭示了自由平等的交往对合理社会关系的形成的重要性。有学者认为，"20 世纪人类所面临的文化危机恰好是个体性的困境（异化）和理性化（公共性）的危机"。④ 哈贝马斯的交往行为理论为解答 20 世纪的文化危机提供了独特视角。

1. "生活世界"：哈贝马斯的交往行为理论假设

"生活世界"，是哈贝马斯交往行为理论中的基本概念，是其理论大厦的基石之一。然而，这一假设由于背离了马克思关于从物质生产和交往的辩证统一关系去解释历史发展的根本方法，所得出的结论又难免被打上了 "乌托邦"

---

① 陈力丹：《精神交往论——马克思恩格斯的传播观》，开明出版社 1993 年版，第 4 - 5 页。
② 中共中央马克思恩格斯列宁斯大林著作编译局编译：《马克思恩格斯全集》（第 3 卷），人民出版社 1960 年版，第 39 页。
③ 中共中央马克思恩格斯列宁斯大林著作编译局编译：《马克思恩格斯全集》（第 46 卷）上册，人民出版社 1979 年版，第 494 页。
④ 韩红：《交往的合理性与现代性的重建——哈贝马斯交往行动理论的深层解读》，人民出版社 2005 年版，第 2 页。

的印迹，因此这块基石常常被人视为一种理论假设。

哈贝马斯在韦伯（Max Weber）理性化概念的基础上，提出了"系统—生活世界"的概念，他认为"生活世界"是交往行为者身处其间的境域，是指人类在文化传承上、社会秩序的构成上以及相互交往的过程中所必需的资源。它提供世界观、约定俗成的符号以及其他人们相互作用所需要的要素。"系统"，作为与"生活世界"相对应的概念，具有其物质性和目的合理性，比如社会当中的政治、经济系统，就分别发挥着不同的功能。

"生活世界"的结构一般具有三个层次：文化、社会和个体。它们相互联结，形成一个错综复杂的意义关系网，构成了"生活世界"的丰富内涵、复杂结构和多样功能，为交往行为主体的交往互动，提供以语言建造的、可供交流的"信念"。哈贝马斯说："我把文化称为知识储存，当交往参与者相互关于一个世界上的某种事物获得理解时，他们就按照知识储存来加以解释。我把社会称为合法的秩序，交往参与者通过这些合法的秩序，把他们的成员调节为社会集团，并从而巩固联合。我把个性理解为使一个主体在语言能力和行动能力方面具有的权限，就是说，使一个主体能够参与理解过程，并从而能论断自己的同一性。"[①]

2. "生活世界"是交往达成理解的重要背景

"生活世界"是交往行为发生的大背景，是与"主观世界""客观世界"完全不同的独特世界。哈贝马斯认为，人类之所以能够进行交往并发展出一套非强制性的理论来作为协调行动的准则，是因为每个人都拥有一组庞大的、"并不明确的"背景资料和知识。他指出，"生活世界，作为交往行动者'一直已经'在其中运动的视野，通过社会的结构变化整个地受到约束和变化"[②]。发生于"生活世界"中的人与人之间的交往，是交往达成"相互理解"的共同背景。

同时，哈贝马斯也认为，生活世界始终是现实的，构成了一种现实的活动背景。对于具有语言能力和行为能力的主体所组成的共同体而言，世界具有客观性，并且永远都是同一个世界。通过交往实践，交往行为主体明确了他们共同的生活语境，即主体间共同分享的生活世界。因此，所处的共同语境使行为者和客观世界中的存在发生了关系，是可以理解的。

---

① ［德］哈贝马斯：《交往行动理论·第二卷——论功能主义理性批判》，洪佩郁、蔺青译，重庆出版社1994年版，第189页。
② ［德］哈贝马斯：《交往行动理论·第二卷——论功能主义理性批判》，洪佩郁、蔺青译，重庆出版社1994年版，第165页。

3. 交往的目的在于增进理解、达成共识和传递知识

"生活世界"作为交往主体的共同视野,始终与交往行动联系在一起。"对于哈贝马斯来说,交往的目的在于增进理解(你懂得了我正试图告诉你的东西,相信我的所有有效性主张都得到了证实);理解的目的是达成共识(你和我在关于我的手表等事情上取得了一致意见);共识的目的是传递知识(你知道我为处理家里丢了手表这件事做了什么)。"① 在哈贝马斯看来,交往行为是一种以"理解为导向的行为",理解是交往的核心要素或本质特征。

在《交往与社会进化》一书中,哈贝马斯指出,"理解最狭窄的意义是表示两个主体以同样方式理解一个语言学表达;而最宽泛的意义则是表示在与彼此认可的规范性背景相关的话语的正确性上,两个主体之间存在某种协调;此外还表示两个交往过程的参与者能对世界上的某种东西达成理解,并且彼此能使自己的意向为对方所理解"。② 可以看出,哈贝马斯将"理解"视作主体之间交互性的意识活动,而如果仅仅是以追求自己的成果为目的,就不能开诚布公地进行对话,也就不会建立起和谐关系。

4. 开展对话、选择合适语言可以促成理解

对话活动能够有效地达成共识,只有通过对话,才能兼顾交往双方的利益,让双方的各种诉求成为讨论的对象。同时,在民主、平等、协商的气氛中,人们能够充分表明自己的观点,通过解释的方式,使个体试图获得的东西被重新定位和认识。在哈贝马斯看来,交往行为是以语言符号为中介所形成的人与人之间的沟通。人们之间的交往、交流和理解是通过语言来实现的,语言是服务于理解的"沟通媒介",作为交往中介的语言是对话式的日常语言,而非独白式的语言。只有对话双方选择一种能够让对方了解自己的正确的语言来表达自己,才能让语言成为促使"交往合理化"的决定性因素。同时,交往的语言只有具备了真实性、正当性和真诚性,才能达到有效沟通。"符号表达的有效性前提涉及的是交往共同体当中主体相互之间共同分享的背景知识。"③ 他认为,合理性"主要不是与知识的拥有相关联,而是更多地与言谈和行动着的主体如何获得和使用知识相关联"。④ 在这里,"交往的理性"是一种理想化的过程,即人们可以通过语言的交往达成一种普遍共识。

---

① [美]莱斯利·A. 豪:《哈贝马斯》,陈志刚译,中华书局 2002 年版,第 30 页。
② [德]哈贝马斯:《交往与社会进化》,张博树译,重庆出版社 1989 年版,第 3 页。
③ [德]哈贝马斯:《交往行为理论:第一卷 行为合理性与社会合理化》,曹卫东译,上海人民出版社 2004 年版,第 13 页。
④ [美]莱斯利·A. 豪:《哈贝马斯》,陈志刚译,中华书局 2002 年版,第 37 页。

5. 共同的规范标准有利于建立良好的交往

哈贝马斯认为,理想的社会是"交往合理化"的社会,因此,要建立一套明晰的共同规范标准,使人与人之间的交往能正常开展。社会中现有的共同规范标准能够对个人行为施加影响和进行约束,是社会关系不受干扰和社会秩序得以维持的前提。而交往行为规范要求把所有相关者的共同兴趣表达出来,进而得到共同承认,使主体之间对对方行为的期望成为相互理解的基础。对此,他说:"一个人的行为如果能够得到现存的规范语境的接受,也就是说,既不感情用事,也不目的用事,而是努力从道德角度对争执做出不偏不倚的判断,并加以调节和达成共识,我们就说他是合乎理性的。"[①] 这句话是哈贝马斯建立在理性基础之上的交往行为理论的缩影。他以一种独特的方式强调了社会交往以及交往对于人类社会的重要地位和意义,对于我们认识人类交往方式的本质有着参考意义。

哈贝马斯认为,人类社会的进化,其基本动力在于人与人之间为取得理解和"共识"而形成的"交往"。在"交往"的发展过程中,人们的知识和实践的水平和能力得以提高,由此产生新的更高的交往需要,社会按照发展了的知识和实践的水平和能力重新建构社会组织原则,从而形成新的"社会一体化",促进新的交往工具和交往方式的产生。从哈贝马斯对"交往行为"的定义来看,他基本上是局限于精神交往领域来使用"交往"这个范畴。而在马克思看来,精神交往是在物质生产和物质交往的基础上产生,并与物质交往交织在一起,他的"交往"概念与哈贝马斯的"交往行为"概念有着明显差别。

(三)符号互动论对"交往"的论述

社会学意义上的社会互动概念,最早是由德国社会学家齐美尔(Georg Simmel)在他的《社会学》一书中使用的。社会互动是指在一定的社会关系下,人与人、人与群体、群体与群体之间在心理或行为上相互影响、相互作用的动态过程。在对社会互动的研究中,并没有形成一个统一的互动理论,学者们从不同的角度考察发展出了一系列理论。美国社会心理学家米德(G. Mead)作为"符号互动论"的代表人物,通过分析语言符号,描述了心灵、自我的生成与发展,体现了他对改造社会生活中语言交往功能的关注。可以说,符号系统塑造着每个人的认识内容和行为过程,对符号的研究可以找到个体活动与社会活动的联结纽带。继米德之后,又有一批社会学家和社会心理学家继承和

---

① [德]哈贝马斯:《交往行为理论:第一卷 行为合理性与社会合理化》,曹卫东译,上海人民出版社2004年版,第18页。

发展了米德的符号互动学说,使之成为当今研究微观层次上的社会过程包括主观意识和人际互动动力学的指导性理论之一。

1. 符号和意义对于互动的重要性

符号互动论强调符号和意义在互动中的重要性。如果想要理解、认知人类的各种举动,则需探析个体隐含的以及外显的行为。人们对某些事物所采取的行动是以这些事物的意义为基础,而事物的意义源自个体和其同伴间的互动,并不存于这些事物中。当个体应对他所遇到的事物时,他会以自己的解释去运用和修改这些意义。此外,明确其行为意义也是非常有必要的。米德认为,人际沟通,尤其是以语言形式进行的符号沟通是理解"自我的本质问题"的关键。他十分强调社会交互作用在自我发展中的作用,认为社会交互作用是自我实现所不可或缺的,且对自我识别很有必要。但是,对于符号互动论,有学者诟病其只关注个体互动方式,而忽略了社会结构、社会历史和社会经济等对个体的约束。

2. 符号互动作用于社会组织、结构与社会制度

在符号互动论者看来,"社会代表着个体之间的有组织的、模式化的互动,而这种互动既有赖于个体扮演角色和想象演习各种方案的精神能力(否则个体就难以协调相互间的行动),也有赖于从他人的观点来评价自身的自我能力。显然社会塑造了精神和自我,但社会和社会组织本身又是凭借精神和自我而得以维持和延续的"。① 一个人要实现个体自我,需要参与到特定的社会组织中,通过在群体中的个人体验去把握群体活动的特点,并采取这个群体所持有的态度。反之,社会组织要真正发挥作用,也需要属于群体中的个体能采取群体所持的一般态度,并能依据这种态度来指导自己的行为。同时,由于人类社会错综复杂的人际关系,个体之间既可能进行合作,也可能出现对抗、冲突乃至敌对的关系,要解决和终止这种对抗与冲突,就要促进个体自我整合他与其他个体自我之间的社会关系,以维护社会共同体的态度。恩斯特·卡西尔(Ernst Cassirer)就曾在《国家的神话》里通过符号互动探讨了由本能冲动到文化教化,再到制度规范的一系列过程。

3. 语言交流推进社会共同体的扩展

人类社会的组织原则包括他人参与在内的语言交流原则,语言作为一种"有声的姿态",为心灵与自我的出现提供了机制。实际上,自我、心灵,"意识"以及表意的符号,在某种意义上是一起突然产生的。② 语言交流不仅仅是

---

① 周晓虹:《现代社会心理学》,中国人民大学出版社 1993 年版,第 138 页。
② [美] 乔治·H. 米德:《心灵、自我与社会》,赵月瑟译,上海译文出版社 2005 年版,第 13 页。

纯粹抽象词语的传播，而是蕴含着有组织的反应，在某种程度上传递着人们的生活背景。吉普林（Joseph Kudyard Kipling）曾说："东方是东方，西方是西方，两者永不相遇。"① 在米德看来，正是语言交流使得东方、西方互换角色，并且相遇。西方世界的共同体，与其他不同国籍的人们，在词语的"话域"里表现自己，并有可能使代表不同共同体生活的那些有组织的态度的个体，在这些不同群体的持续互动中，采取他人的态度，并成为一个更高级的共同体。

4. 符号互动论及其所衍生的理论

符号互动论以其强大的生命力衍生了两大社会心理学经典理论：社会角色理论和参照群体理论。社会角色理论是用个人所扮演的社会角色来理解个人社会行为的基础理论。参照群体理论包括参照群体的比较和规范两种功能。如果一个人把某一群体作为自己的参照群体，那么，他就会不由自主地运用该群体的标准和规范来对照和约束个人行为。赵莉等学者以人类传播的发展历程和当代各类媒体和社会生活的互动为主要考察面，对传播与互动进行了梳理，全面地进行互动传播的研究。②

从微观层面来看，研究者关注不同的媒体及媒体的传播内容与受众之间的关系。学者霍通（D. Horton）和沃尔（R. Wohl）在对演员在电视剧中的角色与观众互动的关系考察中，提出了类社会互动的概念。他们将类社会互动定义为"单边的、由演员控制的且不易于双向发展的演员与观众之间的亲近的、面对面的、类似于人际关系的关系"③。

学者阿达米（Elisabetta Adami）考察了在视频分享网站 YouTube 上视频与用户互动中的评论中的关系。采用社会符号学的多通道分析，研究了视频的用户评论怎样与原始视频相关联。④ 这个分析帮助探索了什么是兴趣，兴趣是在视频互动中形成符合标记的一系列记号，因此在传统的相关和依附的概念中形成兴趣驱动的动力回复关系。⑤

综上所述，"交往"具有以下几个特征：交往的主体是人；交往具有"主体间性"；交往以有意义、合适的符号为媒介；交往的目的是使主体间增进理解、达成共识。

---

① ［美］乔治·H. 米德：《心灵、自我与社会》，赵月瑟译，上海译文出版社 2005 年版，第 237 页。
② 赵莉、钱维多、崔敬：《互动传播的思维》，中国轻工业出版社 2007 年版，第 1 - 2 页。
③ D. Horton, R. Wohl. Mass Communication and Para-Social Interaction: Observation on Intimacy at a Distance, Psychiatry, 1956, 19.
④ E. Adami. 'We/YouTube': Exploring Sign-Making in Video-Interaction, Visual Communication, 2009, 8.
⑤ E. Adami. 'We/YouTube': Exploring Sign-Making in Video-Interaction, Visual Communication, 2009, 8.

第二节 关于网络交往

马克思认为交往是动态的运作系统,在任何情境下,都处于自身调整、组合、扩充和变更之中,无止境的交际、探寻、欲望和需求贯穿于人类社会生活始终,成为一个永久的矛盾系统。创造并解决矛盾系统的动力是实践,正是由于实践的推动,交往得以在不同的时代呈现出不同的形式,"它们在整个历史发展过程中构成一个有联系的交往形式序列"。① 这个序列,即交往形式发展演变的不同历史阶段。

一、人类交往方式的发展进程

从人类交往的手段来看,在交往形式发展演变的不同阶段,人的交往方式、交往时空受到交往工具和通信手段的制约。正如生产工具的变革是生产方式的历史性标志一样,人的交往工具的变革可以看作交往方式变革的历史性标志。"不同的媒介赋予了不同的时间和空间。不同的轮子决定了人所能拥有的不同的时间和空间,决定着人与人交往的方式。"② 回顾人类交往方式的历史变革,从语言的产生,文字的出现和使用,印刷术的发明和应用,到电报、电话、广播、电视的发明和应用,再到信息网络的广泛应用,在这五个阶段中,人类交往方式不断表现出新的特点。

第一阶段是"语言媒介交往"。"语言是人类交往区别于动物交往的第一个工具,是反映人类交往方式本质特征的最初媒体。可以说,语言的出现使人真正摆脱了动物状态,成为社会交往中的人。"③ 语言的交往,是面对面的在场交往,交往主体间的交往关系是直接性的、双向互动的,也使得传统的权威得以维持。语言至今仍然是人类交往的最基本、最常用和最灵活的工具,但语

---

① 中共中央马克思恩格斯列宁斯大林著作编译局编译:《马克思恩格斯全集》(第3卷),人民出版社1960年版,第81页。
② 吴伯凡:《孤独的狂欢:数字时代的交往》,中国人民大学出版社1998年版,第315页。
③ 常晋芳:《网络哲学引论——网络时代人类存在方式的变革》,广东人民出版社2005年版,第183-184页。

言的内容和形式随历史发展不断变化。

第二阶段是"文字媒介交往"。如果说语言的产生使人类彻底摆脱了动物状态,那么文字的出现就使人类进入了一个更高的文明发展阶段,使得人类交往方式向前迈进了一大步。使用语言的交往,人们只能面对面地进行信息的即时交流和传播。有了文字以后,克服了音声语言的转瞬即逝性,打破了音声语言的距离限制,人类信息的传播在时间和空间两个领域都发生了重大变革,实现了不同代际间的信息传递和文化传承。

第三阶段是"印刷媒介交往"。在印刷术之前,交往的主要形式仍然是口头交往,文字交往被限制在较小的范围内。印刷术的发明使书籍、报刊成为重要的信息储存和传播的媒体,使得文明的传播更便捷、传播成本更低。当人类社会开始以印刷品作为知识信息的基本来源时,为知识的广泛传播、交流创造了条件,使信息不再依赖于在场与否,而是贮存于可移动的媒介(印刷品)中,使不在场的交往成为可能。

文字和印刷术使交往跨越广泛的空间,占据近乎无限的时间。然而,文字交往也有其局限性,它使面对面的全息化的交往方式变成了乏味的文字或印刷符号,并损失了相当多的非文字信息。"从人的本质看交往,人要求在交往中全面地占有对象,以自己的全部感觉肯定自己,但文字只能把交往限制在视觉的范围内,通过思维,'精神的眼睛'与书报上抽象的对象交往。"①

第四阶段是"电子媒介交往"。随着电报、电话、广播、电视的发明和应用,先进的电子技术能够将人们交往时的语言、声音、文字、形象,同步展现给交往的各方,传播学者陈力丹认为,"人类精神交往正在从一般的原始面对面交往,经过文字媒介的阶段,重新走向'面对面'的交往,一种更高层次上的面对面交往。历史在螺旋形上升"。② 上述电子媒介的发明和应用,使人类进入用电磁波传播信息的时代,信息传播更为方便、快捷,信息内容也更为丰富,人们可以突破时间和空间的限制进行交往,交往的形式更加多元,交往的参与度更高。

第五阶段是"网络交往"。广播和电视从出现到开创自己的"时代",都经历了一段普及的时期,而网络开创"时代"的势头令人瞠目。网络从美国国防部的绝密实验室走向科研机构和大学校园,并迅速深入全球人们的社会生活中,显示出惊人的力量。"从交往革命到信息革命,人类精神交往手段变革的间隙愈发短暂。如果说铁路、轮船、电报已经冲出世界,把世界连成一片,

---

① 陈力丹:《精神交往论——马克思恩格斯的传播观》,开明出版社1993年版,第97页。
② 陈力丹:《精神交往论——马克思恩格斯的传播观》,开明出版社1993年版,第98页。

那么通信卫星、电脑，就更有力地阻止着世界退回闭关自守的时代。"[1] 互联网在为当今人们提供交往与传播的新技术、新方法和新媒介的同时，还为人们提供了一种全新的开放式交往与活动的平台，有可能导致人类社会在政治、经济和文化层面上的整体性转型与重构。随着智能手机的广泛使用，尤其是其作为新型的网络社交工具，进一步加快了信息流通的速度和质量，改变着人们的现代交往方式。

上述交往方式的演变对人类发展进步而言，无疑是一次又一次影响深远的交往的革命。用时间消灭空间，让交往跨越地域、文化藩篱，鼓励人们冲破原有的狭小的交往圈子而走向世界，为现代物质与精神交往带来了革命性的改变。

二、"网络交往"的概念梳理

（一）国外学者的界定

1. 基于社会情境的定义

网络的出现，不仅为人类提供了信息交流的新技术、新手段和新载体，还为人类提供了新的开放式的交往平台，创设了崭新的社会生存与文化生活的空间。学者斯达瑟（G. Stasser）使用 CMC（全称为 Computer-Mediated Communication，汉语翻译为"计算机媒介沟通"）来定义网络交往，认为网络交往是一个过程，在这个过程中，处于特定环境的一群社会行动者在他们所创造的各种各样的情境意义中进行谈判。[2] 网络主体就在这种网络空间的情境中浸润、互动，与网络所建构的"真实"融为一体，最终这种网络情境就转化为了真实。

2. 基于社会—认知的定义

这类定义是从社会信息互动的角度来界定网络交往，将网络交往视作对社会信息的"沟通的互动"。利瓦（G. Riva）等学者认为，网络交往与面对面交往最根本的不同是发生的空间不同。面对面交往发生在一个合作的环境中，并不断受到交往双方的相互调节和校正，而网络交往发生在一个较少合作的环境中，不仅缺少反馈，而且还缺少参与者的合作的承诺以及对信息的共同建构。

---

[1] 陈力丹:《精神交往论——马克思恩格斯的传播观》，开明出版社1993年版，第114页。
[2] G. Stasser. Pooling of Unshared Information during Group Discussion, S. Worchell, W. Wood, J. A. Simpson (Eds.), Group Processes and Productivity. Berkshire: Newbury Park, 1992: 48-67.

所以网络交往是一种虚拟的会话。① "会话模式"强调交往互动，交往过程中给对方的信息同时也是给自己的，信息被视作交往主体的共同建构。此处需要说明的是，这个概念是在 2002 年提出的，随着网络技术日新月异的变化，社交媒体的广泛运用，网络交往的互动性、即时反馈性都已经得到加强，与当年不可同日而语。

3. 基于媒介的定义

加拿大学者哈罗德·伊尼斯（Harold Adams Innis）认为，传播媒介是人类文明的本质所在，历史就是由每个时代占主导地位的媒介形式引领的。之后，麦克卢汉（M. Mcluhan）提出"媒介即信息"（the medium is the message）的著名论断，认为任何技术都将倾向于创造一个新的人类环境。加拿大科幻小说家威廉·吉布森（William Gibson）创造了"赛博空间"（cyberspace）这个术语来表示这个与地球空间相对应的全新的电子空间——网络空间。在网络空间中，世界上数十亿人一起分享高科技的进步和文明的繁荣，不断生产、传播和交流物质、能量和信息，在此过程中也受到高科技不同程度的困扰，人类交往的方式得到极大改变。迪森柏（J. December）认为，网络交往发生在一个全球的、合作的网络系统中，它使用 TCP/IP 协议和客户—服务器模式，包含信息交换。信息可能经历一段时间，受到分配操作，并编码成不同的媒体类型，作为结果而发生的信息内容包含人们为交往而使用的广泛的符号。② 这个定义强调网络交往是 internet communication，突出其鲜明的互联网基础特性。

（二）国内学者的界定

1. 基于特征的定义

苏振芳认为，网络交往是以网络为中介，以文字为载体的非直接性交往，实际上是一种间接交往。③ 邓泽球、张桂群认为，网络交往是人际交往的一种，是非正式、通过电脑屏幕文字为中介的、双向的交往。④ 上述定义指出了网络交往的间接性、双向互动等特征。但是，随着网络技术的更新，网络交往的即时性、直接性、互动性日益凸显；同时，当前有相当大的一部分网络交往是现实交往在网络空间的延伸，既可以是非正式的，也可以是正式的，把网络

---

① G. Riva. The Socio-Cognitive Psychology of Computer-Mediated Communication：The Persent and Future of Technology-Based Interactions，Cyberpsychology & Behavior，2002，5（6）：581 – 598.

② J. December. Units of Analysis for Internet Communication，http://jcmc. indiana. edu/voll/issue4/December. html. 2012 – 02 – 25.

③ 苏振芳：《网络文化研究——互联网与青年社会化》，社会科学文献出版社 2007 年版，第 140 页。

④ 邓泽球、张桂群：《论网络虚拟人格》，《常德师范学院学报》（社会科学版）2002 年第 2 期。

交往界定为"间接的""非正式的"已经不够准确。

2. 基于交往本质的定义

李志红等学者认为，网络交往从根本上说是一种建立在实物交往基础上的符号交往，是以计算机和网络为基础的各种信息的交流。[①] 华伟认为，网络交往是社会发展到网络时代而催生出的一种新型交往方式，它基于网络技术而存在，也是指人与人之间的社会联系，也以语言为媒介，通过对话达成人与人之间的理解。[②] 网络所具有的技术特性带给网络交往不同的特点，与现实交往相比，网络交往体现出三个特点：全球化的交往范围、虚拟的交往情境以及"一次博弈"特征。这些特点既体现了网络交往所具有的人类交往的共性，又体现了网络交往自身的特性。

3. 基于实践活动的定义

陈历认为，网络交往本质上是一种社会实践活动，是人们以网络技术、信息技术为基础，以符号为中介进行相互作用、交流和理解的过程，是多个主体通过改造或变革联系彼此的网络客体中介而结成网络关系的实践活动。[③] 交往实践是主体之间以"主体—（中介）—主体"的模式进行直接或间接的相互作用、交流、沟通和理解。这一定义从实践的本质入手，指明了网络交往实践符合交往实践的本质特点，体现了网络交往的能动性。

4. 基于行为的定义

马恒平认为，网络交往行为是一种新型的社会互动行为，由于网络交往采取"人—机—人"的主体间性模式，网络社会交往的互动也容易导致两种交往形式：一是对称性交往，合作是网上对称性的社会交往的基本形式；另一种是非对称性的网络交往行为，最大特点是信息交换的不对称，如黑客行为、网上色情等。[④] 这个定义将网络交往等同于互联网使用行为。也有学者用"网络社交""网络人际传播"等相类似的表述，比如杨继红认为，网络人际传播是指借助计算机和互联网进行的个人与个人之间直接传递或交换信息、知识、意见、感情、愿望等的社会行为。[⑤]

5. 基于自我再现的定义

黄少华、陈文江认为，网络交往是一种以"身体不在场"的沟通为特征

[①] 李志红：《网络交往——中介的革命》，《北京理工大学学报》（社会科学版），2009年第2期。
[②] 华伟：《网络交往与大学生道德自我发展》，南京师范大学硕士学位论文，2003年。
[③] 陈历：《论网络交往实践》，福建师范大学硕士学位论文，2003年。
[④] 马恒平：《网络行为的心理伦理分析》，武汉科技大学硕士学位论文，2002年。
[⑤] 杨继红：《新媒体生存》，清华大学出版社2008年版，第190页。

的人际交往，是陌生人之间的互动，其实质是一场重塑自我的游戏。① "网络空间不仅是一个互动媒介，而且是一个自我再现的媒介，它充分结合了人际交往的两大功能：互动性和自我再现。"② 这个定义突出了人际交往的自我再现功能。但是，前面我们已经提到，网络技术带来的新变化，已经使得如今的网络交往越来越呈现出现实的"圈子"在网上延伸和加固的趋势，因此，在上述定义中，将网络交往建立在想象之上、局限于陌生人之间的观点是片面的。

6. 基于心理角度的定义

从心理学的角度来看，"网络交往是在网络上以文字符号为主要交流介质，以交流思想和抒发感情为主要目的的人际间的符号性精神互动"③。

综上所述，网络交往从广义上来说，是交往主体以网络技术为基础，以符号为中介进行的物质交往和精神交往相结合的活动和行为。本书着重探讨的是精神交往的层面。在这个狭义的层面，网络交往是以网络技术为基础，以符号为中介，交往主体的信息交流、双向互动和自我再现的过程，是一种新型社会实践活动和互动行为。

三、网络交往的主要形式

随着网络的发展，其沟通和信息工具价值日益凸显。早在 2012 年，即时通信、博客／个人空间、微博、电子邮件、社交网站等就已经成为网络交流沟通的主要形式。④ 调研结果显示，目前中国大学生中主要使用的网络聊天和公共交友平台依次是微信（朋友圈）、腾讯 QQ（空间）、微博和电子邮件等；在西方大学生中主要使用的网络聊天和公共交友平台依次是 YouTube、Facebook、电子邮件和 ICQ/QQ。这些平台的功能、特点各不相同，但根据其共性，大致可以分为以下四种常用的网络交往形式。

（一）电子邮件（E-mail）

电子邮件主要用于电子信函的发送、传递和接收，是一种最基本、最常用的网络沟通交往工具。电子邮件属于继时性网络交往（不是实时发生，交往双方不需要同时在线），收信件者可以在任何方便的时候接收信息，并决定是否回复。截至 2017 年 6 月，电子邮件在中国网民中的使用率为 35%，增幅不

---

① 黄少华、陈文江：《重塑自我的游戏——网络空间的人际交往》，兰州大学出版社 2002 年版，第 20 页。
② 黄少华：《网络空间的社会行为——青少年网络行为研究》，人民出版社 2008 年版，第 127 页。
③ 杨燕：《社交心理学》，天津大学出版社 2007 年版，第 198 页。
④ 中国互联网信息中心：《第 30 次中国互联网发展状况统计报告》，2012 年。

明显,其中的重要原因是在微信等即时通信工具中也包含了电邮的功能。

电子邮件类似于传统通信手段,但又有着自己的鲜明特点:(1)容易使用、成本低、速度快、可靠性高;(2)不需要交往双方同时在线;(3)信件承载的信息量不断增加;(4)匿名程度相对较低。

(二)即时通信

即时通信是最具特色的网络应用之一,在中国是排名第一的上网应用,尤其是随着手机超越电脑成为第一大上网终端后(截至2017年6月,手机网民规模达7.24亿),使用即时通信工具的网民稳步增长。截至2017年6月,有6.91亿的中国网民使用这一功能,占网民总体的92.1%。根据腾讯公布的2017年第一季度业绩,截至2017年3月31日,QQ的月活跃账户数为8.61亿,QQ空间的活跃账户数为6.32亿;微信和WeChat(微信海外版)的合并月活跃账户数达到9.38亿。在调研中我们也看到,微信、QQ等是大学生常用的即时通信工具。

即时通信有着以下特点:(1)方便、快捷,有着移动化和随时在线的特点;(2)引入图片、视频和语音通话等,越来越具备强大的"一体化"通信功能;(3)基于位置的社交元素等让传统的即时通信更好地融合了社交功能;(4)可以群聊,体现了信息发布和即时反馈的功能。

(三)社交网站

根据中国互联网信息中心的定义,狭义的社交网站主要指与Facebook形态和功能类似,基于用户真实社交关系,为用户提供的一个沟通、交流平台的网站,这类网站一般鼓励用户尽可能提供真实信息。社交网站以SNS社会人际交往理论为基础,致力于满足用户的社交需求,集成了论坛、博客、视频、游戏等多种互联网服务。

20~29岁人群(包括大学生)作为使用社交网站的重要群体,在网络交往中充分地运用和体现了社交应用的特点,比如,将现实的人际关系发展到网络平台,拓展了交往空间,以共同兴趣为基础,提供了质量较高的信息,同时,也体现出相对更高的信任度。2017年,社交应用内外发力,当年6月,在使用率方面,有84.3%的中国网民使用微信朋友圈,有65.8%的中国网民使用QQ空间;而豆瓣网作为兴趣社交网站(应用)的代表,用户使用率为8.6%。

在中国,社交网站则以微博为代表。微博,与传统博客相比,有着短小精悍、自语式、碎片式的话话表达和对热点话题的快速传播等特点,出现了众多的"草根"意见领袖,已颠覆了早期博客的传统信息传播范式。这种信息传播方式拒绝长篇大论和空洞煽情,最适合网络新生代絮絮叨叨的表达习惯。截至 2017 年 6 月,在使用率方面,有 38.7% 的中国网民使用微博。

微博有着自己的鲜明特点:(1)简捷,互动性强;(2)具有时效性和现场感;(3)信息碎片化,具有个人化和私语化的话语特征;(4)信息沟通交流更平等,"去中心化",体现草根性和平民化。

(四)网络游戏

网络游戏(MUD),全称是 Multiple User Dimension,或称为 Multiple User Dialogue、Multiple User Dungeon,分别是"多人世界""多人对话"和"多人地牢",俗称"泥巴"或"网络泥巴"的游戏。这是可以提供给多人同时进行的网络在线游戏的游戏软件,其中多个用户同时参与扮演角色,让流动性、多重的身份概念得以实现,其实质就是网络上的互动游戏。截至 2017 年 6 月,网络游戏在网民中的使用率为 56.1%。

网络游戏是一种最具特色的网络交往形式,属于同时性网络交往。其主要特色在于:(1)交往者可以在游戏中扮演不同的角色,想象力、虚拟性得到突出展现;(2)主要在游戏中进行沟通、交流,互动性很强。

值得一提的是,随着网络技术的发展,即时通信、微博、社交网站和网络游戏等网络交往形式开始融合,在网络交往者的交流互动中共同发挥作用。根据中西方大学生使用的社交应用的现状,同时为了更好地体现交往的互动特点,本书主要选取即时通信、微博、社交网站和网络游戏等网络交往形式来进行观察和研究。

四、网络交往的基本特点

网络拓宽了现实的交往领域,使人类进入了全新的社会交往时代——网络交往时代。网络以信息技术为基础,以经济全球化为背景,对身处其中的人际交往的主体、内容和形式都产生了革命性的影响。网络交往与传统的社会交往相比较,交往范围空前扩大,人们可超越国家(地域)界限,自由地与世界各地的人交往。苏振芳认为网络交往在形式上发生了质的变化,呈现出交往方式的间接性、交往角色的虚拟性、交往行为的直接性、交往关系的平等性及虚拟交往的蒙蔽性等特点。① 黄诗旸分析认为网络交往有隐蔽性、虚拟性、自由性、开放性和延展性五大主要特征。② 雷志萍等认为网络交往基本特征表现为自主性、平等性、自由性、开放性等。③ 杨平认为，网络交往的特征在于交往范围的开放性、交往选择的自由性、交往形式的虚拟性、交往主体的匿名性及交往速度的即时性。④ 马璐璐则认为，网络社会交往主要体现了平等性、匿名性和去功利性的特点等。⑤

笔者认为，网络交往的以下几个特点尤其具有实际意义。

（一）交往对象的广泛性和超时空性

千百年来，时空一直是制约人际交往的主要因素，人际交往主要是在自己的圈子中进行，比如血缘关系、地缘关系和业缘关系成为主要的人际交往形式。而人际交往模式的变革体现为时空限制被不断突破，交往范围不断延展，但没有哪种交往形式像网络交往一样将距离和时间缩小到零。陈历认为，网络交往实践使传统的物理时空观被重新编码，打碎了以往铁板式的严格的时空规则，进而打破了从前限制人们交往的时空栅栏。⑥ 因此，网民在理论上成为世界公民，超越了地域、民族和文化的限制，使得麦克卢汉预测的"地球村"成为现实。

当虚拟的"地球村"变成现实，全球性的交往成为可能，"一个崭新的、全球性的社会结构"已经形成。用我们古人的两句诗可以非常恰当地形容网络交往方式的全球性和超时空性："海内存知己，天涯若比邻""海上生明月，天涯共此时"。学者吴伯凡的这段话更是形象："在数字时代里，人不用再幻想自己'何以有羽翼'，因为今天的人身处一个不是束缚他而是给他极大自由，让他以光一般的速度四处'行走'的'恢恢'之'网'——互联网，光的速度勾销了空间距离，穿越了空间障碍。"⑦

（二）交往主体的多元化与交往的自由性

在人类的早期交往中，由于社会历史发展水平和交往工具所限，交往主体

---

① 苏振芳：《网络文化研究——互联网与青年社会化》，社会科学文献出版社2007年版，第140－141页。
② 黄诗旸：《大学生网络交往现状与对策研究》，上海师范大学硕士学位论文，2005年。
③ 雷志萍、吴媛媛：《大学生网络交往类型及基本特征研究》，《科技资讯》2011年第3期。
④ 杨平：《网络交往与人的发展》，天津师范大学硕士学位论文，2008年。
⑤ 马璐璐：《实现网络社会合理性交往的路径研究》，东北师范大学硕士学位论文，2008年。
⑥ 陈历：《论网络交往实践》，福建师范大学硕士学位论文，2003年。
⑦ 吴伯凡：《孤独的狂欢：数字时代的交往》，中国人民大学出版社1998年版，第319页。

主要以群体的面貌出现；到了工业社会，交往主体日渐显示其个性化特点，但整体仍以"大众"的形象出现；进入网络社会，交往主体才真正在理论上实现了多元化和个性化，人人都可能成为主体、成为权威，拥有自由、平等交往的权利和机会。具体到网络交往实践中，每个主体可以将自己看作主体，也应当将相遇的另一方视作主体，互相承认对方的自主性和能动性。

由于交往主体多元化的特点，与现实生活的关系网络相比，网络空间的关系网络会显得更多元、更自由，受到的现实社会的制约更少，互动主体双方的关系在理论上更加平等。同时，表情、语调、身体语言等在现实面对面交往中起着重要作用的关键因素，在网络交往中所起的作用受到削弱，使得"网络人际沟通显得更少限制、更多自由、更多创意，而且相对而言，网络空间中的去中心化交往，也使网络人际交往显得更为平等，更少群体压力"。[①]

因为上述特点，网络交往文化自然就呈现出自主性、开放性和多元化的特点。在网络空间创造的这个更加自由、平等、创意十足的平台上，网民能够以更为开放、大胆的状态投入到人际交往中去，挣脱现实的种种束缚，与其他网友通过网络交往实现信息共享、思想交流和观点碰撞，从而进一步强化开放意识，成为网络创新的动力和源泉。

正是因为网络交往有着更加多元、更加开放和更加自由的特性，网络时代的世界文化呈现出不同以往的崭新画面。正如学者鲍宗豪所说，"数字化时代的希腊精神、中国精神、美国精神、法国精神以及各种宗教精神、民族精神，不再以有形的物理、地理因素来描述，而是具有共享与分有的双重性质。数字化的时代精神在奥林匹斯山顶上嬉戏，但彼此间又相映成趣；共同的数字之途塑造出的不是千孔一面的精神贫乏，而是充满多重互动的丰富多彩的世界图景"。[②]

（三）交往的信息中介性和兴趣导向

有学者认为，在农业社会，人类交往的中介是地域，不同的集体和个人因地缘的不同而结成"地缘共同体"；在工业社会，实践交往的中介是利益，因利益的驱动使不同的集体和个人形成"利益共同体"；到网络时代，共同体的形成更多地以知识和信息为纽带。日本社会心理学家池田谦一在《电子网络的社会心理》一书中说："电脑通信在电子空间中能一下子飞跃时间、空间与社会的篱笆……纯粹以'信息之缘'连接的人与人关系成为可能。在这个意

---

① 陈文江、黄少华：《互联网与社会学》，兰州大学出版社2001年版，第16页。
② 鲍宗豪主编：《数字化与人文精神》，上海三联书店2003年版，第10页。

义上形成了全球性的没有制约的中间集团,它给予人们的创造性动力的可能性是无法估量的。"① 这种由信息之缘结成的新型共同体可以称为"信息共同体",对于以往交往实践的"地缘共同体""利益共同体"将形成补充甚至冲击。

网络发展到今天,已经不仅仅是外在于我们的传递信息的媒介,而已经形成了一个把我们吸纳进去的空间。在这个实时、多媒体、双向互动的全新的社会行为场域之中,人们进行社会互动,而不只是交流信息。同时,这种互动的身体不在场和匿名性,使人们无须再像现实交往之中那样担心"规训权力"(disciplinary power)对身体造成伤害,而能够根据自己的兴趣、爱好或动机,在网络空间与他人(甚至是陌生人)展开互动。在网络交往中,共同兴趣已成为一种新的社会交往的人际纽带。

同时,随着网络介入程度的提高,人们互动的层次更加深入,更有可能无话不谈。网络交往使得交往主体越来越倾向于注重个体自身心灵的体验以及片面的相互知觉。人们认为,在数字时代,心灵瞬间碰撞出的火花或许比深入了解一个人来得更高效。从这个意义上说,数字时代的人际交往比传统人际交往具有更狭隘、更简单的沟通、知觉功能。"互联网的积极意义,在于它在人类历史上第一次将个人从由中心到边缘的组织模式中解放出来,从而使网络中素未谋面的网民,可以仅仅因为兴趣相投而形成朋友、情侣等原来在真实世界中必须依赖面对面持久互动才能建立的关系。"② 当然,在网络交往中兴趣相同的人聚集在一起,形成自己的文化圈,是否会和现实交往中一样,这些"圈子"既形成交往的环境,又构成了交往活动的范围和"屏障",导致信息面变窄等,我们将在后面的章节中做进一步论述。

(四) 交往手段的数字化和交互性

数字化,就是将文字、图片、音频、视频等各种信息转变为可以度量的数字、数据,再为其建立适当的模型,最后转变为计算机能够识别的一系列二进制代码(由两个基本字符 0 和 1 组成的代码)。互联网上的所有信息归根到底都是"数字信息"。凭借着数字化技术,网络成为真正意义上的超媒体,实现了不同形式信息的大规模生产、复制、流通和消费。因此,尼葛洛庞蒂把网络时代的生存方式称为"数字化生存",这种方式进一步激发了网民的感知和想象,从感官性、全息性、面对面等多个层面,将网络交往向人际化推进了一步。

---

① 转引自鲍宗豪主编:《网络与当代社会文化》,上海三联书店 2001 年版,第 30 页。
② 陈文江、黄少华:《互联网与社会学》,兰州大学出版社 2001 年版,第 17 页。

而在网络时代，人们的交往方式也由传统社会的单向性、等级式转变为交互性、去中心化。这里的"交互性"包括内部和外部两个层面，前者表现为主体在不同网络角色扮演中的转换和更迭，后者表现为主体与其外部所发生的信息互动关系。在网络空间中，网民可以展示自己的鲜明个性和独特价值，自由获取和分享信息和资源，也可以利用自己的能力和才华，帮助他人，与人合作，不断提升个人的能力，拓展发展的空间。

（五）交往形式的虚拟性与内容的现实性

作为计算机信息和通信资源的综合体，网络并非一个物质的、有形的实体，而是一个无形的虚拟空间，一个无中心的全球信息媒介。如前所述，网络交往的中介是信息，而信息以数字化、虚拟化的形式而存在，这使得网络交往在形式上表现为虚拟性。在网络这个虚拟空间当中，人们可以虚拟各种身份，以一对一、一对多、多对多、多对一的多种交往形式，与交往对象建立起不同于现实关系的虚拟关系。

虚拟空间的产生，为我们提供了一种身体缺席交往的可能性，"人可以任意改变性别、年纪和外貌，创造出一个完美的自我，即虚拟身体（virtual body）"。① 这一技术上的可能性，无疑对处于现实生活困境中的人们具有解放意义。我们知道，在日常生活中，如何表达自我是一件复杂且十分微妙的事情，我们难以隐瞒和操控自己的性别、年龄、种族等特征，即使是发自内心的真实表达，也可能会出现失误或错误。在虚拟空间中，我们如同一张白纸，可以抛开以往我们不能选择的现实属性，随心所欲地向人们传达一种经过精心设计的"印象整饰"（impression management）。②

但是，网络交往的虚拟性不是脱离现实的，更不是虚幻的。网络交往的角色可以是虚拟的，但交往的内容却有着其实在性，往往在虚拟化、数字化的信息之中体现着实实在在的人的交流和活动。而随着网络社交媒体的广泛应用，越来越多的现实人际关系正向网络平台延伸，促使"熟人社交"成为一种重要趋势。

（六）交往过程的匿名性和弱规范性

由于网络交往手段的数字化和虚拟性，网络环境中的一串串数字代码取代

---

① 鲁曙明、洪浚浩主编：《传播学》，中国人民大学出版社2007年版，第319页。
② ［英］戴维·冈特利特主编：《网络研究——数字化时代媒介研究的重新定向》，彭兰等译，新华出版社2004年版，第80页。

了网民的现实身份,虽然这串数字毫无意义,但却可能比网民自身的地位和才能更能代表他自己。技术上的隐蔽性使网络交往中的人们有机会虚构自我,也可以暂时忘却现实的压力,在某种意义上实现了本性的回归。有西方学者认为,我们不应该认为只有面对面的交流才是格外真实的,因为有些人可能在利用一些媒介进行表达时,会觉得比面对面的交流更自在。①

网络空间所提供的隐蔽性和多样能动的角色塑造使我们少了现实的牵绊,摆脱了传统的禁锢和束缚,使思想得以"自由"游走,使幻想和欲望得以尽情展现。从理论上说,只要你足够熟悉网络技术,有足够的能力隐藏自己,即使你的幻想和欲望是罪恶的,你的行为遭人唾弃,也可能不会影响到你在现实中的光辉形象。正如一位网民所说:"我们惊喜地发现,这个虚拟的网络世界,几乎是没有任何限制的,它可以让我们充分地展现自己,它可以让我们尽情地宣泄,它可以让我们忘乎所以,它可以让我们为所欲为,它是安全的!它可以让我们说些平时想说又不能说和不敢说的话,做平时想做可又不能做和不敢做的事,扮演平时想扮演可又不能扮演和不敢扮演的角色!"②

由于交往过程的匿名性,网络交往时常会失去现实道德规范的制约。尽管当交往缺少顾忌,人们更易表达自己的真实想法,从而实现真正的交流,但是过分依赖网上交往而忽视社会交往,人际关系有可能会变得冷漠而缺乏人性,会导致人们出现紧张、孤僻和冷漠等心理,造成新的精神空虚。而网络交往中存在的匿名交流既为有的人"撒谎",也为有的人说"真话"提供了方便,导致一些人自我认知的不协调,也增加了对他人冒犯、侵害的可能性。

本章小结

综观国内外对网络问题研究的历史,对于网络交往问题的研究也是伴随着计算机和网络技术的发展而逐步深化的。从社会角度来看,互联网的发展既体现着网络信息技术不断创新和突破的技术逻辑,也展现着文化、观念、制度,尤其是思维模式、行为方式不断演变的社会发展逻辑。不同学科领域的研究者从不同角度研究网络传播、网络生存以及因网络而带来的变化及其应对等问题。而对社交媒体环境下大学生群体的网络交往的研究,对于我们研究大学生的心理发展、社会化特点以及全球化、信息化背景下高等学校的教育管理方式创新都很有帮助。

---

① [英]戴维·冈特利特主编:《网络研究——数字化时代媒介研究的重新定向》,彭兰等译,新华出版社2004年版,第83页。
② 黄诗旸:《大学生网络交往现状与对策研究》,上海师范大学硕士学位论文,2005年。

第三章 中西方大学生网络使用及网络交往实证研究

第一节　中西方国家及青少年互联网使用情况

据中国互联网络信息中心（CNNIC）的调查，截至2017年6月，中国网民规模达7.51亿，互联网普及率达到54.3%；手机网民规模达7.24亿，网民中使用手机上网的人群占比为96.3%，网民上网设备进一步向移动端集中。其中，20～29岁的网民占比29.7%，为网民中占比最高的一个群体；具有大学本科及以上学历的人员占比11.6%；网民中学生群体最大，占比为24.8%。在中国，排名前三的典型社交应用均为综合类社交应用，截至2017年6月，微信（朋友圈）、QQ（空间）、微博的使用率分别为84.3%、65.8%和38.7%。而《社会心态蓝皮书：中国社会心态研究报告》（2015）显示，在接受调查的大学生中，每天用在智能手机上的时间约为5小时17分钟，占一天全部时间的22%。在使用时间中，社交时间所占的比重最高（45%），而网络社交时间又占社交时间的绝大部分（84%）。[①]

根据国际电信联盟（ITU）发布的数据，2016年全球网民数量达到34.88亿。对于西方国家的互联网使用状况，以美国为例，正如本书第一章第一节提到的《互联网与多媒体社会行为研究》所示，此处便不再赘述。

有研究者认为，媒介对青少年成长的影响无处不在，8～18岁的美国青少年每天平均约有6.5小时与媒介接触。[②] 根据美国2010年1月的一项调查显示，美国青少年使用电子传媒的时间增多，每周至少53个小时。而美国"凯泽家庭基金会"对2002名8～18岁的青少年的调查显示，他们平均每天有7小时38分钟的时间用在包括手机、电脑、iPod在内的电子传媒上，比10年前增加了6小时19分钟，电子传媒已经成为美国青少年每天都要呼吸的"空气"。[③] 而大学生对社交网站的使用更是普遍，对美国中西部几所大学的大规

[①] 许丹、王逸、钱露露等：《大学生智能手机使用时间的调查报告——来自经验取样的证据》，载王俊秀、杨宜音主编《社会心态蓝皮书：中国社会心态研究报告》（2015），社会科学文献出版社2015年版，第269页。

[②] D. F. Roberts, U. G. Foehr, V. Rideout. Generation M: Media in the Lives of 8-18 Year-olds. Menlo Park, CA: Kaiser Family Foundation, 2005.

[③] 《美青少年使用电子传媒时间大幅增加》，参见《新闻记者》（视窗·数据），2010年第2期。

模调查显示，91%的受访者使用 Facebook 网站。① 一项研究显示，美国学院学生使用 Facebook 的时间为平均每天 10～30 分钟。②

总体来看，自 2011 年以来，世界整个互联网的应用都在融合社交因素，展现出社交化的大趋势。在这样的背景下，使用互联网已经成为大学生学习、生活、交往不可或缺的重要部分。不同文化背景下的大学生以此为平台，与世界各地的人、身边最亲近的人进行信息沟通与情感交流，呈现出了或相同、或不同的网络交往的内容、形式和特点，也透射出不同的文化、心理和语言特点等。

第二节　中西方大学生网络使用和网络交往的调查研究

一、研究目的与假设

（一）研究目的

笔者通过问卷形式，了解中西方大学生的网络交往现状，以及网络交往对大学生自我发展、群体交往、语言表达等方面的影响，为提高全球化和网络环境下的大学生媒介素养和教育实效性提供借鉴和依据。

（二）国内外现有的研究假设

目前，国内外的研究者已经对互联网使用行为尤其是网络交往问题进行了不少研究，也取得了一些研究进展。在国内，关于网络使用行为、网络交往的实证研究中，学者夏俊从较为全面的角度切入，设计的大学生网络交往调查表涉及网络交往的动机（目的性）、行为（投入性、真实性）和结果（影响性）三个因素③，但这个调查缺乏明确的信度、效度指标。胡平等人的研究结果显

---

① C. Wiley, M. Sisson. Ethics, Accuracy and Assumption: The Use of Facebook by Students and Employers. The Southwestern Ohio Council for Higher Education Special Topics Forum, Dayton, OH, 2006.
② N. B. Ellison, C. Steinfield, C. Lampe. The Benefits of Facebook "Friends:" Social Capital and College Students' Yse of Online Social Network Sites. Journal of Computer-Mediated Communication, 2007, 12 (4).
③ 夏俊：《大学生网络交往问题及教育导向策略研究》，西南师范大学硕士学位论文，2003 年。

示,网上的行为是由行为、情感、态度和认知等成分共同构成的一种行为方式,但这种表述比较笼统。① 也有学者从专业角度切入,比如关于网络使用与自我效能之间的关系,刘小燕认为,国外对自我效能的测量形式主要是采用等级评定的自陈量表形式,测量内容主要是对网络浏览、信息搜索与下载的能力评价,同时涉及他人的评价、反馈和自己的生理感受。②

陈秋珠从"结构—成分"的角度,假设网络交往内在的心理结构由网络交往动机、网络交往认识、网络交往情绪、网络交往行为、网络交往结果五大因素组成。它们处于一个有机的统一体中,彼此间存在密切的关系。③ 以此研究假设为基础,陈秋珠采用访谈、开放式问卷的方式进行了预调查,制作了具有129个项目的初步问卷,对问卷进行检查、预测、重测,最终形成具有49个项目的正式问卷。对于该问卷,她抽取六个因素(即网络交往一级因素)进行了探索性因素分析,分别为网络交往消极结果、网络社会知觉、网络交往自我暴露和情感体验、网络交往认识、网络交往信息沟通及网络交往休闲娱乐。其中,"网络交往消极结果"一级因素包括11个子项:为了上网,我放弃或减少了重要的娱乐活动、人际交往等;因为上网,我曾经在学习上遇到了麻烦;因为网上交往,我错过了对我很重要的学习(工作)机会;因为上网,我的作息时间发生了变化;等等。"网络社会知觉"一级因素包括12个子项:在网上,我与别人是用心交流的;在网上和我交往的人都是友善的;我对网友的典型感觉是真诚友好的;我认真地和别人进行网络交往;我和网友的交往是关系良好的、愿意互相帮助的;等等。"网络交往自我暴露和情感体验"一级因素包括10个子项:上网时,我才可以是真正的我自己;网上的我比现实生活中的我更真实;与网友交往远比和同学实际交往快乐;在网上与人交往时我感觉非常舒服;在网上交往最能展示自我;等等。"网络交往认识"一级因素包括9个子项:网络交往促进了我以前的人际关系;通过网络交往,可以促进现实的人际关系更深入;当我有事情陷入困境时,我上网寻求各种帮助;网络交往扩大了我的人际交往范围;我上网是为了和别人沟通思想、交换意见;等等。"网络交往信息沟通"一级因素包括5个子项:网络教会了我很多在课堂上学不到的知识;网上交往拓展了我的视野,增强了我分析判断问题的能力;因为使用互联网,所以我能掌握一些前沿性知识;因为网络交往,我的知识面

---

① 胡平、刘俊、董冰:《大学生人格与网络行为:网络道德人际SEM模型》,《心理发展与教育》2003年第2期。
② 刘小燕:《上海大学生网络自我效能的实证研究》,上海师范大学硕士学位论文,2005年。
③ 陈秋珠:《赛博空间的人际交往——大学生网络交往与心理健康关系的研究》,吉林大学出版社2012年版。

变广了；我上网是为了了解别人对一些问题的看法。"网络交往休闲娱乐"一级因素包括 2 个子项：我上网聊天，是为了消磨时间；闲得无聊时，我就上网。

在此基础上，她还对前五个一级因素进行再次因素分析，包括网络交往消极生理结果、网络交往消极社会和学习结果，网络自我和人际关系知觉、网络他人知觉，网上自我暴露、网上情感体验，网络交往作用认识、网络交往性质及社会利益认识，网络交往信息沟通这 9 个网络交往二级因素。陈秋珠对网络交往正式问卷进行了科学的分析，证实其自编的大学生网络交往问卷具有较高的信度和效度，可以作为大学生网络交往问题后续研究的测量工具。

（三）本书的研究假设

总体来看，目前以中西方大学生为调查对象，对他们网络交往行为的不同进行比较的实证研究是缺乏的。在总结前人的相关研究结果的基础上，本书做出以下假设——虽然中国大学生和西方大学生处于大致相同的生理和心理发展阶段，具有相似的内在心理结构，但是必须考虑到以下不同之处。

（1）大学生成长的文化背景会对其网络交往行为产生影响，不同国籍的大学生有着不同的网络交往心理和行为；

（2）不同性别的大学生会有着不同的网络交往心理和行为；

（3）不同年级的大学生会有着不同的网络交往心理和行为；

（4）不同学科的大学生会有着不同的网络交往心理和行为。

二、研究过程和方法

（一）研究对象

对于中国大学生，笔者于 2016 年 9 月初在问卷星网站创建问卷，通过各相关高校的辅导员向学生提供答题链接等方式进行调查。截至当年 11 月 28 日，共有 249 名大学生在网上完成问卷，有效被试者 248 人（有 1 名国籍填写为"日本"，视为无效）。其中广东外语外贸大学 19 人，华南农业大学 22 人，广州中医药大学 65 人，广东工业大学 38 人，广州大学 84 人以及其他高校 20 人。

对于西方大学生，笔者主要调查了中国大陆高校在学的来华外国留学生，以外语外贸类院校为主，包括广东外语外贸大学、北京语言大学、上海外国语大学、上海对外经贸大学、天津外国语大学、浙江外国语学院等学校。从 2016 年 9 月初至 2017 年 3 月，共有 111 名来自西方国家（美国、加拿大、德国、法国、英国、西班牙等）的来华留学生完成问卷。

表3-1 中西方大学生基本情况

	性别		年龄				年级					专业类型		合计
	男	女	不到18岁	18～20岁	21～23岁	24岁以上	大一	大二	大三	大四	大五	文科类	理工科类	
中国	96	152	8	152	85	3	74	67	51	39	17	121	127	248
西方	43	68	1	33	48	29	30	24	31	18	8	55	56	111
合计	139	220	9	185	133	32	104	91	82	57	25	176	183	359
占比（%）	38.7	61.3	2.5	51.5	37.1	8.9	29.0	25.3	22.8	15.9	7.0	49.0	51.0	100

注：大五年级学生指本科五年级的医科生，本书归入理工科类；其样本量为17个，相对较少，统计分析中相关的数据作为参考。

（二）问卷设计与信度检验

问卷包括被试个人基本信息和网络使用情况调查以及大学生网络交往正式问卷的题目。本书作者请专门的翻译团队将中文问卷翻译成英文，再请曾在联合国教科文组织工作过的文书人员将英文问卷回译成中文，前后两份中文问卷之间未出现大的差异或意思上的误解（中文问卷见附录A，英文问卷见附录B）。

个人基本信息和网络使用情况调查问卷参照国内外有关研究，以及中国互联网络信息中心发布的中国互联网络发展状况统计报告的上网情况调查问卷编制而成，主要从大学生的上网频率、上网目的，网络交往平台、交往对象、交往内容、交往话题、群体交往、交往语言等方面进行调查，共20题。

大学生网络交往正式问卷采用陈秋珠编制的网络交往正式问卷。鉴于所采用的问卷此前针对的是中国大学生，为了测试该问卷能否运用于西方大学生，本研究在正式问卷调查开始前，在广东外语外贸大学内部进行了预测验。向中国大学生（18名）和西方来华留学生（20名，分别来自美国、英国等）发放问卷，并对问卷进行了初测的信度检验。

表3-2 可靠性统计量

因素	项目个数	Cronbach Alpha 系数
网络交往消极结果	11	0.890
网络社会知觉	12	0.946
网络交往自我暴露和情感体验	10	0.860

续表 3-2

因　素	项目个数	Cronbach Alpha 系数
网络交往认识	9	0.834
网络交往信息沟通	5	0.786
网络交往休闲娱乐	2	0.503
网络交往消极生理结果	7	0.868
网络交往消极社会和学习结果	4	0.736
网络自我（包含自我行为）和人际关系知觉	7	0.911
网络他人知觉	5	0.861
网上自我暴露	6	0.835
网上情感体验	4	0.752
网络交往作用认识	5	0.827
网络交往性质及社会利益认识	4	0.597
所有因素	49	0.950

通过对一级、二级因素以及所有因素进行信度分析结果可得，绝大部分层级的 Cronbach Alpha 系数几乎接近于 1，认为问卷的测验结果整体具有非常好的一贯性、一致性和稳定性。[①]

（三）统计方法

本研究运用 SPSS 22.0 版统计软件，主要的统计方法是列联表的卡方检验、费雪精确检验、独立样本 T 检验和单因素方差分析。针对个人信息、上网基本情况的问题部分，运用的是列联表的卡方检验和费雪精确检验，可验证两变量的关联性，进而判断人群对问题的回答是否存在差异。在本次抽样人群中，中西方大学生的比例接近 2∶1，在样本量上存在差异，为减少误差，通过百分比的数据换算成频次进行计算分析，当列联表中某单元格的数值小于 5 时，采用的是费雪精确检验，反之则用卡方检验且两者通过 Monte Carlo 无偏估计获得精确的显著性水平值。

针对网络交往正式问卷部分，采用了独立样本 T 检验和单因素方差分析这两种方法。独立样本 T 检验判断的是两个样本的平均数及其代表的群体的差异

---

① 其中，一级因素"网络交往休闲娱乐"和二级因素"网络交往性质及社会利益认识"的 Cronbach Alpha 系数未达到 0.7，但为了保证问卷内容的完整性，未删除。

是否显著,假设中西方大学生对某因素的评分均值不存在差异,若在 t 分布且显著性水平为95%的情况下,p 值小于等于0.05,则可以拒绝原假设认为中西方大学生对某因素的评分均值存在差异,在统计学上具有分析意义。而单因素方差分析则用于判断由年级单一因素分组的均值之间的差异是否具有统计学意义,并进行两两分组的组间均值比较。

三、研究结果

（一）中西方大学生互联网使用的总体概况

根据调研数据,中西方大学生互联网的使用呈现出以下特点。

1. 上网基本情况

在本研究中,中西方大学生的网龄情况如下：有7年以上网龄的中国学生比例为57.26%,西方学生为77.48%；5～7年网龄的中国学生比例为25.00%,西方学生为10.81%；3～5年网龄的中国学生比例为13.71%,西方学生比例为6.31%；网龄低于3年的中西方大学生的比例都较低,均不到6%。

表3-3　中西方大学生上网时间（网龄）（%）

上网时间	中国（$n=248$）	西方（$n=111$）
不到一年	0.00	1.80
1～3年	4.03	3.60
3～5年	13.71	6.31
5～7年	25.00	10.81
7年以上	57.26	77.48

而在上大学后,中西方大学生上网的时数呈现出以下变化（如表3-4所示）：

表3-4　中西方大学生上网基本情况（%）

	中西方大学生日平均上网时间					上大学后上网时数		
	不足1小时	1～2小时	2～3小时	3～4小时	4小时以上	增加了	基本没变	减少了
中国（$n=248$）	2.42	14.92	23.39	17.74	41.53	73.79	16.94	9.27
西方（$n=111$）	1.80	13.51	33.33	28.83	22.52	42.34	23.42	34.23

可以看到，中国大学生上网时间超过 4 小时的比例远高于西方大学生，而进大学后上网时数增加了的中国大学生比例远高于西方大学生；而上网时数在进大学后减少了的西方大学生的比例比中国大学生更高。

2. 上网目的和常浏览网站的类型

根据附录 C 表 3-5-1、表 3-5-2 的数据，在有效样本中，显著性水平为 95% 的情况下，通过列联表的费雪精确检验 Monte Carlo 显著性（$p=0.042$）可知，被调查的中西方大学生在上网目的类型的选择上存在显著性差异。西方大学生在上网收看和下载电影和音乐上的比例为 49.55%，高过中国大学生的 31.85%；相反，中国大学生上网玩游戏的比例为 18.15%，而西方大学生在该项的占比仅为 5.41%。在查找资料、浏览网页、接收邮件、聊天、更新社交网站上的个人主页、学习需要、购物、挂在网上、无聊地打发时间等方面，中西方大学生所占的比例则大致接近。

根据附录 C 表 3-6-1、表 3-6-2 的数据，在有效样本中，显著性水平为 95% 的情况下，通过列联表的费雪精确检验 Monte Carlo 显著性（$p=0.000$）可知，被调查的中西方大学生在浏览网站类型上有显著性差异。西方大学生更多倾向于浏览社交网站且比例高达 74.77%，超过中国大学生的 48.39%；在网络文学阅读方面，西方大学生 45.95% 的浏览频率也高于中国大学生的 10.48%。同时，西方大学生对网络应用/电影等娱乐性网站、网络视频等的浏览频率均高出中国大学生十多个百分点。相较西方大学生而言，中国大学生在搜索引擎上的使用率则高达 77.42%，西方大学生为 59.46%。除此之外，中国大学生浏览综合性网站的频率也比西方大学生高出 10.97%。

（二）大学生的网络交往的平台、形式和使用概况

网络使世界变成了"地球村"，以交互性、虚拟性为特点的网络交往迅速发展，使全球交往成为可能。而网络交往对于当代大学生的交往方式而言，无疑是一次突破性的革命。在调查中，中西方大学生的网络交往行为方式和特点主要体现在以下几个方面。

1. 使用网络交往工具和平台的情况

在被调查的中西方大学生中，绝大部分都习惯于使用网络聊天工具和公共交友平台（中国学生 95.96%，西方学生 79.28%）。中国大学生最常用的前四种分别为：人人网（96.77%）、微信（朋友圈）（76.61%）、腾讯 QQ（空间）（50.40%）和电子邮件（25%）；西方大学生最常用的前四种分别为：Facebook（72.97%）、电子邮件（72.97%）、Twitter（71.17%）和 ICQ/QQ（24.32%）。

根据中西方大学生常用的交友工具和平台的特点，我们将人人网、微信、

QQ、Facebook 等归类为"熟人社交",把微博、Twitter、论坛/BBS、知乎等归类为"陌生人社交"。根据附录 C 表 3-8-1、表 3-8-2 的数据,在有效样本中,显著性水平为 95% 的情况下,通过列联表的卡方检验精确显著性($p=0.000$)可知,中西方大学生在进行"熟人社交"和"陌生人社交"方面差异显著。西方大学生进行"陌生人社交"的比例为 73.83%,远高于中国大学生的 18.15%。而中国大学生进行"熟人社交"的比例高达 99.19%,也高于西方大学生的 81.31%。

根据附录 C 表 3-9-1、表 3-9-2 的数据,在有效样本中,显著性水平为 95% 的情况下,根据列联表的费雪精确检验 Monte Carlo 显著性($p=0.000$)可知,在登录网络聊天工具和公共交友平台的频率上,中西方大学生存在显著性差异。"通过手机,无聊时就使用"的中国大学生的比例为 64.92%,西方大学生在该项的占比为 36.04%,平均每天只使用一到两次的西方大学生比例为 23.42%,而中国大学生仅为 3.23%。

2. 对于个人信息保护和网名

根据附录 C 表 3-10-1、表 3-10-2 的数据,在有效样本中,显著性水平为 95% 的情况下,通过列联表的卡方检验 Monte Carlo 显著性($p=0.000$)可知,中西方大学生在个人信息保护上存在显著性差异。填写个人信息"大部分真实,小部分不符合实际"的中国大学生比例为 48.79%,高于西方大学生的 21.62%;选择"(个人信息)无关紧要的填写,大不分不符合实际"的中国大学生比例为 31.85%,也高于西方大学生的 14.41%;但不愿意透露自己的任何真实信息的中国大学生的比例为 11.29%,低于西方大学生的 39.64%;同时,所填资料完全符合实际情况的中国大学生的比例为 8.06%,也低于西方大学生的 24.32%。

根据附录 C 表 3-11-1、表 3-11-2 的数据,在有效样本中,显著性水平为 95% 的情况下,通过列联表的卡方检验 Monte Carlo 显著性($p=0.254$)可知,中西方大学生对于如何取网名不存在显著性差异,比如在使用方便、随心所欲、无特殊原因等方面两者的认同度较相似,西方大学生在取可爱好听的、另类有趣的网名上的比例略高于中国大学生。

3. 网络交往的对象特点

根据附录 C 表 3-12-1、表 3-12-2 的数据,在有效样本中,显著性水平为 95% 的情况下,通过列联表的卡方检验 Monte Carlo 显著性($p=0.170$)可知,网络交往对象在中西方大学生的网络交往习惯中差异不明显,两类大学生都习惯于与家人亲戚来往或者与现实生活中熟悉的周围朋友交往,且比例都超过 80%,而西方大学生在网上认识朋友的比例为 33.33%,高于中国大学生的 16.94%。

4. 使用 SNS 社交网站的主要用途

根据附录 C 表 3-13-1、表 3-13-2 的数据，在有效样本中，显著性水平为 95% 的情况下，通过列联表的费雪精确检验 Monte Carlo 显著性（$p = 0.047$）可知，中西方大学生使用 SNS 社交网站的主要用途存在显著性差异。中国大学生在 SNS 社交网站上解决学习和生活中的各种问题的比例为 50.40%，高于西方大学生的 39.64%，而西方大学生在利用其了解更多不知道的信息上的比例为 68.47%，远高于中国大学生的 36.69%。其次，中国大学生在 SNS 社交网站上写日志、发照片、记录心情、更新自己的状态的比例为 42.74%，也高于西方大学生的 30.63%。中西方大学生在浏览朋友的日志和照片、寻找和结识志同道合的朋友、聊天交流、思想碰撞、展现自我、结识异性、创办或参与群体活动、四处闲逛、纯为打发时间等方面差异较小。

5. 网上聊天的话题选择

根据附录 C 表 3-14-1、表 3-14-2 的数据，在有效样本中，显著性水平为 95% 的情况下，通过列联表的费雪精确检验 Monte Carlo 显著性（$p = 0.000$）可知，中西方大学生在使用 SNS 社交网站时对于话题的选择存在显著性差异。西方大学生选择新闻资讯类话题的比例为 47.75%，而中国大学生为 19.76%；相反，中国大学生谈论学习或生活中遇到的各种问题的频率更高，该人群占比为 60.48%，高出西方大学生的 33.33%。在社会和学校等热点话题、无话不谈等方面中国学生都高出西方大学生十几个百分点，而在自己感兴趣的话题、人生感悟类话题上，西方大学生则比中国大学生高十多个百分点。

6. 参加网络群组的情况

根据附录 C 表 3-15-1、表 3-15-2 的数据，在有效样本中，显著性水平为 95% 的情况下，通过列联表的费雪精确检验 Monte Carlo 显著性（$p = 0.057$）可知，中西方大学生在网上聊天交流时，在相对固定参加的网络群组（交际圈）的数量上不存在显著差异，而中国大学生比较固定参加 3～4 个网络群组的比例为 47.98%，高于西方大学生的 29.73%。

根据附录 C 表 3-16-1、表 3-16-2 的数据，在有效样本中，显著性水平为 95% 的情况下，通过列联表的卡方检验 Monte Carlo 显著性（$p = 0.000$）可知，中西方大学生参加网络群组的类型存在显著性差异。中国大学生参加大学社团群的比例为 70.56%，西方为 60.36%；同时，有 35.08% 的中国大学生会参加自己感兴趣的群组，这一比例是西方大学生的 17.12% 的两倍。除此之外，中国大学生参加现实生活中的朋友群的比例高达 79.44%，也远高于西方大学生的 25.23%；相反，西方大学生通过网络认识的网友群为 36.94%，高出中国大学生的 11.69% 有两倍之多。

根据附录 C 表 3-17-1、表 3-17-2 的数据，在有效样本中，显著性水平为 95% 的情况下，通过列联表的费雪精确检验 Monte Carlo 显著性（$p=0.216$）可知，对于参加网络群组的目的，不存在显著性的差异，但中国大学生在结交对自己有益的朋友这一行为上比例为 41.94%，高于西方大学生的 20.72%。

根据附录 C 表 3-18-1、表 3-18-2 的数据，在有效样本中，显著性水平为 95% 的情况下，通过列联表的费雪精确检验 Monte Carlo 显著性（$p=0.000$）可知，中西方大学生对于网上群体交往积极作用的认识存在显著性差异。分别有 27.03% 和 30.63% 的西方大学生认为网上群体交往无地域限制和时间限制，而中国大学生对这两者的认同率仅有 18.55% 和 14.11%。相比之下，有 44.76% 的中国大学生会认为网上群体交往话题多而广泛，这一比例高于西方大学生的 18.92%。同时，70.97% 的中国大学生认为，网上群体交往的积极作用更多表现在群体间有共同的兴趣爱好和共鸣，西方大学生则有 41.44% 的同学这样认为。而中西方大学生在看重其网上群体交往可以匿名交流、隐藏身份，无地域限制，自由发表观点，交流方式灵活，参与的人多等方面的差异细微。

根据附录 C 表 3-19-1、表 3-19-2 的数据，在有效样本中，显著性水平为 95% 的情况下，通过列联表的卡方检验 Monte Carlo（$p=0.002$）可知，关于网上群体交往的消极作用的认识，中西方大学生存在着显著性差异。有 68.95% 的中国大学生认为网上交流的内容肤浅，垃圾信息多，西方大学生对此认同的比例为 41.44%。而认为匿名会造成各种不道德言行，中国大学生的比例为 55.24%，也高于西方大学生的 44.14%。相反西方大学生认为网上交往易产生依赖，对现实人际交往产生不良影响这一比例为 43.24%，中国大学生的比例则为 23.39%。不过，中西方大学生都认为网上交往容易受到群体影响，做出非理性的判断，还容易造成网瘾，影响正常工作学习，会对自我认识产生错觉，甚至造成人格障碍的感知，因此在这些方面的差异较小。

7. 网络交往语言特点

根据附录 C 表 3-20-1、表 3-20-2 的数据，在有效样本中，显著性水平为 95% 的情况下，通过列联表的卡方检验 Monte Carlo（$p=0.258$）可知，在网上聊天时，中西方大学生的网络交往语言特点差异不明显。两者使用符号图形型、词义转换型、谐音型、派生型的网络语言比例大致接近，而西方大学生使用缩略型网络用语的比例有 62.16%，高于中国大学生的 38.31%。

根据附录 C 表 3-21-1、表 3-21-2 的数据，在有效样本中，在显著性水平为 95% 的情况下，通过列联表的费雪精确检验 Monte Carlo（$p=0.225$）可知，中西方大学生使用网络语言的原因没有显著性差异。中西方大学生都认为与网友沟通快捷方便、能展现个性,塑造个人形象,且认为使用网络语言时尚有趣,具有幽默感,不用的话会被别人笑话,但有35.14%的西方大学生认为使用网络语言标新立异,生动形象,高于中国大学生的18.55%,而52.42%的中国大学生认为其能更好地表达内心、宣泄情绪,这一比例高出西方大学生十多个百分点。

(三) 中西方大学生网络交往的内部差异

为深入网络交往的内部心理结构,分析中西方大学生网络交往的内部差异,分别从国籍、性别、年级、学科等方面对大学生网络交往状况进行差异显著性检验。

1. 中西方大学生网络交往国籍差异显著性检验

表3-22 中西方大学生网络交往国籍差异 (M±SD)

因素	中国 ($n=248$)	西方 ($n=111$)	t值	显著性 (p值)
网络交往消极结果	26.561±7.693	26.432±7.73	0.146	0.884
网络社会知觉	34.444±7.599	33.901±8.368	0.606	0.545
网络交往自我暴露和情感体验	22.681±7.795	21.982±6.588	0.877	0.381
网络交往认识	25.5±6.258	24.658±6.2638	1.178	0.239
网络交往信息沟通	17.532±3.886	17.153±3.795	0.860	0.390
网络交往休闲娱乐	5.892±1.720	6.2794±1.9174	-1.791	0.075
一级因素总分	132.617±26.602	130.405±26.834	0.726	0.468

从表3-22可以看出,六个一级因素均不存在显著的国籍差异。

2. 中西方大学生网络交往性别差异显著性检验

按性别分组,对中国大学生网络交往问卷各个因子得分和总分进行差异显著性检验,结果见表3-23。

表3-23 中国大学生网络交往性别差异 (M±SD)

因素	男 ($n=96$)	女 ($n=152$)	t值	显著性 (p值)
网络交往消极结果	27.75±7.851	25.809±7.52	1.946	0.053
网络社会知觉	33.99±7.343	34.73±7.766	-0.747	0.456
网络交往自我暴露和情感体验	23.396±8.079	22.23±7.603	1.148	0.252
网络交往认识	25.708±6.166	25.368±6.332	0.416	0.678
网络交往信息沟通	17.281±4.21	17.691±3.672	-0.808	0.420
网络交往休闲娱乐	5.604±1.832	6.086±1.623	-2.163	0.032
一级因素总分	133.729±27.172	131.914±26.302	0.522	0.602

续表 3-23

因　素	男（$n=96$）	女（$n=152$）	t 值	显著性（p 值）
网络交往消极生理结果	18.156±5.033	17.322±5.14	1.254	0.211
网络交往消极社会和学习结果	9.594±3.389	8.487±3.126	2.628	0.009
网络自我（包含自我行为）和人际关系知觉	20.635±4.533	21.546±5.132	-1.423	0.156
网络他人知觉	13.354±3.503	13.184±3.298	0.386	0.700
网上自我暴露	13.99±5.387	13.026±4.821	1.464	0.144
网上情感体验	9.406±3.339	9.204±3.312	0.467	0.641
网络交往作用认识	14.927±4.076	14.862±3.983	0.125	0.901
网络交往性质及社会利益认识	10.781±2.932	10.507±2.93	0.719	0.473
二级因素总分	110.844±24.347	108.138±23.714	0.866	0.387
总分	133.729±27.172	131.914±26.302	0.522	0.602

从表 3-23 可以看出，除在网络交往休闲娱乐（$t=-2.163$，$p=0.032$）、网络交往消极社会和学习结果（$t=2.628$，$p=0.009$）上存在显著的性别差异外，其他因素并不存在显著的性别差异。对于网络交往休闲娱乐一级因素，中国女大学生的得分比中国男大学生更高；对于网络交往消极社会和学习结果二级因素，中国男大学生的得分比中国女大学生更高。

而对于西方大学生而言，按性别分组，对大学生网络交往问卷各个因子得分和总分进行差异显著性检验，结果见表 3-24。

表 3-24　西方大学生网络交往性别差异（M±SD）

因　素	男（$n=43$）	女（$n=68$）	t 值	显著性（p 值）
网络交往消极结果	26.535±8.486	26.368±7.277	0.111	0.912
网络社会知觉	34.721±8.472	33.382±8.322	0.820	0.414
网络交往自我暴露和情感体验	23.837±7.496	20.809±5.694	2.410	0.018
网络交往认识	25.372±6.488	24.206±6.122	0.955	0.342
网络交往信息沟通	17.302±3.931	17.059±3.733	0.328	0.744
网络交往休闲娱乐	5.814±1.955	6.574±1.847	-2.063	0.041
一级因素总分	133.581±28.943	128.397±25.427	0.992	0.324
网络交往消极生理结果	16.767±5.304	16.809±4.869	-0.042	0.966
网络交往消极社会和学习结果	9.767±3.734	9.559±3.164	0.315	0.753
网络自我（包含自我行为）和人际关系知觉	21.581±5.86	20.779±5.394	0.738	0.462
网络他人知觉	13.14±3.413	12.603±3.682	0.769	0.443

续表 3-24

因　素	男（n=43）	女（n=68）	t 值	显著性（p 值）
网上自我暴露	14±5.261	11.941±3.832	2.166	0.032
网上情感体验	10.023±3.32	8.868±2.485	2.091	0.039
网络交往作用认识	14.465±3.906	14.029±3.75	0.587	0.559
网络交往性质及社会利益认识	10.907±3.243	10.176±2.977	1.216	0.226
二级因素总分	110.465±26.817	104.765±22.565	1.204	0.231
总　分	133.581±28.943	128.397±25.427	0.992	0.324

从表 3-24 可以看出，除了在网络交往自我暴露和情感体验（$t=2.410$，$p=0.018$）、网络交往休闲娱乐（$t=-2.063$，$p=0.041$）、网上自我暴露（$t=2.166$，$p=0.032$）和网上情感体验（$t=2.091$，$p=0.039$）上存在显著的性别差异外，其他因素并不存在显著的性别差异。对于网络交往自我暴露和网上情感体验一级因素，西方男大学生的得分比西方女大学生更高；对于网络交往休闲娱乐一级因素，西方女大学生的得分比西方男大学生更高；对于网上自我暴露、网上情感体验这两个二级因素，西方男大学生的得分比西方女大学生更高。

对于男女大学生而言，我们按国籍分组，对大学生网络交往问卷各个因子得分和总分进行差异显著性检验，男大学生的结果见表 3-25。

表 3-25　男大学生网络交往国籍差异（M±SD）

因　素	中国（n=96）	西方（n=43）	t 值	显著性（p 值）
网络交往消极结果	27.75±7.851	26.535±8.486	0.822	0.412
网络社会知觉	33.990±7.343	34.721±8.472	-0.517	0.606
网络交往自我暴露和情感体验	23.396±8.079	23.837±7.496	-0.304	0.761
网络交往认识	25.708±6.166	25.372±6.488	0.292	0.770
网络交往信息沟通	17.281±4.21	17.302±3.931	-0.028	0.978
网络交往休闲娱乐	5.604±1.832	5.814±1.955	-0.611	0.542
一级因素总分	133.729±27.172	133.581±28.943	0.029	0.977
网络交往消极生理结果	18.156±5.033	16.767±5.304	1.479	0.141
网络交往消极社会和学习结果	9.594±3.389	9.767±3.734	-0.271	0.787
网络自我（包含自我行为）和人际关系知觉	20.635±4.533	21.581±5.86	-0.940	0.351
网络他人知觉	13.354±3.503	13.14±3.413	0.337	0.737
网上自我暴露	13.99±5.387	13.814±5.261	0.179	0.858
网上情感体验	9.406±3.339	10.023±3.32	-1.009	0.315

续表 3-25

因　素	中国 ($n=96$)	西方 ($n=43$)	t 值	显著性 (p 值)
网络交往作用认识	14.927±4.076	14.465±3.906	0.626	0.533
网络交往性质及社会利益认识	10.781±2.932	10.907±3.243	-0.226	0.821
二级因素总分	110.844±24.347	110.465±26.817	0.082	0.935
总分	133.729±27.172	133.581±28.943	0.029	0.977

从表 3-25 可以看出，男大学生在各因素上均不存在显著的差异。

表 3-26　女大学生网络交往国籍差异（M±SD）

因　素	中国 ($n=152$)	西方 ($n=68$)	t 值	显著性 (p 值)
网络交往消极结果	25.809±7.52	26.368±7.277	-0.514	0.608
网络社会知觉	34.73±7.766	33.382±8.322	1.163	0.246
网络交往自我暴露和情感体验	22.23±7.603	20.809±5.694	1.535	0.127
网络交往认识	25.368±6.332	24.206±6.122	1.271	0.205
网络交往信息沟通	17.691±3.672	17.059±3.733	1.174	0.242
网络交往休闲娱乐	6.086±1.623	6.574±1.847	-1.878	0.063
一级因素总分	131.914±26.302	128.397±25.427	0.926	0.355
网络交往消极生理结果	17.322±5.14	16.809±4.869	0.696	0.487
网络交往消极社会和学习结果	8.487±3.126	9.559±3.164	-2.341	0.020
网络自我（包含自我行为）和人际关系知觉	21.546±5.132	20.779±5.394	1.008	0.315
网络他人知觉	13.184±3.298	12.603±3.682	1.165	0.245
网上自我暴露	13.026±4.821	11.941±3.832	1.638	0.103
网上情感	9.204±3.312	8.868±2.485	0.833	0.406
网络交往作用认识	14.862±3.983	14.029±3.75	1.458	0.146
网络交往性质及社会利益认识	10.507±2.93	10.176±2.977	0.768	0.443
二级因素总分	108.138±23.714	104.765±22.565	0.990	0.323
总分	131.914±26.302	128.397±25.427	0.926	0.355

从表 3-26 可以看出，对于女大学生，在网络交往消极社会和学习结果（$t=-2.341$，$p=0.020$）这个二级因素上存在显著的差异，西方女大学生的得分高于中国女大学生。

3. 中西方大学生网络交往年级差异显著性检验

（1）中西方大学生网络交往的年级描述性统计。

对各个年级的中西方大学生网络交往进行描述性统计，结果见表3-27。

表3-27 中西方大学生网络交往年级描述性统计

因素	年级	国籍	个数	平均数	标准偏差	标准错误平均值
网络交往消极结果	大一	中国	74	25.257	7.750	0.901
		西方	30	27.700	7.566	1.381
	大二	中国	67	27.985	7.231	0.883
		西方	24	24.667	7.251	1.480
	大三	中国	51	28.294	7.885	1.104
		西方	31	26.806	5.528	0.993
	大四	中国	39	25.923	7.845	1.256
		西方	18	25.611	8.016	1.889
	大五	中国	17	22.882	6.489	1.574
		西方	8	27.375	14.870	5.257
网络社会知觉	大一	中国	74	34.892	7.440	0.865
		西方	30	34.167	8.449	1.543
	大二	中国	67	34.224	7.373	0.901
		西方	24	34.750	9.561	1.952
	大三	中国	51	34.451	7.617	1.067
		西方	31	33.839	6.629	1.191
	大四	中国	39	33.718	8.432	1.350
		西方	18	31.833	6.930	1.633
	大五	中国	17	35.000	7.858	1.906
		西方	8	35.250	13.541	4.787
网络交往自我暴露和情感体验	大一	中国	74	21.757	7.376	0.857
		西方	30	22.600	6.605	1.206
	大二	中国	67	23.567	7.630	0.932
		西方	24	21.583	6.283	1.282
	大三	中国	51	23.569	8.213	1.150
		西方	31	21.452	5.163	0.927

续表 3-27

因素	年级	国籍	个数	平均数	标准偏差	标准错误平均值
网络交往自我暴露和情感体验	大四	中国	39	22.308	8.007	1.282
		西方	18	22.333	6.343	1.495
	大五	中国	17	21.412	8.653	2.099
		西方	8	22.125	12.484	4.414
网络交往认识	大一	中国	74	25.878	6.413	0.745
		西方	30	24.267	6.654	1.215
	大二	中国	67	25.284	6.405	0.782
		西方	24	25.375	6.184	1.262
	大三	中国	51	25.882	5.992	0.839
		西方	31	24.226	5.188	0.932
	大四	中国	39	24.462	6.345	1.016
		西方	18	24.222	6.015	1.418
	大五	中国	17	25.941	5.974	1.449
		西方	8	26.625	9.797	3.464
网络交往信息沟通	大一	中国	74	18.297	3.752	0.436
		西方	30	17.467	3.471	0.634
	大二	中国	67	17.687	3.747	0.458
		西方	24	17.417	4.138	0.845
	大三	中国	51	16.510	3.952	0.553
		西方	31	16.516	3.863	0.694
	大四	中国	39	16.282	4.230	0.677
		西方	18	17.111	4.143	0.976
	大五	中国	17	19.529	2.348	0.570
		西方	8	17.750	3.412	1.206
网络交往休闲娱乐	大一	中国	74	5.987	1.691	0.196
		西方	30	6.900	2.155	0.393
	大二	中国	67	5.687	1.607	0.196
		西方	24	5.833	2.014	0.411
	大三	中国	51	6.039	1.788	0.250
		西方	31	5.968	1.683	0.302

续表3-27

因素	年级	国籍	个数	平均数	标准偏差	标准错误平均值
网络交往休闲娱乐	大四	中国	39	5.769	1.856	0.297
		西方	18	6.389	1.539	0.363
	大五	中国	17	6.235	1.821	0.442
		西方	8	6.250	2.121	0.750
一级因素总分	大一	中国	74	132.068	25.988	3.021
		西方	30	133.100	26.228	4.788
	大二	中国	67	134.433	26.735	3.266
		西方	24	129.625	26.444	5.398
	大三	中国	51	134.745	26.391	3.695
		西方	31	128.806	19.158	3.441
	大四	中国	39	128.462	28.661	4.589
		西方	18	127.500	26.183	6.171
	大五	中国	17	131.000	26.327	6.385
		西方	8	135.375	53.251	18.827

从表3-27可以看出，中国大学生中，大三学生的网络交往消极结果平均数最高（28.294），大五学生的平均数最低（22.882）；大五学生的网络社会知觉平均数最高（35.000），大四学生的平均数最低（33.718）；大三学生的网络交往自我暴露和情感体验平均数最高（23.569），大五学生的平均数最低（21.412）；大五学生的网络交往认识平均数最高（25.941），大四学生的平均数最低（24.462）；大五学生的网络交往信息沟通平均数最高（19.529），大四学生的平均数最低（16.282）；大五学生的网络交往休闲娱乐平均数最高（6.235），大二学生的平均数最低（5.687）。

西方大学生中，大一学生的网络交往消极结果平均数最高（27.700），大二学生的平均数最低（24.667）；大五学生的网络社会知觉平均数最高（35.250），大四学生的平均数最低（31.833）；大一学生的网络交往自我暴露和情感体验平均数最高（22.600），大三学生的平均数最低（21.452）；大五学生的网络交往认识平均数最高（26.625），大四学生的平均数最低（24.222）；大五学生的网络交往信息沟通平均数最高（17.750），大三学生的平均数最低（16.516）；大一学生的网络交往休闲娱乐平均数最高（6.900），大二学生的平均数最低（5.833）。

对比中西方大学生，对于网络交往认识，在年级的分布上是一样的，均为大五学生平均数最高，大四学生的平均数最低。对于网络交往信息沟通，均是大五学生的平均数最高；对于网络交往休闲娱乐，均是大二学生的平均数最低。

（2）中西方大学生网络交往的年级方差分析。

以年级分组，对中国大学生网络交往各因子得分和总分进行方差分析，结果见表3-28。

表3-28　中国大学生网络交往年级差异显著性方差分析（ANOVA）[①]

因素		平方和	df	平均值平方	f	显著性（p值）
网络交往消极结果	组间	660.864	4	165.216	2.877	0.024
	组内	13 956.229	243	57.433		
	总和	14 617.093	247			
网络社会知觉	组间	43.908	4	10.977	0.188	0.945
	组内	14 219.302	243	58.516		
	总和	14 263.210	247			
网络交往自我暴露和情感体验	组间	188.830	4	47.208	0.774	0.543
	组内	14 821.005	243	60.992		
	总和	15 009.835	247			
网络交往认识	组间	66.555	4	16.639	0.421	0.793
	组内	9 605.445	243	39.529		
	总和	9 672.000	247			
网络交往信息沟通	组间	226.987	4	56.747	3.937	0.004
	组内	3 502.755	243	14.415		
	总和	3 729.742	247			
网络交往休闲娱乐	组间	7.172	4	1.793	0.602	0.661
	组内	723.308	243	2.977		
	总和	730.480	247			
一级因素总分	组间	1 192.120	4	298.030	0.417	0.796
	组内	173 604.489	243	714.422		
	总和	174 796.609	247			

[①] 表格中空白处无数据，下同。

从表 3-28 可以看出，中国大学生网络交往总分不存在显著的年级差异，除网络交往消极结果（$f=2.877$，$p=0.024$）、网络交往信息沟通（$f=3.937$，$p=0.004$）存在显著的年级差异外，其他因素不存在显著的年级差异。

以年级分组，对西方大学生网络交往各因子得分和总分进行方差分析，结果见表 3-29。

表 3-29 西方大学生网络交往年级差异显著性方差分析（ANOVA）

因素		平方和	df	平均值平方	f	显著性（p 值）
网络交往消极结果	组间	146.618	4	36.655	0.605	0.660
	组内	6 426.625	106	60.629		
	总和	6 573.243	110			
网络社会知觉	组间	111.050	4	27.762	0.388	0.817
	组内	7 590.860	106	71.612		
	总和	7 701.910	110			
网络交往自我暴露和情感体验	组间	26.378	4	6.595	0.147	0.964
	组内	4 747.586	106	44.789		
	总和	4 773.964	110			
网络交往认识	组间	57.094	4	14.273	0.355	0.840
	组内	4 257.897	106	40.169		
	总和	4 314.991	110			
网络交往信息沟通	组间	20.077	4	5.019	0.340	0.850
	组内	1 564.320	106	14.758		
	总和	1 584.396	110			
网络交往休闲娱乐	组间	19.563	4	4.891	1.347	0.257
	组内	384.779	106	3.630		
	总和	404.342	110			
一级因素总分	组间	661.218	4	165.305	0.223	0.925
	组内	78 547.539	106	741.015		
	总和	79 208.757	110			

从表 3-29 可以看出，在西方大学生中，网络交往总分不存在显著的年级差异，六个因素也不存在显著的年级差异。

(3) 中西方大学生网络交往年级差异的多重比较检验。[①]

为了对大学生网络交往的年级差异做进一步比较,继续进行 Post Hoc 检验,对于中国大学生,结果见表 3-30。

表 3-30　中国大学生网络交往年级差异的多重比较（LSD）

因素	年级 (I)	年级 (J)	平均差异 ($I-J$)	标准错误	显著性 (p 值)	95% 信赖区间 下限	上限
网络交往消极结果	大一	大二	-2.728*	1.278	0.034	-5.246	-0.211
		大三	-3.037*	1.379	0.029	-5.754	-0.321
		大四	-0.666	1.500	0.657	-3.620	2.288
		大五	2.374	2.038	0.245	-1.641	6.389
	大二	大一	2.728*	1.278	0.034	0.211	5.246
		大三	-0.309	1.408	0.826	-3.083	2.465
		大四	2.062	1.526	0.178	-0.945	5.069
		大五	5.102*	2.058	0.014	1.049	9.157
	大三	大一	3.037*	1.379	0.029	0.321	5.754
		大二	0.309	1.408	0.826	-2.465	3.083
		大四	2.371	1.612	0.143	-0.804	5.546
		大五	5.412*	2.122	0.011	1.231	9.592
	大四	大一	0.666	1.500	0.657	-2.288	3.620
		大二	-2.062	1.526	0.178	-5.069	0.945
		大三	-2.371	1.612	0.143	-5.546	0.804
		大五	3.041	2.203	0.169	-1.298	7.379
	大五	大一	-2.374	2.038	0.245	-6.389	1.641
		大二	-5.103*	2.058	0.014	-9.157	-1.049
		大三	-5.412*	2.122	0.011	-9.592	-1.231
		大四	-3.041	2.203	0.169	-7.379	1.298

[①] 多重比较：判断两两样本间平均数之间的差异显著性。最常用的是 LSD（最小显著差异法），基于 T 检验完成两两样本间的比较。

续表 3-30

因素	年级（I）	年级（J）	平均差异（I-J）	标准错误	显著性（p值）	95%信赖区间 下限	上限
网络社会知觉	大一	大二	0.668	1.290	0.605	-1.873	3.209
		大三	0.441	1.392	0.752	-2.301	3.183
		大四	1.174	1.514	0.439	-1.808	4.156
		大五	-0.108	2.057	0.958	-4.161	3.944
	大二	大一	-0.668	1.290	0.605	-3.209	1.873
		大三	-0.227	1.422	0.873	-3.027	2.573
		大四	0.506	1.541	0.743	-2.529	3.541
		大五	-0.776	2.077	0.709	-4.868	3.316
	大三	大一	-0.441	1.392	0.752	-3.183	2.301
		大二	0.227	1.422	0.873	-2.573	3.027
		大四	0.733	1.627	0.653	-2.472	3.938
		大五	-0.549	2.142	0.798	-4.769	3.671
	大四	大一	-1.174	1.514	0.439	-4.156	1.808
		大二	-0.506	1.541	0.743	-3.541	2.529
		大三	-0.733	1.627	0.653	-3.938	2.472
		大五	-1.282	2.223	0.565	-5.661	3.097
	大五	大一	0.108	2.057	0.958	-3.944	4.161
		大二	0.776	2.077	0.709	-3.316	4.868
		大三	0.549	2.142	0.798	-3.671	4.769
		大四	1.282	2.223	0.565	-3.097	5.661
网络交往自我暴露和情感体验	大一	大二	-1.810	1.317	0.171	-4.405	0.784
		大三	-1.812	1.421	0.204	-4.612	0.988
		大四	-0.551	1.545	0.722	-3.595	2.493
		大五	0.345	2.100	0.870	-3.792	4.482
	大二	大一	1.810	1.317	0.171	-0.784	4.405
		大三	-0.001	1.451	0.999	-2.860	2.857
		大四	1.259	1.573	0.424	-1.839	4.358
		大五	2.155	2.121	0.311	-2.022	6.333

续表 3-30

因素	年级（I）	年级（J）	平均差异（I-J）	标准错误	显著性（p值）	95%信赖区间 下限	上限
网络交往自我暴露和情感体验	大三	大一	1.812	1.421	0.204	-0.988	4.612
		大二	0.001	1.451	0.999	-2.857	2.860
		大四	1.261	1.661	0.449	-2.011	4.533
		大五	2.157	2.187	0.325	-2.151	6.465
	大四	大一	0.551	1.545	0.722	-2.493	3.595
		大二	-1.259	1.573	0.424	-4.358	1.839
		大三	-1.261	1.661	0.449	-4.533	2.011
		大五	0.896	2.270	0.693	-3.575	5.367
	大五	大一	-0.345	2.100	0.870	-4.482	3.792
		大二	-2.155	2.121	0.311	-6.333	2.022
		大三	-2.157	2.187	0.325	-6.465	2.151
		大四	-0.896	2.270	0.693	-5.367	3.575
网络交往认识	大一	大二	0.595	1.060	0.575	-1.494	2.683
		大三	-0.004	1.144	0.997	-2.258	2.250
		大四	1.417	1.244	0.256	-1.034	3.867
		大五	-0.063	1.691	0.970	-3.394	3.268
	大二	大一	-0.595	1.060	0.575	-2.683	1.494
		大三	-0.599	1.168	0.609	-2.900	1.703
		大四	0.822	1.266	0.517	-1.672	3.316
		大五	-0.658	1.707	0.700	-4.021	2.706
	大三	大一	0.004	1.144	0.997	-2.250	2.258
		大二	0.599	1.168	0.609	-1.703	2.900
		大四	1.421	1.337	0.289	-1.214	4.055
		大五	-0.059	1.761	0.973	-3.527	3.409
	大四	大一	-1.417	1.244	0.256	-3.867	1.034
		大二	-0.822	1.266	0.517	-3.316	1.672
		大三	-1.421	1.337	0.289	-4.055	1.214
		大五	-1.480	1.827	0.419	-5.079	2.120

续表 3-30

因素	年级（I）	年级（J）	平均差异（I-J）	标准错误	显著性（p 值）	95% 信赖区间 下限	95% 信赖区间 上限
网络交往认识	大五	大一	0.063	1.691	0.970	-3.268	3.394
		大二	0.658	1.707	0.700	-2.706	4.021
		大三	0.059	1.761	0.973	-3.409	3.527
		大四	1.480	1.827	0.419	-2.120	5.079
网络交往信息沟通	大一	大二	0.611	0.640	0.341	-0.650	1.872
		大三	1.787*	0.691	0.010	0.426	3.149
		大四	2.015*	0.751	0.008	0.535	3.495
		大五	-1.232	1.021	0.229	-3.244	0.779
	大二	大一	-0.611	0.640	0.341	-1.872	0.650
		大三	1.177	0.706	0.097	-0.213	2.567
		大四	1.405	0.765	0.067	-0.102	2.911
		大五	-1.843	1.031	0.075	-3.874	0.188
	大三	大一	-1.787*	0.691	0.010	-3.149	-0.426
		大二	-1.177	0.706	0.097	-2.567	0.213
		大四	0.228	0.808	0.778	-1.363	1.819
		大五	-3.020*	1.063	0.005	-5.114	-0.925
	大四	大一	-2.015*	0.751	0.008	-3.495	-0.535
		大二	-1.405	0.765	0.067	-2.911	0.102
		大三	-0.228	0.808	0.778	-1.819	1.363
		大五	-3.247*	1.103	0.004	-5.421	-1.074
	大五	大一	1.232	1.021	0.229	-0.779	3.244
		大二	1.843	1.031	0.075	-0.188	3.874
		大三	3.020*	1.063	0.005	0.925	5.114
		大四	3.247*	1.103	0.004	1.074	5.421
网络交往休闲娱乐	大一	大二	0.300	0.291	0.304	-0.273	0.873
		大三	-0.053	0.314	0.867	-0.671	0.566
		大四	0.217	0.341	0.525	-0.455	0.890
		大五	-0.249	0.464	0.592	-1.163	0.665

续表 3-30

因素	年级 (I)	年级 (J)	平均差异 (I-J)	标准错误	显著性 (p 值)	95% 信赖区间 下限	上限
网络交往休闲娱乐	大二	大一	-0.300	0.291	0.304	-0.873	0.273
		大三	-0.353	0.321	0.272	-0.984	0.279
		大四	-0.083	0.347	0.812	-0.767	0.602
		大五	-0.549	0.469	0.243	-1.472	0.374
	大三	大一	0.053	0.314	0.867	-0.566	0.671
		大二	0.353	0.321	0.272	-0.279	0.984
		大四	0.270	0.367	0.463	-0.453	0.993
		大五	-0.196	0.483	0.685	-1.148	0.756
	大四	大一	-0.217	0.341	0.525	-0.890	0.455
		大二	0.083	0.347	0.812	-0.602	0.767
		大三	-0.270	0.367	0.463	-0.993	0.453
		大五	-0.466	0.501	0.354	-1.454	0.522
	大五	大一	0.249	0.464	0.592	-0.665	1.163
		大二	0.549	0.469	0.243	-0.374	1.472
		大三	0.196	0.483	0.685	-0.756	1.148
		大四	0.466	0.501	0.354	-0.522	1.454
一级因素总分	大一	大二	-2.365	4.507	0.600	-11.244	6.513
		大三	-2.678	4.864	0.583	-12.259	6.904
		大四	3.606	5.289	0.496	-6.812	14.024
		大五	1.068	7.189	0.882	-13.093	15.228
	大二	大一	2.365	4.507	0.600	-6.513	11.244
		大三	-0.312	4.967	0.950	-10.096	9.472
		大四	5.971	5.383	0.268	-4.633	16.575
		大五	3.433	7.259	0.637	-10.865	17.731
	大三	大一	2.678	4.864	0.583	-6.904	12.259
		大二	0.312	4.967	0.950	-9.472	10.096
		大四	6.284	5.686	0.270	-4.916	17.483
		大五	3.745	7.486	0.617	-11.000	18.490

续表 3-30

因　素	年级（I）	年级（J）	平均差异（I-J）	标准错误	显著性（p 值）	95%信赖区间	
						下限	上限
一级因素总分	大四	大一	-3.606	5.289	0.496	-14.024	6.812
		大二	-5.971	5.383	0.268	-16.575	4.633
		大三	-6.284	5.686	0.270	-17.483	4.916
		大五	-2.538	7.768	0.744	-17.840	12.763
	大五	大一	-1.068	7.189	0.882	-15.228	13.093
		大二	-3.433	7.259	0.637	-17.731	10.865
		大三	-3.745	7.486	0.617	-18.490	11.000
		大四	2.538	7.768	0.744	-12.763	17.840

注：表格中标注星号的是指平均值在显著性水平为95%的情况下有显著性差异。

从表 3-30 可以看出，从网络交往消极结果因素的平均差异来看，大一＜大二，大一＜大三，大二＞大五，大三＞大五，表明大二和大三的情况较为严重；从网络交往信息沟通因素的平均差异来看，大一＞大三，大一＞大四，大三＜大五，大四＜大五，表明大一和大五在这方面的需求和影响更大。在其他因素方面，各年级之间不存在显著差异。

而西方大学生的相关结果见表 3-31。

表 3-31　西方大学生网络交往年级差异的多重比较（LSD）

因　素	年级（I）	年级（J）	平均差异（I-J）	标准错误	显著性（p 值）	95%信赖区间	
						下限	上限
网络交往消极结果	大一	大二	3.033	2.132	0.158	-1.194	7.261
		大三	0.894	1.994	0.655	-3.060	4.847
		大四	2.089	2.321	0.370	-2.514	6.691
		大五	0.325	3.098	0.917	-5.818	6.468
	大二	大一	-3.033	2.132	0.158	-7.261	1.194
		大三	-2.140	2.117	0.314	-6.337	2.057
		大四	-0.944	2.428	0.698	-5.758	3.869
		大五	-2.708	3.179	0.396	-9.011	3.594
	大三	大一	-0.894	1.994	0.655	-4.847	3.060
		大二	2.140	2.117	0.314	-2.057	6.337
		大四	1.195	2.307	0.606	-3.379	5.770
		大五	-0.569	3.088	0.854	-6.690	5.553

续表 3-31

因素	年级 (I)	年级 (J)	平均差异 ($I-J$)	标准错误	显著性 (p 值)	95% 信赖区间 下限	95% 信赖区间 上限
网络交往消极结果	大四	大一	-2.089	2.321	0.370	-6.691	2.514
		大二	0.944	2.428	0.698	-3.869	5.758
		大三	-1.195	2.307	0.606	-5.770	3.379
		大五	-1.764	3.309	0.595	-8.324	4.796
	大五	大一	-0.325	3.098	0.917	-6.468	5.818
		大二	2.708	3.179	0.396	-3.594	9.011
		大三	0.569	3.088	0.854	-5.553	6.690
		大四	1.764	3.309	0.595	-4.796	8.324
网络社会知觉	大一	大二	-0.583	2.318	0.802	-5.178	4.011
		大三	0.328	2.167	0.880	-3.969	4.625
		大四	2.333	2.523	0.357	-2.669	7.335
		大五	-1.083	3.367	0.748	-7.759	5.593
	大二	大一	0.583	2.318	0.802	-4.011	5.178
		大三	0.911	2.301	0.693	-3.650	5.473
		大四	2.917	2.639	0.271	-2.315	8.148
		大五	-0.500	3.455	0.885	-7.349	6.349
	大三	大一	-0.328	2.167	0.880	-4.625	3.969
		大二	-0.911	2.301	0.693	-5.473	3.650
		大四	2.005	2.508	0.426	-2.966	6.977
		大五	-1.411	3.356	0.675	-8.065	5.242
	大四	大一	-2.333	2.523	0.357	-7.335	2.669
		大二	-2.917	2.639	0.271	-8.148	2.315
		大三	-2.005	2.508	0.426	-6.977	2.966
		大五	-3.417	3.596	0.344	-10.546	3.712
	大五	大一	1.083	3.367	0.748	-5.593	7.759
		大二	0.500	3.455	0.885	-6.349	7.349
		大三	1.411	3.356	0.675	-5.242	8.065
		大四	3.417	3.596	0.344	-3.712	10.546

续表 3-31

因素	年级（I）	年级（J）	平均差异（I-J）	标准错误	显著性（p值）	95%信赖区间 下限	上限
网络交往自我暴露和情感体验	大一	大二	1.017	1.833	0.580	-2.617	4.650
		大三	1.148	1.714	0.504	-2.250	4.547
		大四	0.267	1.995	0.894	-3.689	4.223
		大五	0.475	2.663	0.859	-4.805	5.755
	大二	大一	-1.017	1.833	0.580	-4.650	2.617
		大三	0.132	1.820	0.942	-3.476	3.739
		大四	-0.750	2.087	0.720	-4.887	3.387
		大五	-0.542	2.732	0.843	-5.958	4.875
	大三	大一	-1.148	1.714	0.504	-4.547	2.250
		大二	-0.132	1.820	0.942	-3.739	3.476
		大四	-0.882	1.983	0.658	-4.814	3.050
		大五	-0.673	2.654	0.800	-5.935	4.588
	大四	大一	-0.267	1.995	0.894	-4.223	3.689
		大二	0.750	2.087	0.720	-3.387	4.887
		大三	0.882	1.983	0.658	-3.050	4.814
		大五	0.208	2.844	0.942	-5.430	5.846
	大五	大一	-0.475	2.663	0.859	-5.755	4.805
		大二	0.542	2.732	0.843	-4.875	5.958
		大三	0.673	2.654	0.800	-4.588	5.935
		大四	-0.208	2.844	0.942	-5.846	5.430
网络交往认识	大一	大二	-1.108	1.736	0.524	-4.550	2.333
		大三	0.041	1.623	0.980	-3.177	3.259
		大四	0.044	1.890	0.981	-3.702	3.791
		大五	-2.358	2.522	0.352	-7.358	2.642
	大二	大一	1.108	1.736	0.524	-2.333	4.550
		大三	1.149	1.723	0.506	-2.267	4.566
		大四	1.153	1.976	0.561	-2.765	5.071
		大五	-1.250	2.587	0.630	-6.380	3.880

续表 3-31

因素	年级（I）	年级（J）	平均差异（I-J）	标准错误	显著性（p 值）	95% 信赖区间 下限	上限
网络交往认识	大三	大一	-0.041	1.623	0.980	-3.259	3.177
		大二	-1.149	1.723	0.506	-4.566	2.267
		大四	0.004	1.878	0.998	-3.720	3.727
		大五	-2.399	2.513	0.342	-7.382	2.584
	大四	大一	-0.044	1.890	0.981	-3.791	3.702
		大二	-1.153	1.976	0.561	-5.071	2.765
		大三	-0.004	1.878	0.998	-3.727	3.720
		大五	-2.403	2.693	0.374	-7.742	2.937
	大五	大一	2.358	2.522	0.352	-2.642	7.358
		大二	1.250	2.587	0.630	-3.880	6.380
		大三	2.399	2.513	0.342	-2.584	7.382
		大四	2.403	2.693	0.374	-2.937	7.742
网络交往信息沟通	大一	大二	0.050	1.052	0.962	-2.036	2.136
		大三	0.951	0.984	0.336	-1.000	2.901
		大四	0.356	1.145	0.757	-1.915	2.626
		大五	-0.283	1.529	0.853	-3.314	2.747
	大二	大一	-0.050	1.052	0.962	-2.136	2.036
		大三	0.901	1.044	0.391	-1.170	2.971
		大四	0.306	1.198	0.799	-2.069	2.680
		大五	-0.333	1.568	0.832	-3.443	2.776
	大三	大一	-0.951	0.984	0.336	-2.901	1.000
		大二	-0.901	1.044	0.391	-2.971	1.170
		大四	-0.595	1.138	0.602	-2.852	1.662
		大五	-1.234	1.523	0.420	-4.254	1.786
	大四	大一	-0.356	1.145	0.757	-2.626	1.915
		大二	-0.306	1.198	0.799	-2.680	2.069
		大三	0.595	1.138	0.602	-1.662	2.852
		大五	-0.639	1.632	0.696	-3.875	2.597

续表 3-31

因　素	年级（I）	年级（J）	平均差异（I-J）	标准错误	显著性（p 值）	95% 信赖区间 下限	上限
网络交往信息沟通	大五	大一	0.283	1.529	0.853	-2.747	3.314
		大二	0.333	1.568	0.832	-2.776	3.443
		大三	1.234	1.523	0.420	-1.786	4.254
		大四	0.639	1.632	0.696	-2.597	3.875
网络交往休闲娱乐	大一	大二	1.066 67*	0.522	0.043	0.032	2.101
		大三	0.932	0.488	0.059	-0.035	1.900
		大四	0.511	0.568	0.370	-0.615	1.637
		大五	0.650	0.758	0.393	-0.853	2.153
	大二	大一	-1.066 67*	0.522	0.043	-2.101	-0.032
		大三	-0.134	0.518	0.796	-1.161	0.893
		大四	-0.556	0.594	0.352	-1.733	0.622
		大五	-0.417	0.778	0.593	-1.959	1.125
	大三	大一	-0.932	0.488	0.059	-1.900	0.035
		大二	0.134	0.518	0.796	-0.893	1.161
		大四	-0.421	0.565	0.457	-1.541	0.698
		大五	-0.282	0.756	0.709	-1.780	1.216
	大四	大一	-0.511	0.568	0.370	-1.637	0.615
		大二	0.556	0.594	0.352	-0.622	1.733
		大三	0.421	0.565	0.457	-0.698	1.541
		大五	0.139	0.810	0.864	-1.466	1.744
	大五	大一	-0.650	0.758	0.393	-2.153	0.853
		大二	0.417	0.778	0.593	-1.125	1.959
		大三	0.282	0.756	0.709	-1.216	1.780
		大四	-0.139	0.810	0.864	-1.744	1.466
一级因素总分	大一	大二	3.475	7.455	0.642	-11.305	18.255
		大三	4.294	6.972	0.539	-9.528	18.116
		大四	5.600	8.116	0.492	-10.491	21.691
		大五	-2.275	10.832	0.834	-23.750	19.200

续表 3-31

因素	年级 (I)	年级 (J)	平均差异 ($I-J$)	标准错误	显著性 (p 值)	95%信赖区间	
						下限	上限
一级因素总分	大二	大一	-3.475	7.455	0.642	-18.255	11.305
		大三	0.819	7.401	0.912	-13.855	15.492
		大四	2.125	8.488	0.803	-14.703	18.953
		大五	-5.750	11.113	0.606	-27.783	16.283
	大三	大一	-4.294	6.972	0.539	-18.116	9.528
		大二	-0.819	7.401	0.912	-15.492	13.855
		大四	1.306	8.067	0.872	-14.687	17.299
		大五	-6.569	10.795	0.544	-27.971	14.833
	大四	大一	-5.600	8.116	0.492	-21.691	10.491
		大二	-2.125	8.488	0.803	-18.953	14.703
		大三	-1.306	8.067	0.872	-17.299	14.687
		大五	-7.875	11.567	0.497	-30.808	15.058
	大五	大一	2.275	10.832	0.834	-19.200	23.750
		大二	5.750	11.113	0.606	-16.283	27.783
		大三	6.569	10.795	0.544	-14.833	27.971
		大四	7.875	11.567	0.497	-15.058	30.808

注：表格中标注星号的是指平均值在显著性水平为95%的情况下有显著性差异。

从表 3-31 可以看出，对于西方大学生，从网络交往休闲娱乐因素的平均差异来看，大一＞大二；在其他因素方面，各年级之间不存在显著性差异。

4. 中西方大学生网络交往学科差异性检验

按学科（文科和理工科）分组，对大学生网络交往各个因子得分和总分进行差异比较，结果见表 3-32。

表 3-32　中西方大学生网络交往学科差异显著性检验（按国籍分）

	因素	理工科（$n=127$）	文科（$n=121$）	t 值	显著性（p 值）
中国	网络交往消极结果	26.213±7.708	26.926±7.692	0.729	0.467
	网络社会知觉	34.866±7.213	34±7.991	-0.897	0.371
	网络交往自我暴露和情感体验	22.213±7.613	23.174±7.984	0.970	0.333

续表 3-32

	因　素	理工科（$n=127$）	文科（$n=121$）	t 值	显著性（p 值）
中国	网络交往认知	25.425±6.103	25.579±6.44	0.192	0.848
	网络交往信息沟通	17.811±3.711	17.24±4.056	-1.158	0.248
	网络交往休闲娱乐	5.819±1.678	5.983±1.765	0.753	0.452
	一级因素总分	132.346±25.798	132.901±27.525	0.164	0.870

	因　素	理工科（$n=56$）	文科（$n=55$）	t 值	显著性（p 值）
西方	网络交往消极结果	26.768±7.879	26.091±7.633	-0.460	0.647
	网络社会知觉	33.839±8.182	33.964±8.628	0.078	0.938
	网络交往自我暴露和情感体验	21.339±5.769	22.636±7.324	1.037	0.302
	网络交往认识	24.518±5.982	24.8±6.59	0.236	0.814
	网络交往信息沟通	17.018±3.993	17.291±3.614	0.378	0.707
	网络交往休闲娱乐	6.232±2.08	6.327±1.754	0.260	0.795
	一级因素总分	129.714±26.795	131.109±27.102	0.273	0.786

从表 3-32 可以看出，在中国大学生、西方大学生群体内，文科和理工科学生在网络交往的六个一级因素中均不存在显著的学科差异。

表 3-33　中西方大学生网络交往学科差异显著性检验（按学科分）

	因　素	中国（$n=121$）	西方（$n=55$）	t 值	显著性（p 值）
文科	网络交往消极结果	26.926±7.692	26.091±7.633	0.669	0.504
	网络社会知觉	34±7.991	33.964±8.628	0.027	0.978
	网络交往自我暴露和情感体验	23.174±7.984	22.636±7.324	0.424	0.672
	网络交往认识	25.579±6.44	24.8±6.59	0.738	0.462
	网络交往信息沟通	17.24±4.056	17.291±3.614	-0.080	0.936
	网络交往休闲娱乐	5.983±1.765	6.327±1.754	-1.200	0.232
	一级因素总分	132.901±27.525	131.109±27.102	0.402	0.688

续表 3-33

	因素	中国（$n=127$）	西方（$n=56$）	t 值	显著性（p 值）
理工科	网络交往消极结果	26.213 ± 7.708	26.768 ± 7.879	-0.446	0.656
	网络社会知觉	34.866 ± 7.213	33.839 ± 8.182	0.851	0.396
	网络交往自我暴露和情感体验	22.213 ± 7.613	21.339 ± 5.769	0.852	0.396
	网络交往认识	25.425 ± 6.103	24.518 ± 5.982	0.932	0.352
	网络交往信息沟通	17.811 ± 3.711	17.018 ± 3.993	1.302	0.195
	网络交往休闲娱乐	5.819 ± 1.678	6.232 ± 2.08	-1.310	0.193
	一级因素总分	132.346 ± 25.798	129.714 ± 26.795	0.629	0.530

根据表 3-33，在文科、理工科中，中西方大学生均不存在显著性差异。

四、分析与讨论

（一）中西方大学生互联网使用基本情况

从前面的数据可以看出，网络已经成为中西方大学生学习、生活中不可或缺的重要工具。从中西方大学生上网的时间（网龄）来看，西方大学生接触网络的年龄更小、时间更长；中国大学生初次接触网络的时间相对西方大学生来说稍晚一些。在网络的使用上，西方大学生进入大学后上网时间减少的学生比例较高，达到34.23%；而中国大学生进入大学后上网时间比入学前增加的学生比例达到73.79%，且每天上网时间超过4小时的学生比例达到41.53%，超过西方大学生近20%。相对而言，中国大学生和中学时代相比，进入大学后使用网络的时间增加得较为明显，使用网络的时间也比西方大学生更长。

从性别上看，中西方大学生接触网络的时间在各个时间段的选项上差别并不大。而从年级来看，可以看出这样一个趋势，年级越高，具有7年以上网龄的学生的比例就越高，但是大一学生具有7年以上网龄的比例并非最低。由此可以看出，中西方大学生初次接触网络的时间都在前移，体现出低龄化的特点。在登录网络聊天工具和公共交友平台的频率上，"通过手机，无聊时就使用"的中国大学生比例更高，达到64.92%，西方大学生则为36.04%；而平均每天只登录一到两次的中国大学生比例很低，仅为3.23%，而西方大学生为23.42%，由此可以看出中国大学生对网络的依赖程度更深。

对于上网目的，中西方大学生都习惯于利用网络查找资料、浏览网页、接收邮件，也利用网络聊天、购物、更新个人主页，或者挂在网上无聊地打发时间等，在这些方面的比例接近，并没有显著的差异。不过，西方大学生上网收看和下载电影和音乐的比例更高，中国大学生上网玩游戏的比例更高。在上网时，对于浏览网站的类型，相比较而言，西方大学生使用社交网站、博客应用、网络视频、网络文学、网络应用/电影等娱乐性网站的比例均比中国大学生高，网络使用方面更为多元；中国大学生使用搜索引擎、综合类网站的比例更高，表现为更注重通过网络获取所需信息，在利用其休闲娱乐时方式较为单一。

（二）网络交往总体呈现从陌生人社交向熟人社交转变的趋势，而中国大学生的这个趋势更加明显

本书根据中西方大学生常用的交友工具和平台的特点，将人人网、微信、QQ、Facebook 等归类为熟人社交，把微博、Twitter、论坛/BBS、知乎等归类为陌生人社交。从调研结果来看，中西方大学生在进行熟人社交和陌生人社交方面差异显著。西方大学生进行陌生人社交的比例远高于中国大学生，比如使用 Twitter 的西方大学生的比例为 71.17%，而使用微博的中国大学生不到 5%；使用 Facebook 的西方大学生比例为 72.97%，而使用人人网的中国大学生基本达到百分之百；中国大学生使用 QQ 的比例为 50.4%，而西方大学生使用 ICQ 的比例为 24.32%。

段文娥对华中师范大学的 246 名大学生在社交网络中的人际交流进行调查，近一半的学生倾向于选择亲密关系交流，只有不到十分之一的学生倾向于选择陌生人进行交流；在社交网络中，大学生主要的交流对象是现实生活中的熟人，沟通以即时通信工具为主，社交网络为辅。[①] 王帅等对北京地区的 253 名在校大学生的网络交流进行调查，得出同样的结果，即社交网站中大学生主要的交流对象是现实生活中的熟人，主要通过 QQ、微信等即时通信工具与熟人交流沟通。[②] 总体来看，中国大学生的网络交往是以真实社会身份为基础，将熟人关系从现实中向虚拟世界延伸。

针对这些现象，有学者认为，以微博、微信等微交流媒体为首的微时代移动互联技术，正塑造着一种不同于以往的全新的社交方式与社交生活，这种社

---

① 段文娥：《大学生社交网络中的人际交流研究——以华中师范大学为例》，《新闻世界》2013 年第 1 期。
② 王帅、抗雷：《当代大学生网络交流方式及特点研究》，《高教研究》2014 年第 4 期。

交方式可以被称为"轻熟人社交",包括了关系甚密的亲友之间的交往,也激发了曾经不甚联系的泛熟人之间的频繁互动,甚至将陌生人社交囊括其中并纳入熟人交往的范畴之中。① 以微信为例,尽管有"摇一摇"这类面向陌生人的社交方式,但大学生的微信好友大多数通过手机通信录、QQ 好友列表获取,而非是曾经的 QQ 时代,在连对方性别都不甚了解的情况下加为好友,亦非微博时代全开放式的"吸粉战"。然而,由于微信好友获取途径的便捷性以及与人社交的需要,通过"扫一扫"功能添加的好友已经成为合作伙伴或仅有一面之缘的"认识的人",有过交集但并无深层交往的"点头之交"。网络最大限度地打破了社会人的交往界限,使得"轻熟人"之间的交流不再用约见、电话等传统方式进行,而是集体隐匿到一个小小头像背后用点赞、评论和转发的方式进行。"从早期的博客到现在的微信,媒体社交的圈子已经开始从陌生人转向了熟人圈子,媒体社交的群体逐渐与现实生活中的日常交往趋于一致,社交媒体并没有展现出拓展人际交往圈子。"②

而从中西方大学生网络交往的对象特点来分析,西方大学生与网上认识的朋友交往的比例为 33.33%,比中国大学生的 16.94% 更高,而与在网上偶然碰到的陌生人交往的比例,西方大学生也比中国大学生稍高。从大学生参加网络群组的情况来看,同样能看出这个趋势。中国大学生参加现实生活中的朋友群的比例比西方大学生更高,高达近 80%,可以看出现实交往向网络交往的延伸;而西方大学生参加通过网络认识的网友群的比例为 36.94%,比中国大学生的 11.69% 更高。可以看出,西方大学生利用网络交往拓展人际交往关系的程度更深,虚拟交往的程度更高。

(三)西方大学生更注重隐私,注重标新立异和个性张扬,中国大学生更注重认同和共同兴趣

学术界大多认为,东方文化的基础是群体意识,是人与人的关系;西方文化则是以个体意识为主,把一切视为人与物的关系。中国文化是重群体的文化,更习惯于把个体放在群体中、放在关系中去认识,而非孤立地去看待。汪怀君认为,传统的中国人把"人"视作关系性的存在,认为人的生命价值体现在关系中,如果抽掉社会关系,"人"就蒸发了;而"西方人肯定个人作为宇宙间一个独立实体的价值,有着根深蒂固的个体人格和尊严观念"。③ 魏光

---

① 农郁:《微时代的移动互联:轻熟人社交、交往快感与新陌生人社会的伦理焦虑——以微信为例》,《文学与文化》2014 年第 3 期。
② 杜运年:《从微博到微信:网络社交的窄化》,《新媒体研究》2017 第 2 期。
③ 汪怀君:《中西交往伦理价值取向之比较》,《东方论坛》2008 年第 5 期。

奇认为，中国人将"自我"和"角色"相混淆，而西方主流观念认为即使人从社会角色和关系中撤出，也还是一个"自我"。[①] 这体现在文化当中，西方文化的人情味较淡，倾向于维护个体自我，并不单纯去适应他人，而是培育出独立型自我；中国传统文化的人情味则较浓，追求交往过程中的心意相通、团结友爱，相对而言缺乏"自我"的自由意志，更从众、更遵从权威。

这体现在大学生的交往过程中，西方大学生既注重维护个体自我的独立人格，也注重对自我个性的呈现。以取网名为例，虽然中西方大学生都倾向于随心所欲地、讲求使用方便地、无特殊原因地取网名，但西方大学生更倾向于使用另类有趣、可爱好听、隐蔽自己的网名，体现个性的张扬。而对于个人隐私，西方大学生在网上交往过程中对个人隐私的保护意识相对更强，近四成不愿意透露自己的任何真实信息；不过，从数据上看，所填资料完全符合实际情况的西方大学生比例也超过中国大学生 16 个百分点，具体是什么原因会导致这种两极分化的现象，值得深入研究。

而从加入网络群组、进行网上群体交往来看，西方大学生更为看重网上群体交往无时间限制，而中国大学生则更看重网上群体交往有着共同的兴趣爱好，有着共鸣以及话题广泛而多样，比如对于参加网络群组类型，中国大学生倾向于参加自己感兴趣群的比例是西方大学生的两倍。由此可以看出中国大学生在网络交往中对共同兴趣、共同话题的偏好，他们十分重视群体和关系，倾向于在关系中获得认同、找到共鸣，体现自己的价值。当然，这种交往本身也带着较强的功利性，希望网络交往能给自身带来益处。而从中西方大学生对网络交往语言的看法上同样可以看到这样的倾向，中国大学生认为网络语言能够更好地表达内心、宣泄情绪以及能增强认同和归属感的比例更高，西方大学生认为网络语言生动形象，能够标新立异的比例更高。相比较而言，西方大学生更重视网络交往过程中的新奇和生动，而中国大学生更重视网络交往给自身带来的认同和归属感，以及缓解生活压力的现实需求。

（四）中国大学生的网络交往注重问题解决，西方大学生的网络交往注重信息探求，使用更为多元

从中西方大学生使用社交网站的用途以及对网上聊天的话题选择中可以看到，中国大学生在 SNS 网站上写日志、发照片、记录心情、更新自己的状态，解决学习和生活中的各种问题以及玩游戏等方面的比例均高于西方大学生，而西方大学生在利用其了解更多不知道的信息上比例更高。虽然从选项中都能看

[①] 魏光奇：《中西文化观念比较》，经济科学出版社 2012 年版，第 189 页。

出中西方大学生探求未知的特点,但从题面设计的外在信息来看,西方大学生更侧重于对未知信息的求知和探索,中国大学生侧重于对问题的解决。此外,对于网上聊天话题,西方大学生选择新闻资讯类、人生感悟类话题、自己感兴趣话题的比例更高,而中国大学生选择学习或生活中遇到的各种问题、社会和学校等热点话题的比例更高。总体来看,中国大学生的关注点更多是问题导向,更多来自于身边的经历以及学习和生活,功利性更为明显,也更为从众。

而结合前面提到的大学生浏览的网站类型,相比较而言,西方大学生的网络使用更加多元,对于社交网站、博客应用、网络视频、网络文学等网站的利用比例均高于中国大学生,通过网络获取信息、休闲娱乐的方式也更加丰富,这与西方大学生较早接触网络,并且在网络使用中得到较全面的教育有着直接关系。相比较而言,在对于网上群体交往的消极作用的认识方面,中国大学生认为网上交流的内容肤浅,垃圾信息多,内容太多,看不过来,反而少有收获,这说明当他们面对网上的海量信息时,还有待提升甄别和利用信息的能力和水平。同时,西方大学生认为网上群体交往易产生依赖,对现实人际交往产生不良影响,这从另一个侧面反映出西方大学生在心理上对网络交往的依赖程度较深,他们也已经意识到了网络交往对现实交往所产生的实实在在的影响。

(五)中西方大学生在互联网使用和网络交往上均存在性别差异,女大学生更热衷在网上休闲娱乐,男大学生更热衷结识网友

根据对大学生网络交往心理结构的实证调研数据,中国的男女大学生在网络交往休闲娱乐、网络交往消极结果和学习结果上存在显著的性别差异。而从相关因素的子项来看,中国女大学生更倾向于闲得无聊就上网,聊天、消磨时间。而中国男大学生因为上网,导致疏远了现实交往,错过了社会参与机会,错过了重要的学习或工作机会,使学习受到影响,在这些方面的程度更深。值得一提的是,女大学生在情绪低落或焦虑时,会更倾向于上网寻求各种帮助。而《社会心态蓝皮书:中国社会心态研究报告》(2015)调查结果显示,大学生在利用网络进行消遣的时间分配上存在着性别差异,男生每天的消遣时间平均为 1.92 小时,而女生只有 1.22 小时,比男生少 42 分钟。[①]

对于西方大学生,男女学生在网络交往自我暴露和情感体验、网络交往休闲娱乐、网上自我暴露、网上情感体验上存在显著的性别差异。从相关因素的

[①] 许丹、王逸、钱露露等:《大学生智能手机使用时间的调查报告——来自经验取样的证据》,载王俊秀、杨宜音主编《社会心态蓝皮书:中国社会心态研究报告》(2015),社会科学文献出版社 2015 年版,第 267 页。

子项来看，在网络交往中，西方男大学生更倾向于认为与网友交往远比与同学实际交往快乐，有更多乐趣，上网是为了寻找知心朋友或真心恋人，网上交往最能展示和表露自我，上网时的自己比现实生活中更真实、更是真正的自我。西方女大学生则更多认为网上与人交往令人感觉舒服，在交往中自我暴露更多，更倾向于闲得无聊就上网，聊天、消磨时间，这一点与中国女大学生一样，且中西方女大学生在网络休闲娱乐的程度都比男大学生要深。

值得一提的是，对于男女大学生而言，我们按国籍分组，男大学生在网络交往上并不存在显著性差异，但女大学生在网络交往消极社会和学习结果上存在显著差异。总体来看，网络交往的差异主要体现在不同的性别群体之间，而在同一性别、不同国籍间基本不存在显著差异。可以说，随着互联网将世界变成"地球村"，网络技术标准化以及网络空间开放互动的特点，已经使得全球不同民族、不同文化背景的网民"在一定程度上有意或无意地淡化自身的文化特点，潜移默化地归从于一种不确定的网络文化或综合文化。……因年轻人上网者众多，这种强势的网络社会化会使现实中各民族的年轻人，通过网络社会而具有更相近的文化观念、价值认同"。[①] 有一种趋势正在显现，那就是未来现实社会中各民族文化的"边界"会变得模糊，即使存在也是一种"多元共存"的状况。

（六）中西方大学生在互联网使用和网络交往上均存在年级差异，相对而言西方大学生年级差异较小

从前面的调查结果来看，在中国大学生中，不同年级的学生在网络交往消极结果、网络交往信息沟通这两个因素上存在显著的年级差异。具体来看，在网络交往消极结果因素上，大三学生得分最高，显著高于大一、大二、大五学生，而大二学生的得分也高于大五学生。这表明大一学生刚入学，还在积极适应新的环境，对网络依赖程度不是太深，所带来的消极结果还未开始显现；而对于大五毕业班学生而言，就业或实习的压力让学生更关注于现实，沉迷于网络交往的现象有所缓解；而对于大二、大三学生，沉溺网络的现象较突出，带来的消极后果更明显。在网络社会知觉因素上，大一学生得分最高，但没有达到显著性。在网络交往自我暴露和情感体验因素上，大三学生的得分最高，大五学生的得分最低，这说明随着对网络的熟悉和对学校环境的了解，大三学生敢于在网络交往中展现自己，体验到的积极情感也更多。在网络交往认识因素上，大五学生的得分最高，大四学生的得分最低，表明随着年级的增加，学生

---

① 郭玉锦、王欢编著：《网络社会学》（第2版），中国人民大学出版社2010年版，第15-16页。

对网络交往的认识相对更为积极和客观,但是对网络交往的认识并非与年级的增长呈正相关。在网络交往信息沟通因素上,大五学生的得分最高,显著高于大三、大四学生,而大一学生的得分也显著高于大三、大四年级,表明初进大学和将入社会的学生对信息的需求和关注度较高,而大五学生即将走进社会,在信息获取动力和能力方面都更为突出。在网络交往休闲娱乐上,大五学生的得分最高,大二学生的得分最低,这表明毕业班大学生随着学业基本结束、毕业季的到来,休闲娱乐的时间和需求都随之增加,而大二学生经过一段时间的摸索,确立了学习目标,学业压力加大,社团活动增加,在网上休闲娱乐方面的时间相对较少。而《社会心态蓝皮书:中国社会心态研究报告》(2015)调查结果显示,大学生在使用网络上存在着年级差异,随着大学生每升高一年级,每天手机的使用时间会减少 0.64 小时,即 38 分钟;在消遣时间上,随着年级每升高一年级,每日消遣时间减少 0.34 小时(约 20 分钟)。这种随着年级升高,手机使用时间逐渐减少的现象背后可能存在三种机制:一是客观原因,课业负担加重,可支配时间减少;二是随着生理上的成熟,自律性增强;三是社会性的发展和成熟,人际关系的扩展。①

对于西方大学生,在网络交往心理结构的六个一级因素上,都不存在显著的年级差异。具体来看,在网络交往消极结果因素上,大一学生得分最高,大二学生的得分最低;在网络社会知觉因素上,大二学生的得分最高,大四学生的得分最低;在网络交往自我暴露和网上情感体验上,大一学生的得分最高,大三学生的得分最低;在网络交往认识因素上,大五学生的得分最高,大四学生的得分最低;在网络交往信息沟通因素上,大五学生的得分最高,大四学生的得分最低;在网络交往休闲娱乐因素上,大一学生的得分最高,大二学生的得分最低,仅在这个因素上,大一、大二年级间存在着显著差异。总体来看,西方大一学生刚进入大学,对于网络交往的需求更强烈,也更热衷于积极展现自己,在网络交往中体验到的积极情感更多,也更依赖于通过网络来休闲娱乐,同时,网络交往随之而来的消极影响也更大;大二学生的学业压力相对较大,利用网络交往进行休闲娱乐的程度较轻,网络交往所带来的消极影响也较小;而对于大五学生而言,对网络交往的认知和利用其进行信息沟通的程度相对较高,体现出对网络有了更为全面、理性和客观的认识,网络已经能够更好地为即将走出社会的毕业生所服务。

西方大学生在网络交往的总分上,在各个因素上都不存在显著的年级差

---

① 许丹、王逸、钱露露等:《大学生智能手机使用时间的调查报告》,载王俊秀、杨宜音主编《社会心态蓝皮书:中国社会心态研究报告》(2015),社会科学文献出版社 2015 年版,第 267—269 页。

异，这个现象，值得我们深入思考。从一些数据和报道中可以看到，在进入大学之前，互联网已经成为西方学生学习和生活的重要组成部分，利用其进行交往，已成为交往的当然途径与常态。大部分的西方大学生能够较为科学地利用网络，并能够合理、有效地规避网络带来的消极作用，对网络中出现的问题有着较为清晰的认识，并未出现中国大学生在网络交往消极结果等方面存在的年级间显著性差异。

（七）中西方大学生在互联网使用和网络交往上不存在显著的学科差异

李红革认为，专业学科上的差别对上网率有一定影响。文科和工科学生的经常上网率比理科的分别高出 18.22% 和 16.25%，这说明学生所需要掌握的知识和技能上的差异产生了对网络信息需求的不同，从而导致了上网率的差异。[①] 陈秋珠认为，正是因为理科大学生的课业负担较重，使得他们的人际交往需要更加强烈，也更为重视难得的交往机会。在网络交往出现后，他们的人际交往需要也迁移至互联网上。[②]

但从笔者的调研数据来看，在中国大学生和西方大学生内部，就网络交往的内在心理结构而言，文科大学生和理工科大学生并不存在显著性差异。将不同国籍群体内的文科大学生、理工科大学生进行比较，也不存在显著性差异。

本章小结

（1）网络交往已经成为中西方大学生学习、生活和人际交往的重要工具，成为他们生存的重要方式。因为互联网的"全球化"特性和大学生所处年龄阶段大致相同等原因，中西方大学生网络交往的发展趋势和表现特点总体上是相似的，但是由于成长文化环境、性别、就读年级等差异，在具体交往方式和交往动机、影响上呈现出不同的特点。

（2）在网络交往对象特点上，中国大学生主要体现为熟人社交或是由熟人社交向网上社交延伸的趋势，重在对现有人际关系的维系，而西方大学生则更多地向外拓展人际关系。

（3）西方大学生的个体意识体现得更为明显，尤其是注重对网上个人信息的保护，在网名和网络语言的选择和运用上都更重视标新立异和体现个性。

[①] 李红革：《当代大学生的网络行为与意识分析——来自湖南五所高校的统计调查报告》，《湘潭师范学院学报》（社会科学版）2002 年第 4 期。

[②] 陈秋珠：《赛博空间的人际交往——大学生网络交往与心理健康关系的研究》，吉林大学出版社 2012 年版，第 103 页。

（4）网络交往目的和内容方面，西方大学生更倾向于了解未知的信息，选择新闻资讯类、人生感悟类话题的比例更高；而中国大学生注重通过社交网站解决学习和生活中的各种问题，更倾向于谈论社会和学校的热点话题。总体来说，这体现出西方大学生在网络交往中对未知和多样信息的需求更为迫切，中国大学生则对解决实际需求更为看重，相对而言功利性更强。

（5）中西方大学生的互联网使用和网络交往存在着性别差异，相比较而言，女大学生更注重自身对社交网站功能性的使用，更热衷于在网上休闲娱乐或是网购等；而男大学生更热衷于通过社交网站拓展个人交际范围，当然，中西方男大学生热衷于网络游戏的程度都甚于女大学生。

（6）中西方大学生的互联网使用和网络交往都存在不同程度的年级差异，相对而言，西方大学生存在的年级差异是不显著的。对中国大学生而言，大二、大三年级的学生沉溺于网络的情况较为严重，而随着年级的增加，对网络交往的认知更为全面也更为积极，尤其是利用信息的动力和能力都日益增强；对于西方大学生而言，只在网络交往休闲娱乐这个因素方面，大一学生与大二学生存在显著性差异。总体来说，西方大学生在互联网使用和网络交往方面比中国大学生接触时间更早，更为成熟，对网络正面作用和负面作用的认识也更为全面。

（7）中西方大学生的互联网使用和网络交往不存在显著的学科差异，无论是中国或西方大学生内部的文理科生的对比，还是同一学科内不同国籍群体的对比，都不存在显著性差异。

第四章 自我的重塑：网络交往与自我的发展

第一节　网络交往与虚拟自我

一、关于自我

古希腊神话传说中有一头人面兽身的怪兽,名叫斯芬克斯,在路边向行人询问智慧女神的谜语:什么东西是早晨用四条腿走路,中午用两条腿走路,晚上用三条腿走路?它提示说,一切生物中只有此物是用不同数目的腿走路,而且腿最多时,正是速度力量最小时。"斯芬克斯之谜"正是人生之谜,也是自我之谜,它伴随着每个人的人生旅途,提醒人们时刻不要忘记正确地审视自我。这个谜告诉人们,唯有正确认识自我,把握自我,才是自己得以生存的最大保障。因此,在公元前5世纪,古希腊人就在他们的神庙上刻下了这样的话:"认识你自己!"

(一) 自我的释义

西方哲学史上,法国哲学家笛卡尔明确提出主客二分式和主体性哲学,他所说的"我思故我在",表明了"自我"是具有思维本质的独立实体。休谟则从心理学角度拒绝了"自我"的"实体"定义,认为"自我"概念源于把"相关对象之间的接连继起 (a succession of related objects) 误解为'同一性'(identity),但实际上,自我的同一性是没有的,有的只是知觉之间的接连继起"。[①] 但是,虽然自我无法被知觉到,却并不等于说根本没有自我。康德并不认同上述两种说法,他认为,实体是客体,是认识的对象,而"自我"是认识的主体。他着重论证自我不是实体,目的在于说明自我的自由本质。在康德之后,不少学者都想在自我的问题跳出主客二元论的窠臼。美国学者塞尔 (J. R. Searle) 认为,任何一个自我在做出某种行为时,虽然总是由于某种原因,总是有某种因果关系参与其间,但自我的行为又是自由的,自我的某种行为最终是出自自己的选择;具体来说,"自我"是一个"统一体","具有意

---

① David Hume. A Treatise of Human Nature, New York: Oxford University Press, 1958, pp. 252–253.

识、知觉、理性、从事行动的能力或组织知觉与推理的能力,以便在自由的前提下执行自愿的行动"。① 法国哲学家柏格森(Henri Bergson)则认为,自我的每一意识状态、每一言行,都是作为绵延不断的自我整体(即"灵魂"或"整体人格")所决定的,而自我决定就是独立自主,就是自由。②

20 世纪上半叶,库利(Charles Horton Cooley)和米德(George Herbert Mead)对自我的概念进行了开拓性的研究。1902 年,库利在《人的本性和社会控制》一书中提出"镜中我"的概念,包括以下三个方面的内涵:我所想象的我在别人面前的形象,我所想象的别人对我形象的评价,由以上两个方面引出的某种自我感觉,进一步阐释了自我的起源及自我发展的本质。1934 年,米德在其撰写的《心灵、自我与社会》一书中,认为自我由主我和客我构成。主我是指个体的成长经验和社会的特定情景二者交互作用的累积,是积极的、动态的;客我是作为认识对象的自我,在与他人、环境的互动中逐渐形成和发展,是被人评价的静态的东西。在库利和米德看来,自我是社会的产物,是后天形成的社会经验及其反馈。

心理学中的"自我"译自外文词汇 ego 和 self。ego 是拉丁文词汇,原意为一切精神活动都围绕其转的核心,在精神分析论中它是人格结构三个成分之一(另外两个是本我 id 和超我 superego)。self 是一个纯英语词汇,原意为同样的或同等的;当用于人类时,意指一个独特的、持久的同一性身份。将自我分为主我(I)和客我(me)是不少西方心理学家的共识。早在 19 世纪末,威廉·詹姆斯(William James)就已从科学的角度研究和阐述自我的概念,在《心理学原理》一书中首次系统提出自我的概念。可将自我分为主体我(环境中主动行动者的我)和客体我(经验客体的我),并进一步将客体我分为物质我(material me)、社会我(social me)、精神我(spiritual me)和纯自我(pure ego)。③ 这些自我都是对客观的自我认知,是个体通过观察和了解他人的反馈之后对自身的客观了解,且自我是一个往返的过程而不是固定的结构。

在汉语中,根据《汉语辞海》的解释,"自我"具有两种意义及用法:"①作代词,自己;用在双语动词前,表示这个动作由己发出,并以自己为对象。如~教育,~启发。②作名词,人们对自己的了解和认识。如追求~,实现~。"④ 在中国的古典文献中,虽然"我"("吾""余"等)字随处可见,但对"自我是什么"的讨论却基本未能在中国传统哲学中体现。如果从人生

---

① 张世英:《中西文化与自我》,人民出版社 2011 年版,第 39-41 页。
② 张世英:《中西文化与自我》,人民出版社 2011 年版,第 43 页。
③ 陈莹:《时间自我:过去我、现在我和将来我的一致和不一致》,西南大学博士学位论文,2008 年。
④ 《汉语辞海》编写组:《汉语辞海》,北京教育出版社 2003 年版,第 2758 页。

观的角度来看，自我往往与个性紧密相连，带有"与众不同"的特点，显然不同于中华传统文化所偏重的集体主义。①

朱滢等学者根据认知神经科学的相关研究结果，把自我区分为作为知觉的自我、作为记忆的自我和作为思考的自我。② 黄希庭将自我视作一个复杂有序的、有层次结构的开放系统，认为至少可以从八个维度进行描述：（1）从主–客体关系维度可将自我分为主体自我和客体自我；（2）从与人的关系维度可将自我分为个体自我、关系自我和集体自我；（3）从与时间的关系维度可将自我分为过去自我、现在自我和将来自我；（4）从发展的维度可将自我分为身体自我、物质自我、心理自我和社会自我；（5）从个人活动领域维度可将自我分为家庭自我、工作自我、学校自我、学业自我和数理自我等；（6）从评价维度可将自我分为好我和坏我；（7）从个体意识关注方向的维度可将自我分为私我意识和公我意识；（8）从中国传统文化特别重视的自我维度可重点分析自立、自信、自尊和自强；等等。③

综上所述，在现实空间，对自我的理解和阐释，《汉语辞海》和心理学给出了基本一致的答案。至于自我作名词或是代词使用，与行文需要和所在场合有关。在本书中，自我大多作为名词来使用。

（二）自我的发展

在对自我这一概念进行语言学、哲学、心理学等层面的论述的同时，本书也关注自我发展的问题。

苏格拉底认为，达到真理之路要通过社会公众，但不是简单听从社会，而是主张通过社会上的辩论，引起自我的"内在反省"，反省自己是否自相矛盾、言不由衷，从而引起一种"内在羞愧"。④ 在马克思对人的精神交往的论述中，他认为较低层次的精神交往要求是一种自然的心理表层的满足，而较高层次的精神交往需要则是人"以全部感觉在对象世界中肯定自己"⑤，是为了不断获得肯定自身的信息，从而维持自身的心理平衡。这种从对象世界中获取自我肯定信息的过程就是自我的发展过程。艾里克森（Erik H. Erikson）的心

---

① 张世英：《中西文化与自我》，人民出版社2011年版，第37页。
② 朱滢：《文化与自我》，北京师范大学出版社2007年版，第46–47页。
③ 黄希庭、夏凌翔：《人格中的自我问题》，《陕西师范大学学报》2004年第2期；周钦江、黄希庭：《自我知识组织与心理适应》，《西南大学学报》（社会科学版）2007年第6期。
④ 张世英：《中西文化与自我》，人民出版社2011年版，第73页。
⑤ 中共中央马克思恩格斯列宁斯大林著作编译局编译：《马克思恩格斯全集》（第42卷），人民出版社2001年版，第125页。

理社会发展理论（psychosocial development theory）强调社会和文化因素在每一个发展阶段对自我的影响。他把人格发展分为八个阶段，其中的第五阶段是12～19岁，确立自我意识，学习社会角色规范；第六阶段是19～25岁，寻求与他人建立亲密的关系，为事业定向。① 行为主义学派重视环境因素对人格发展的影响。班杜拉（Albert Bandura）提出了社会学习理论（social-learning theory），主张人——尤其在儿童阶段——通过观察和模仿榜样的方式来学习，并通过"内在强化"（intrinsic reinforcement）塑造着自身未来的行为。② 库利认为，人们对于他们自身的感觉，通过观点采择过程（perspectie-taking process）得到发展，"社会是各个精神自我的交织物。我想象你的思想，特别是你对我的思想的想象，和你所想象的我对你的思想的想象。我在你的思想面前表现我的想法，期望你会在我的思想面前表现你的想法，谁若不能或不愿做到这一点，那他就不懂得如何交往"。③ 通过人际间的交往，可以使所有个性成为有机的社会整体；反之，在这个交往过程中，社会也内化为个性精神。美国的社会心理学家认为，人们可以通过反射性评价过程（reflected appraisal process）来了解自己，如通过观察或想象别人如何看待自己；或者进行自我知觉过程（self-perception process），即通过观察自己的行为来推断自己内部特征的过程。④

米德认为，观点采择包括自我的起源，我们想象自己在他人心目中的形象，预示着自我的出现，当通过这种想象能够修正自身的行为，并符合我们所感觉到的他人的期望时，我们就成为了"社会人"。他认为，"自我的完全发展需要两个阶段。在第一个阶段，个体的自我仅仅由其他各个个体对他的态度所构成……但在第二个阶段，自我还要由普通大众对他的社会性态度所构成……这两个阶段使得自我得以完全形成"。⑤ 在他的理论中，非常强调社会交互作用对符号沟通的重要性，认为社会交往对自我识别很有必要。

综上所述，自我是一个过程，是把个体自身与其他人联系起来的一个过程，"把'主我'与'客我'的会话引入个体的行动，就此而论，这一过程构成自我"。⑥ 自我的实质是社会化的存在，其发展同步于人的社会化过程，是

---

① 彭聃龄：《普通心理学》（修订版），北京师范大学出版社2001年版，第509页。
② 彭聃龄：《普通心理学》（修订版），北京师范大学出版社2001年版，第511页。
③ ［美］刘易斯·A.科瑟：《社会学思想名家》，石人译，中国社会科学出版社1990年版，第338页。
④ ［美］道格拉斯·肯里克、史蒂文·纽伯格、罗伯特·西奥迪尼：《自我·群体·社会——进入西奥迪尼的社会心理学课堂》，谢晓非、刘颖敏、胡天翊等译，中国人民大学出版社2011版，第37页。
⑤ ［美］乔纳森·布朗：《自我》，陈浩莺译，人民邮电出版社2004年版，第75页。
⑥ ［美］乔治·H.米德：《心灵、自我与社会》，赵月瑟译，上海译文出版社2005年版，第140页。

社会的产物。在自我形成和发展的过程中，人们通过观点采择过程想象自己在他人心目中的形象，通过反射性评价过程和自我知觉过程，来推断自己的形象特征，从而加强对自我和对自我所处环境的认知、体验和评价。同时，在此过程中，通过语言等方式进行的沟通和个体与个体、个体与集体的互动都会产生重要的推动作用。

值得一提的是，自我也是文化的产物。西方文化强调个体的独立性，自我与非自我的边界是个体与任何其他人；而中国传统文化强调人与人之间的依赖关系，自我与非自我的界限是父母、亲人、好朋友等自家人与外人的区别。朱滢在《文化与自我》一书中对于中西两种不同自我观有着如下论述："一般认为，东方亚洲文化培育了互依型的自我（interdependent self），而西方文化培育了独立型的自我（independent self）。"① 事实上，东西方都具有这两种自我结构，但互依型自我主要分布在东方，独立性自我主要分布在西方。根据朱滢对中国大学生的调查和实验，从整体上看，仍以"互依型自我"的传统自我观占主导地位，不少大学生缺乏"自我"的自由意志，其言行主要是从"互依型自我"出发，言"我们"（包括父母至亲）之所言，行"我们"之所行。

二、网络交往中的虚拟自我

人只有通过交往，通过与他人的互动，构成交往关系，才能在交往过程中通过他人的折射来认识自己。自我的发展依赖于成长过程中的一系列社会媒介，"自我（self）的形成是社会化过程中的核心部分……自我并非先天给定的，而是在与他人的互动中形成的"。② 网络交往作为一种重要的交往形式，为人们带来了更多的交往机会，使得交往结构具有更多层次、交往内容更加丰富。在网络交往中，"自我"大家族以各自形象"登台亮相"，展现出真实与虚拟交错的扑朔迷离，潜藏与外露更迭的奇妙景象。在本书中，主要选择了自我的一对属性——现实自我和虚拟自我，并根据网络交往的新特点，选择虚拟自我侧重论述。

根据《现代汉语辞海》，"虚拟：①作形容词，不符合或不一定符合事实的；假设的。②作动词，虚构；编造；捏造"。③ 本书中的"虚拟自我"隐含"虚拟的自我"之意，"虚拟"主要作形容词来用，指自我的虚拟性。虚拟自

---

① 朱滢：《文化与自我》，北京师范大学出版社2007年版，第48页。
② ［美］迈克尔·休斯、卡罗琳·克雷勒：《社会学导论》，周杨、邱文平译，上海社会科学院出版社2011年版，第77页。
③ 范庆华主编：《现代汉语辞海》，黑龙江人民出版社2002年版，第1228页。

我的存在，出现在互联网产生之前，但其中很大一部分并非以外在形式展现，而是隐匿于人的内心，或存在私密日记中。随着互联网的迅速发展，虚拟自我开始显露于网络空间，更多地暴露于公众的眼前，使得"主体的虚拟性能力已经由单在表象空间（主观思维空间）存在，走向在网络虚拟空间与表象空间（主观思维空间）并存的局面"。① 通俗地说，网络交往中的虚拟自我是"以互联网为平台，存在于网络空间、各种简单应用软件空间以及灵境技术空间里"。②

学者谢俊认为，从理论上讲，网络虚拟自我的存在需要四个"支撑点"，包括：①虚拟自我存在的技术支撑；②虚拟自我对社会的影响；③现实自我的心理需要；④虚拟自我存在的物质载体。③ 如今，随着网络信息技术的推广和普及，现实的自我已经"沉浸"于虚拟的网络空间，自愿进入虚拟自我的角色当中，网络空间为虚拟自我提供了一个生存发展和可肆意发挥的舞台，在这个不同于现实社会的全景式表演舞台上，人们可以任意地表现自我、呈现自我，从而不断地完善自我，满足和迎合自己的主观愿望，追求更理想、更健全的人格，使自己的人生更为多姿多彩；当然，完全地沉浸于网络空间中的虚拟成就和虚拟温情，也可能会导致人格被"撕裂"，形成"双重人格"。

总体来说，虚拟自我已经走入、并影响着人们的现实生活，网络中的虚拟自我在自我展示、信息交流和互动沟通中进一步建构自我、发展自我，呈现出一些新的特点。

（一）建构多重的身份和角色

在网络交往中，网络的虚拟性、隐匿性使网民在理论上能够摆脱现实身份地位的束缚，根据内心需要，建构新的身份和角色。"虚拟交往的主体和交往手段的符号化屏蔽了部分甚至全部的主体在现实世界里的真实身份，人们自由选择想要呈现给他人的面貌，这就决定着虚拟主体必须重新建构自己在虚拟社会中的身份和角色"。④ 网民发挥自身的想象，在网络空间同时以一个或数个不同的角色出现。这种多重角色的建构和展现常常根据交往对象、围观群众的变化以及所在群体的不同而进行调整，或是隐藏真实身份，或是创造新的身份，甚至以数个身份、不同角色参与不同类型的网络群体。在网络交往中，"网络社群成员之间关系的建构过程，就是他们之间互动交流的过程，同时也

---

① 谢俊：《虚拟自我论》，中国社会科学出版社 2008 年版，第 36 页。
② 彭扬：《网络交往中的虚拟自我研究》，《东南传播》2014 年第 2 期。
③ 谢俊：《虚拟自我论》，中国社会科学出版社 2008 年版，第 63 页。
④ 张文宏：《网络社群的组织特征及其社会影响》，《江苏行政学院学报》2011 年第 4 期。

是社群中各个角色的扮演者结合其自身的现实身份、社会地位、生活环境和自我期待等角色形成的过程"。① 因此，网络群体中成员就在这样的虚拟交往中自由地构建多重身份，并在不同角色间自由转换，这对于现实生活来说几乎是不可想象的。

新的技术背景、新的网络交往空间、不同的网络群体和中西方文化背景等方面等也对大学生的身份建构、角色扮演发挥着不同程度的作用。西方文化把人看成是个体，其中一个重要的表现就在于注重区分人的"自我"和角色。"西方主流观念认为，人即使从各种社会角色、社会关系中撤出，也还是一个'自我'。"② 有自己的思想、性格和习惯等，这些都是他所扮演的角色所不能包括的。"中国人往往是将'自我'和'角色'相混淆的，人在社会生活中往往只是各种角色，只是在各种关系中界定自己。"③ 比如，是儿子的母亲，父亲的女儿，老师的学生，学生的老师……除此之外什么都不是，没有剩下一个"自己"。

按照戈夫曼（Erving Goffman）的观点，人类互动最讲求印象管理或自我呈现，为了使他人按照我们的期待看待自己而努力展现或调整自我。在虚拟交往中，为了赢得别人的好感，给人留下良好的个人印象，人们往往会用"美化"的符号来显示个人的身份，比如采用时尚个性的签名、网名，运用新颖、流行的网络语词，展示经过美化的个人相片或是多彩刺激的个人经历等，塑造一个"自定义自我"，从而摆脱现实身份的桎梏，拥有了一个广阔的多样化展示空间。

根据笔者的调查，以网名为例，虽然中西方大学生在如何取网名上并不存在显著性差异，都习惯随心所欲、无特殊原因地为自己取使用方便的网名，但西方大学生在取可爱好听的、另类有趣的网名上的比例均高出中国大学生十多个百分点。同时，在使用网络语言方面，认为使用网络语言标新立异、生动形象的西方大学生的比例比中国大学生高近20%。从这些数据分析可以看出，西方大学生在网络交往中相比中国大学生更讲求个性展示和生动有趣，自我的展示更富个性和特色。此外，在个人信息的保护方面，近五成的中国大学生填写个人信息时"大部分真实，小部分不符合实际"，占比高于西方，但是对于个人信息"无关紧要的填写，大部分不符合实际"中国大学生的比例也高于西方大学生，尤其值得一提的是，所填资料完全符合实际情况的中国大学生的

---

① 施雯：《网络群体交往中的虚拟自我》，《媒体时代》2013年第62期。
② 魏光奇：《中西文化观念比较》，经济科学出版社2012年版，第189页。
③ 魏光奇：《中西文化观念比较》，经济科学出版社2012年版，第189页。

比例也低于西方大学生。在隐私意识方面，中国大学生呈现两个极端的现象，有的具有自我保护的警觉性，也有的存在着保护意识欠缺的情况。而对于网络交往中自我的呈现及其特点，根据调研结果，从"网络交往自我暴露"这个二级因素的相关子项来看，中国大学生倾向于认为在网上交往最能展示自我，能更加真实地表露自己，上网时才可以是真正的自我，网上的我比现实生活中的我更真实；而西方大学生倾向于认为在网上交往时自我暴露更多。可以设想，在网上更真实表露自我的大学生与平时的自我表现差别会比较大，与现实学习、生活、交往中的角色相比较会体现出不同的特点，尤其是当大学生们加入不同的网络群体时，会根据群体的不同特点，不断调整角色，呈现出多样性的自我，甚至可能出现人格的障碍。

此外，大学生在网络交往中注重通过各种形式的自我呈现去定义、美化自我，在虚拟交往中拓展交往范围等等。在通过网络交往拓展交际范围方面，中西方大学生目前都习惯于通过社交软件与家人亲戚来往或者与现实生活中熟悉的周围朋友在网上交流，但是西方大学生所具有的较为突出的特点是与网上认识的朋友交往的比例比中国大学生更高，这一点在西方大学生参加的网络群组中也能看出，西方大学生通过网络认识的网友群的比例比中国大学生高出两倍多。应该说，中西方大学生都习惯于通过在网上积极展示自我，了解朋友信息，并不断拓展社交范围，结交同好等，并积极通过网络交往建立和维护关系，但是，中国大学生更倾向于"维系"熟悉关系，而西方大学生更倾向于"建立"崭新关系。

（二）满足潜意识中的需求

网络的复杂性使人们可以浏览各种信息，通过网络空间中的虚拟自我去表现自己、观察他人、评价他人，在网络社群的虚拟交往中，根据交往情境选择身份或角色，有意或无意地戴着一副面具出现。对于虚拟自我，马克·波斯特（Mark Poster）持有积极态度，他用大量的论证说明："网络交往所导致的虚拟自我的表达与呈现，平衡了现代社会对自我的束缚，使个人主体可以通过多种角色被表达和诠释，让人们在现代生活的疲惫和乏味中得到了一种释放和抚慰。"[①] 现代社会的生活节奏紧张，人们常常有被时代推动着向前走的晕眩之感，心理上常处于压抑和焦虑。网络是一个广阔的空间，这里聚集了林林总总的人，有着各种从未想到的生活方式和态度。在这样的虚拟交往空间中，人们可以根据自己内心深处一直渴盼、在现实生活中又求之不得的真实想法去塑造

---

① 施雯：《网络群体交往中的虚拟自我》，《媒体时代》2013年第6期。

一个全新的、虚拟的自我，以此回应内心的期待，使得现实中的失落和焦虑在网络交往中得到释放和缓解。虚拟自我的这个特点，可以被视为对现实自我的一种"抚慰"，它既能够在不同程度上影响现实自我，也能够丰富或补充现实生活中的自我概念，使生命更为和谐与平衡。

根据调研结果，分析"网上情感体验"这个二级因素的相关子项，中国大学生更倾向于认为，与网友交往远比和同学的实际交往快乐，上网是为了寻找知心朋友或真心恋人；而西方大学生更倾向于认为，在网上与人交往时感觉非常舒服，上网时感觉自己处于最好状态或最佳状态。可以说，网络交往能带给大学生快乐和安慰，使大学生身心得到放松，自我在某种程度上得到释放。

（三）表露多重复杂的人格倾向

弗洛伊德认为，人格由本我、自我和超我构成，但在现实社会中，人格往往并非呈现出这三者的集合，而是舍弃了其中的某一个而展现出理性的自我。然而，没有一种人格一开始就是健全的，它们都有其不完善和非理性的方面，在某个特殊平台的发展也会影响着人格的走向。

在网络交往中，由于虚拟自我的匿名性和未知性，可能会将人性中隐藏的恶放大，会出现带有攻击性的言行，也会出现过度自我表露的行为，对自己和他人造成不必要的困扰。虚拟自我由于其自身的想象性、虚假性，也带来了不稳定性，容易形成一种"他人导向性人格"。这种导向性人格，一是表现在为了弥补现实的缺憾，对于在现实生活中无法实现的流行穿着、特殊审美和流行语言表达，都会将之一一实现于网络交往中；二是表现在为了获取情感的愉悦和满足，沉迷于扮演引人关注、哗众取宠的角色。这种他人导向性人格之下累积的内心膨胀，无疑会使人沉浸于自己营造的虚拟自我中。如果不能把握好尺度，一味在虚拟的假象中无法自拔，就会影响到现实生活。

虚拟自我还可能会导致网民的群体非理性。网络文化的特点是高雅与低俗并存、精英与草根共生，它往往注重感性的、视觉上的生产和消费，并不注重理性的培养。在这种文化的浸润之下，网民的思维会变得单一、跳跃和碎片化，甚至使群体呈现非理性的趋势。在开放的网络中，个体匿名，分散而自由，但又很易聚集成群，个体的思想、观点和行为容易受群体环境的影响，一些持有不同观点的人也因担心受到其他成员的攻击和冷落，而选择沉默或附和，使得群体中呈现相对集中和一致的观点，网络传播中的"沉默的螺旋"由此产生。此外，挣脱现实身份和环境约束的虚拟交往，使个体比在现实中更能大胆地表达自我，而这些话往往带有强烈的群体暗示和感染力，更容易激起网络群体中其他成员的情绪化回应。在这种情形下，"虚拟自我会变得冲动、盲目和非理性,易跟随大多数人的心理倾向而失去独立的思考能力和行动能力,变得不会理性地讨论问题,而只会用愤怒的语言发泄内心的怨恨和愤慨,也不会表达自己的真实想法和理由,只会用极端、不理性的语言来表达自己极端化的态度"。①

对于这一点,随网络一起成长的"90后""00后"大学生有着较为清醒的认识。在调研中,我们发现,中西方大学生都认识到了在网上群体交往中,容易受到群体影响,做出非理性的判断,还容易形成网瘾,影响正常工作和学习,会对自我认识产生错觉,甚至造成人格障碍。中国大学生更多地认为网上交流的内容肤浅、垃圾信息多,而匿名交流可能会导致各种不道德言行的出现;而西方大学生更多地认为网上群体交往容易产生依赖性,会对现实人际交往产生不良影响。根据统计结果分析,中国大学生在网络交往消极结果上,存在显著的年级差异,而西方大学生不存在。从这里可以看出,西方大学生在进入大学前已经对网络交往存在的消极结果有着深刻的感受并有着较为科学的应对方法,网络交往呈稳定态势;而中国大学生进入大学后,在网络交往的过程中,呈现出较为显著的变化趋势,消极结果在不同年级的体现不同,比如对于大二、大三年级的学生而言,因为对学校情况的熟悉,又还未开始直接面对就业的压力,所以出现了沉溺网络的现象。

三、网络游戏中的虚拟自我

随着互联网的产生和高速发展,网络游戏的出现使得传统故事情节和角色刻画集中体现在交互的网络电脑软件环境中,并发展了与之相应的表现和交流手段,打破了以往游戏的时空观。因此,网络游戏不仅成为当今大学生的消遣方式,还是一种自我实现和网络交往的手段。当前,随着社交网站的兴盛,网络空间已经从早期虚拟世界的"匿名狂欢",发展到近年来微博"碎片化动员"对社会热点的真实关注,再到微信朋友圈中由熟人社交向网络空间的延伸,虚拟与现实之间的界限日渐模糊,网络已在一定程度上成为现实世界的延伸。因此,网络游戏因其所展现的虚幻性、体验性和自发性的特点,被视作虚拟生存的典型代表。我们以网络游戏为例,来分析网络交往中大学生虚拟自我的特点。

在大学生中影响很大的网络游戏有《王者荣耀》《魔兽世界》《反恐精英》《帝国时代》《星际争霸》等。随着智能手机的使用,手机游戏逐渐占用了大

---

① 施雯:《网络群体交往中的虚拟自我》,《媒体时代》2013年第6期。

学生越来越多的时间。大学生玩家进入游戏空间注册,通过联结虚拟世界创造了一个新的"自我"。这个新的自我往往会在游戏中减轻现实中的沮丧感,弥补主体的缺失,获得身心上的愉悦和满足。同时,在高自由度的创造编码和与网友的合作中达到全新的自我赋值以及情感和自我实现的需要。以大学生玩家参与的角色扮演类网络游戏为例,在一个复杂而完整的游戏虚拟世界里,玩家相互交流配合,完成任务,得到装备,在这个过程中扮演着与现实完全不同的角色,体验着不同的虚拟人生。例如在《魔兽世界》中,除了华丽的画面、震撼的音乐能缓解现实生活中的压抑和焦虑,现家在游戏中通过不断升级得到其他玩家的尊重,通过完成任务获得自我实现感等,这些都能让大学生满足潜在的对归属感、对尊重和自我实现的需要,从而展现出一个理想中的自我。

在网游世界里,玩家可以找到自己的同好,相互交流、探讨和分享,并活跃于相关的论坛、贴吧或社区。他们在帖子中或一本正经,或插科打诨,或创作网络段子,或奚落解构故事,在交流中找到愉悦感。此外,他们还广泛地使用火星文、谐音字和表情符等,展现标新立异的天性。网络游戏玩到一定阶段,让玩家沉迷的不再是游戏本身,而是在与其他玩家交流、探讨和分享中产生的认同感。有研究者亲身参与到网络游戏中,他认为,网络游戏的意义在于玩家可以坚持自己的玩法,去寻找"同道中人",获得认同和尊重;同时,网络游戏还可以充当现实世界的演练场。尤其是对于大学生而言,网络游戏将友谊与欺瞒、坚守与诱惑、美丽与丑陋同时呈现在他们面前,使他们在以一个成人的身份进入现实世界前就体验了世界的复杂,节省了其读懂现实世界的时间。可以说,网络游戏是玩家们以一种虚拟而快速的方式满足着自己的最高需要——自我实现。网络游戏让玩家一旦爱上,就会出现一段时间的依赖,但对大多数玩家来说,网络游戏是他们青春期的一个玩具,陪伴他们度过一段寂寞时光后,自然成为一段记忆。美国电子游戏研究专家说道:"随着年龄增长,游戏者会觉得越来越不好玩,因为社会角色的分配会使生活逐渐丰富多彩起来,也就无需依靠虚拟世界来寻求快乐和满足。"[①]

有一个资深的《魔兽世界》玩家、硕士研究生曾这样回答"为什么玩网游"这个问题:

> 早上起来一睁眼,又是一天到来了,怎么安排?根据人类需求金字塔原则,在满足了基本生存条件之后,青少年需要的是自我的满足,所以,一天的活动安排就要以性价比最高的满足活动为主。……

---

① 鲍鲳:《年轻人为何如此迷恋"网游"》,《中国青年报》2014年11月3日第2版。

自从这几年有了《魔兽世界》，聊天、电影、音乐等都可以省去了，在《魔兽世界》里能够获得极大的满足感，今天就像昨天一样玩过去吧。

……中期，网游玩家已不满足于单一的升级系统，他们需要探索新的东西，于是乎，不同的虚拟空间，不同的级别系统，等等新鲜事物……极大地满足了玩家们探索猎奇的心理。当然，在这段时间内，玩家会遇到不少挫折。不过，前期培养起的信心和兴趣，让挫折变得不是问题。

……后期，更困难的挑战、更漫长的升级，对于玩家来说已不成问题，因为兴趣、信心、耐心，皆已具备。

（来源：《中国青年报》，作者：王子于）

从这个资深网游玩家的亲身体验，我们了解到网络游戏的设计能够满足玩家对探索新鲜事物、不断实现自我的需要，使玩家在游戏过程中培养兴趣、信心。

美国麻省理工学院的一位教授对《网络泥巴》游戏的玩家进行研究，在她的书中记录了这样一个例子："我把我的大脑分开。我这样做的时候越来越熟练。我能够看到自己变成了两个人、三个人甚至更多。当我从屏幕上的一个窗口跳到另一个时，我的大脑会一部分一部分地开启。……现实生活不过是众多窗口里面的一个，而且它通常还不是最好的。"一个美国大学生认为网络世界为他提供了平行的身份和平行的生活，他在《网络泥巴》游戏中扮演了4种不同角色，"我的大脑不停地开开闭闭"。另一个大学生玩家说："你既是、又不是你所扮演的角色，这是同时的事情。"还有一位说："你是你假装是的那个人。"大学生们在这样的虚拟环境中获得了表达多样自我，甚至是未曾发掘的多层面自我的机会，从而得以尝试各种身份，获得新的认同。

当然，从更深层次的原因来看，这是传统应试教育在形式上输给网游"教育"形式的具体表现，也有家庭和学校未能给学生提供足够的空间和舞台以及关爱等复杂因素，本书不专门论述。

概括来说，网络交往中的虚拟自我的存在为大学生扮演多重的身份和角色、展现不同的"自我"提供了条件，满足了他们潜意识中的需求，虽然会表露人格的不完善和非理性，但同时也承载了实现个人的人文取向甚至价值理想的功能。现实自我与虚拟自我之间并非水火不容，二者能够互相促进、相辅相成，如果社会和家庭能够给予大学生追求梦想、实现自我的空间和动力，学校心理工作者和辅导老师能够引导大学生通过现实和网络实践更全面清晰地认识自我，并为大学生现实中的学习、生活和交往提供及时帮助，那么大学生不仅可以在网络世界，而且可以在现实生活中都拥有一个更加完整而健全的人格，成为一个自信、从容且积极向上的人。

第二节　网络交往与自我认知

自我认知，是心理学研究中的重要内容之一。心理学家将自我认知形象地描述为观察镜中的"我"，"我"既是观察的主体，也是观察的客体。根据前面论述，心理学家奈瑟将自我区分为生态自我、人际自我、扩展自我、私我和自我概念；朱滢将自我区分为知觉的自我、记忆的自我和思考的自我。对"自我"的研究日益精细和深入，如何更好地认识自我，始终是研究的一个核心内容。对于心理和生理都正在走向成熟的大学生来说，"自我"更是他们积极关注的课题。他们比以往更加强烈地意识到自我，并从原先对外部世界的注意转向对自身内部世界的关注。大学阶段，是大学生自我发展的重要时期，而自我认知，是大学生心理发展的高级阶段。只有对个人有着全面清楚的认知，才能正确地评价自我，从而有效调控个人行为，进而完善自我，促进自我发展。随着大学生交往活动的对象的深度、广度和时空范围增大，尤其是网络交往手段的科学合理利用，大学生更能摆脱地域的、民族的、个体的局限，开拓思路、打开视野、更新观念、提升才能，从而实现个人的自我发展。

根据前面的调研结果，中西方大学生在网络交往认识上不存在显著性差异。中国大学生认为在网上交往最能展示自我，能更加真实地表露自己，上网时才是真正的自我，网上的我比现实生活中的我更真实；而西方大学生也认为在网上交往时会更多地表露自我。由此可见，大学生认为，在网络交往过程中的"自我"更接近于他们心目中对自己的认知。总体来说，网络交往的交往内容丰富，交往机会增多，交往结构多层次，更利于大学生全面展示自我，也使得大学生认知更为全面。

一、网络交往与自我认知的深化

前面提到，自我认知中的自我分为主我和宾我。对于宾我的内在组成，心理学界认为自我认知源自三个世界：物理世界、社会世界和心理世界。物理世界是指人们了解自我需要从自己的身体、外貌等外部特征开始，这是认识自我的基本物质条件；社会世界为认识自我设定了一定的规范标准，通过社会比较和反射性评价使人们获取自我信息；心理世界是人们认识自我必不可少的条件，通过内部心理活动对自我加以分析、描述，对自我行为进行解释、预判，形成自我概念。网络交往有利于推动来自于这三个世界的自我认知，尤其是通过社会世界，通过社会比较和反射性评价等途径，人们得以更好地认识自我。

（一）网上非正式群体推动自我意识的形成

非正式群体的存在对大学生的自我认知产生着重要影响。网络交往在使大学生增强对话和沟通，更多地接触不同的观点和评价的同时，还能借助各种非正式群体，拓展交往的对象、范围和内容，使大学生能在与更多人对话的过程中，交流思想、学会沟通、理解他人，从而在比较中、在别人的评价中更好地认识自我。

非正式群体是相对于正式群体而言，"正式群体是为了组织的目的正式明文规定的一种组织形式，有固定的成员、明确的职责和确定的地位。非正式群体指的是在工作和生活中自然形成的，有自己的规范和首领，性格相投、志趣相同、信念一致、情感亲近、关系密切的个体集合"。[①] 在大学，凡是未经学校正式批准的各类学生小群体，因学生的兴趣、爱好和观念等趋同性结合而成的，被称为大学生非正式群体。这些非正式群体以大学生的兴趣、情感、地缘等需求为基础，比正式群体形式更为多样，层次更为丰富，更能满足自我意识不断增强以及渴望得到社会认可的大学生的心理需求。同时，这些非正式群体不少是由大学生同伴群体组成的，同伴群体存在心理发展的相似性，他们年龄相仿、经验阅历相似、目标愿望相近，因此更容易志趣相投，这成为群体中的成员相互影响、相互认同、相互理解与支持的基础。随着网络在大学生中的普及，结合我们的调研结果，中西方大学生绝大部分都习惯于使用网络聊天工具和公共交友平台，这使得现实的非正式群体的交往从线下发展到线上，又从线上发展到线下，使得大学生群体组织的形式、规模、群体的影响都发生了显著的变化。

网上非正式群体因其所具有的兴趣相似、交流自由和对象众多等特点，对大学生产生着重要的影响。从正面的影响来看，网上非正式群体能够创造更多的机会，丰富大学生的业余文化生活，创造更多展示自我的舞台和更多与人交

---

① 王小艳：《从大学生自我教育角度浅析高校非正式群体》，《文教资料》2007 年第 25 期。

往的机会，尤其是在群体的整体舆论积极向上时，这种良性的促动使得大学生对"主我"和"客我"的认识都更为全面和客观。同时，从大学生网络交往的动机来看，中西方大学生都倾向于展示才华，提高自己的声誉，但中国大学生在加入有共同话题的群体和结交对自己有益的朋友上，有着更强的动机。越是主动加入网络群体交往，越是有利于推动自我意识的形成。当然，网上非正式群体也存在不容忽视的负面影响，这类群体是因某方面的趋同性而组合在一起，因此具有一定的排他性，容易形成"小圈子"。圈子里如果有了一种不良的风气和倾向，长期交往的情感因素就会使大学生出现容忍与附和，长期浸润其中，对大学生的认知和行为都会产生不良的影响。此外，如果大学生参加的非正式群体属于后进型的，自身的不足和缺点便无法发现并弥补或改正，甚至可能被强化和放大。

(二) 网络交往的强交互性推动自我意识的增强

大学生的自我认知是在与他人的互动中获得的。"网际交往使个体接触到不同的文化传统、价值观和行为规范的评价，扩大和提高了个体的社会认定范围和程度，由此个体之间的同质性减少，异质性增强，个体能在异质性的评价中审视自己，从不同的角度进行社会比较，从而全面理智地进行自我认知，客观地对待和接受他人的评价，这一切使自我更加富于包容性。"[1] 内省，是人对自己的一种反思活动，包括长期的日常自我反思和短期的、旨在解决实际问题的自我反思。在米德看来，短期的自我反思活动（又称"内省式思考"）并不是在日常生活的每时每刻都发生的，只有在一个人遇到困难、障碍等新的问题状况，既有的习惯和观念难以解释对象时才会活跃起来。[2]

网络交往的强交互性和层出不穷的新信息的碰撞和反馈，为推动主体的内省式思考创造了良好条件。例如，中西方大学生在运用 SNS 网站方面，既存在着不少共性，比如写日志、发照片、记录心情、更新自己的状态，浏览朋友的日志和照片，寻找和结识志同道合的朋友，聊天交流、思想碰撞、展现自我，结识异性，创办或参与群体活动等；同时又存在着差异，比如中国大学生在 SNS 网站上解决学习和生活中的各种问题和玩游戏的比例高于西方大学生，而西方大学生在利用其了解更多未知信息的比例更高，更注重接受新信息。通过互动推进内省式思考，西方大学生的这一特点更有助于促进其自我意识的增强。

---

[1] 刘中起、风笑天：《虚拟社会化与青少年角色认同实践研究》，《黑龙江社会科学》2004 年第 2 期。
[2] 郭庆光：《传播学教程》，中国人民大学出版社 1999 年版，第 80 页。

在调研中我们发现，中西方大学生的网上聊天的话题存在显著性差异，西方大学生选择新闻资讯类话题的比例远高于中国大学生，而中国大学生谈论学习或生活中遇到的各种问题的比例则高出西方大学生不少，关注社会和学校等热点话题的比例也较高。可以说，中国大学生更多关注身边的问题，但也开始逐步关注和参与社会和学校的公共事务和问题。以目前大学生使用的社交媒体"新浪微博"为例，作为基于社交关系来进行信息传播的公开平台，它实现了个体与外界的互动，凭借微博提供的平台，大学生网民已不单是一个被规范约束的对象，而真正成为影响他人和外部世界的社会性力量。从其互动性、社会性来看，微博能使大学生很好地锻炼个人的公共表达能力，通过微博平台个体所释放的"微动力"，悄然改变着社会的话语结构，个体的社会化程度由此得以加深、适应程度得以提升，为个体丰富自我认知、提升自我能力创造了平台和机会。从其交往方式来看，微博能使大学生处于多层次的交往结构中，改变了传统的交往模式，即时呈现不同群体、不同身份的个体的思想、观念、态度和言行。这种多元的需求、价值观念和生存方式使得大学生个体突破正统、单一的文化约束，自我意识得到增强，人格得到充分表达和展现。同时，微博圈子以现实人际关系为基础，以共同兴趣为纽带，更新和拓展着大学生的人际交往范围和社会关注范畴，这里也成为他们情感归属的平台。在这里，大学生凭借着自己的生活经验，成为信息的传播者和解读者，并在此过程中拓展了思维空间，提高了内省能力。这个平台所拥有的强互动性，既能锻炼大学生的信息获取和理解能力，又能锻炼其表达能力，通过对许多新现象、新问题的交流探讨，内省式思考被激活，让大学生对自我以及自我所处的客观世界有着更全面而准确的理解和判断。当然，微博传播中的"去中心化"造成多元复杂的文化生态，在微博平台上形形色色的价值观和反社会的言论，以及良莠不齐的信息，消解了权威，弱化了大学生原有的价值观念和道德观念，干扰了大学生的认识，给大学生的心理和行为都带来极大的冲击。

二、网络交往与自我肯定

自我肯定（self-affirmation）是指通过肯定与威胁信息无关领域的自我价值、特质，来维持自我整体性（self-integrity），从而降低防御反应。[①] 斯蒂勒（Claude M. Steele）最早提出自我肯定理论，认为强大的自我是一个自我肯定

---

① 石伟、刘杰：《自我肯定研究述评》，《心理科学进展》2009年第6期。

的自我，是一个能充分利用自身资源来应对各种威胁性事件和信息的自我。[①] 前面提到，马克思认为较高层次的精神交往需要是人在交往中，不断从对象世界中获得肯定自身的信息，从而维持自身的心理平衡，并实现自我的发展。

有国外研究者认为，自我肯定效应的产生，是因为它与防御反应之间可能存在某些潜在中介因子，自尊常被认为是自我肯定效应的中介因子之一。威胁性比较可能造成个体自尊降低，自我肯定可以通过提升即时自尊而维持自我整体性，降低防御反应。[②] 也有中国研究者认为，自我肯定的操纵方法一般有两种，一是通过排序价值观量表（如艺术鉴赏能力、创造力、事业等），详尽描述并举例说明最重要的价值观来肯定个人价值观，二是通过详尽描述自己的优点来肯定自我积极特质。[③] 总体来说，自我肯定需要体现自身价值，提高个体自尊，形成自我的同一性。

美国哲学家约翰·杜威（John Dewey）认为，人类本质里最深远的驱策力就是"希望具有重要性"。人际交往是一个互动、互利的过程，交往双方通过思想情感和信息行为的互动，形成一定的联系，获得心理需求的满足。在互联网时代，生产水平高度发达，社会分工更加细化，人们更渴望通过交往互动行为获得自我肯定。这种自我肯定不仅仅是获取名利，还包括知识信息、平等尊重、自我实现和参与分享等。

关于如何通过网络交往实现自我肯定，在调研中我们了解到，中国大学生并不太关注网上群体交往无地域限制和时间限制等物理特性，而更多地看重网络群体交往中交往话题多而广泛，群体内部有共同的兴趣爱好和共鸣。共同的志向、多样的信息、分享的知识使中国大学生在网络交往中获得更大的肯定。而这种肯定对于不同性别的大学生又有着不同的表现，根据调研结果，西方男女大学生之间存在显著的性别差异，在"网络交往自我暴露"这个二级因素方面男大学生更为显著，更具有自我认同感，更倾向于认为网上的自我比现实中的自我更真实等；而对于中国大学生，并不存在显著的性别差异，但男大学生在"网络交往自我暴露"方面的得分都高于女大学生。此外，虽然对于"网络交往自我暴露和情感体验"这个一级因素，中西方大学生之间并不存在显著性差异，但中国大学生得分高于西方大学生。这一点，与中国大学生在填写个人信息时"大部分真实，小部分不符合实际"比例更高这一点上可以

[①] C. M. Steele. The Psychology of Self-affirmation: Sustaining the Integrity of the Self. Advances in Experimental Social Psychology, 1988, 21.

[②] A. Mcqueen, W. M. Klein, Experimental Manipulations of Self-affirmation: A Systematic Review. Self and Identity, 2006, 5 (4).

[③] 钟毅平：《自我肯定对自尊及自我评价的影响》，《中国临床心理学杂志》2014年第3期。

呼应。

总体来说，不论性别还是国籍，大学生个体与个体、个体与集体之间的交互作用对自我肯定的发展发挥着重要作用，而网络交往又以其新的形式和平台推动着自我肯定形成一种新的平衡，比如当线下不能达成自我肯定时，个体的注意力就会转向线上去寻求自我肯定，反之亦然。

(一) 碎片化的真实记录

库利将自我意识的形成分为三个阶段：设想自己在某些场景中的言行，设想做出某些言行后他人可能有的评价，通过想象他人对自己的评价来调整自我。[①] 大学生在网络交往过程中通过不断获取信息，不断观察和模仿，不断想象和调整，从而在这样的观点采择、自我知觉和自我肯定中塑造自己的行为，实现自我的发展。

以微博/Twitter为例，其较强的互动性可以让库利所说的自我意识形成的三个阶段融为一体，举例来说，在公开表达后直接获得他人的评论，然后通过反推比较，获悉自己在社会、他人眼中在思维、见解方面的真实水平。微博是以自我为中心构建的网络，大学生自己是主角，微博表达的方便性和快捷性符合现代社会的快节奏，通过即时记录，鼓励大学生真诚地面对自我，在关注外部世界的同时，也同时关注自己的内心。微博的记录方式，是随时随地留存自己的生存符号的"碎片式"记录，大学生围绕自己所构建起来的"琐碎"记录是其人生经历的符号凝结，对别人或许意义不大，对自己却意义非凡。这种记录让大学生时常停下来审视自己，体会内心的感受，从而不断地调适自己，日积月累，当"琐碎"形成"脉络"，提炼成为"关键词"，个体对自己的了解程度会更深，而正是借助于这不因时光流逝而耗散的记录，自我所进行的反思也才会更准确、更可靠。再以微信朋友圈为例，这是相对封闭的个人社区，被称之为"熟人社交"平台，这里也是大学生记录"琐碎"、传递关注信息、分享心路历程和评论时事的平台。这个平台不仅是大学生经营个人形象的地方，也是圈友了解他人、与其互动的平台，这些生活"碎片"在这里呈现、记录，使得大学生的"自我"不断丰富和成长。

正如安东尼·吉登斯（Anthony Giddens）所说，"自我认同并不是个体所拥有的全部特质及其组合，而是个人依据其个人经历所形成的，作为反思性理

[①] 廖建国、范中丽：《微博给予自我的意义：内、外两个世界更加澄明》，《成都大学学报》（社会科学版）2014年第2期。

解的自我"。① 而在这些社交媒体中的记录、呈现和分享，使中西方大学生都不同程度地加深了"网络交往认识"。在调研中，我们看到，虽然在性别上不存在显著性差异，但是中西方男大学生的得分均高于女大学生，由此可见，男大学生更倾向于认为网络交往促进了现实的人际关系，扩大了交往范围，更利于寻求帮助、沟通思想和观点。同时，中国大学生在这个一级因素上的得分也高于西方大学生，体现出其对网络交往的认可程度相对更高。

（二）虚拟空间的满足

每个人都希望通过努力取得成功、实现梦想，按照个人意愿选择生活方式。正因为有着这个需求，互联网思维应运而生，这种思维呈现出用户至上、开放包容、普惠民主、资源共享等基本特征，体现了人们认识世界、改造世界的意愿。网络交往为大学生充分发挥自身潜能提供了广阔空间，让个体才华得以施展，使自我内涵更加丰富并具有更强的张力，在网络空间，大学生找到了能够满足自我需求、获得成就感的机会和舞台。

在前面提到的资深《魔兽世界》玩家回答"为什么玩网游"这个问题时，他这样说：

> 现实教育中入门时，信心、耐心、兴趣是很难培养出来的。……网络游戏的"教育"模式，致力于对"学生"兴趣的培养、信心的树立、耐心的形成，无论是否有教师引导，"学生"始终保持对"知识"的极大兴趣。
>
> （来源：《中国青年报》，作者：王子于）

在他看来，虽然现实知识比网游知识可能更有"营养"，现实教育比网游的"教育"更有意义，但是网游满足了玩家们探索猎奇的心理，培养起兴趣和信心，再通过一定的挫折激起玩家的斗志，从而获得惊喜和快感，产生持久的兴趣。在我看来，这是网络空间为虚拟空间所扩展的一个舞台，大学生玩家在游戏中寻找自信，通过虚拟的成功激励自己，他在线下所得不到的肯定，通过线上来找寻。

不单单是网络游戏，微信（朋友圈）和微博同样可以很好地实现这一功能。截至2017年6月，微信（朋友圈）的使用率为84.3%。微信（朋友圈）

---

① ［英］安东尼·吉登斯：《现代性与自我认同：现代晚期的自我与社会》，赵旭东、方文译，生活·读书·新知三联书店1998年版，第275页。

所建立的关系"圈子"（朋友圈）由熟人、半熟人和陌生人组成，尤其是与陌生人的交往填补了现实生活中的情感空缺，当性格不同、背景不同的人们淡化身份、地位、职业、地域和时空因素，平等地对话，真实地表达，匿名地沟通，尽情地宣泄时，压力和焦虑得以排解，这满足了大学生情感交流和真我展示的需要。以微博为例，作为排名前三的典型社交应用，截至2017年6月底，其用户达到2.9亿，在网民中的使用率为38.7%，根据中国互联网络信息中心的调查，20～29岁网民、本科及以上学历网民等群体对微博的使用率明显较高。对大学生而言，微博不仅仅是个体获取、分享信息的渠道，也是个体自我表达和构建虚拟社会关系的工具。"围观改变中国，关注就是力量"，微博所具备的功能可以让还未正式走出校门的大学生发现自己的力量，并获得自身存在的实在感，从而促使其更为积极地投入学校事务乃至社会事务。

调研中，有超过七成的中西方大学生会通过社交网站写日志、发照片、记录心理、更新自己的状态，以及进行聊天交流，思想碰撞，展现自我。因此，他们对于用户间彼此关注、评论和转发十分看重，尤其是对于一些共同关心的话题，通过微博/Twitter可以聚合分散的个体，迅速生成舆论，使个体自我的声音能迅速产生共鸣，大学生能从中获得成就感，个体自尊得到提升，自我意识因此增强。

（三）可以接近的梦想

"矮矬穷"，是一个网络词汇，通常用于描述与"高富帅"或"白富美"相对的人，形容男人没背景，没身材，还长得丑，往往没有女孩子喜欢，在恋爱、婚姻中处于被动地位。该词同样也适用于女人，既被年轻人用来挖苦讽刺别人，也被用作自我解嘲。不过，"矮矬穷"一词也被一些网民赋予了一种自我肯定、自我实现的社会心态。这种自我肯定的心态可以使其产生一种"我总有一天可以成功逆袭"的想象。使用这个词的人大多拥有自我意识，并且有着自我觉醒和自我肯定的需求，在降低成功期望、缓解社会压力的同时，又有着强烈的自我实现欲望。

有一个《魔兽世界》的大学生玩家认为，他沉浸网络游戏的一个重要原因是因为其超越了现实世界的限制，实现了他对梦想的追求，尤其是对于宏伟的崇拜和对于幻想的敬意。这是网络游戏在视觉刺激之外吸引大学生玩家的又一个重要原因，也是更为深层的原因：接近梦想，总是让人着迷的。[1] 有研究者认为，网络游戏对大学生"虚拟人格"的形成会产生促进作用。比如在战

---

[1] 吕夺印：《网络交往对自我认知影响的探索性观察分析》，西南政法大学硕士学位论文，2010年。

略类游戏（如《红色警戒》）中，大学生玩家要在有限的资源和时间内建筑工事、发展科技，操纵不同兵种达到战胜对方的目的，大学生玩家在游戏中是胸怀韬略、统领全局、纵横天下的"英雄"，无论是独自作战还是协同作战，最终的胜利都会使其得到无与伦比的巅峰体验。

从网络游戏这一个案例再推及网络交往的众多形式和载体，其所拥有的多元性、自由性、虚拟性、开放性、交互性等特点都为自我肯定的发展克服了现实的社交障碍，提供了全新的条件和环境，使得压力被释放，自我得到肯定，使得个体在现实中获得新的平衡，实现自我的健康发展。从理论上看，网络交往为满足和迎合个人主观愿望、追求更理想和健全的人格提供了平台，但是，它是不是能够对大学生人格的塑造、自我的成长起到决定性作用还不能下定论，毕竟，大学生自身的心理需求和其所处的社会大环境也还发挥着重要作用。

三、网络交往与角色学习及整合

艾里克森认为，人格发展可以分为八个阶段，每个发展阶段都会面临着"心理－社会的危机"（psycho-social crisis），其中，青少年期（12～18岁）所面临的是"同一性对角色混乱"（identity VS Role confusion）的危机，在这一时期，确立自我同一性，防止角色混乱是青少年需要完成的重要发展任务。[①] 在戈夫曼看来，很多社会交往均由角色统治，如果每个人都能有效扮演好一定的角色，社会交往就可以顺畅地进行下去。美国结构—功能主义社会学家帕森斯在20世纪五六十年代提出了"社会化即角色学习"的观点，青年时期社会化的主要任务是依照社会对青年的要求和标准，学会承担特定的社会角色，即实现期待角色与现实角色的整合。而如何实现角色的整合？事实上，人们生活在社会中，必然要承担一定的社会角色，而这个角色，也会受特定环境的影响，应需应时而改变，并且不是每一个社会成员都能成功扮演好另一种角色。因此，只有不断进行角色学习和整合，才能减少角色失调或角色失败现象的发生。

雪莉·特克（Sherry Turkle）将电脑称为"第二个自我"。"因为网络具有自我建构和自我延伸的功能，透过互联网中介，人们可以重新发明和挖掘自我，塑造自己的新的身份与认同。"[②] 前面谈到，虚拟自我的一个重要特点就

[①] 陈香：《自我同一性理论及其核心概念的阐释》，《前沿》2010年第4期。
[②] 刘燕：《媒介认同论——传播科技与社会影响互动研究》，中国传媒大学出版社2010版，第92页。

是多重的身份和角色。网络社会在所有成员的脸上套上了一层面具,在这个虚拟世界中,人际交往不再以传统意义上的自然人或社会人的角色来进行了,人们获得了一种全新的角色——"数字身份"。数字身份可以分为注册身份和非注册身份,"使用者隐匿了部分或全部真实世界的身份,并决定自己打算呈现的面貌,个人可以借此塑造一个或多或少跟真实世界身份不同的自我。同时,网络社区中人际互动的公共性,也使个人可以轻易地把自己呈现在公众面前,这就像是站在舞台上,表演者在后台隐藏了部分的真实身份,在前台则尽力扮演着观众期待的角色"。[1][2] 而数字身份还具有"可复制性"的特征,一个人可以凭借一个以上的相互独立的身份,投入交往活动之中。

正是互联网创造的虚拟而自由的世界,为人们角色扮演的学习提供了平台,创造了尝试和不断调整的机会。"尽管在虚拟世界,社会成员能成功扮演某种社会角色,但在现实世界中,他不一定能成功扮演这一角色。但由于扮演者在虚拟世界中积累了多次实践的经验,他在现实世界中扮演某种角色失败的可能性便会降低。"[3] 以角色扮演类网络游戏为例,在这个游戏虚拟空间里,大学生玩家不仅仅是单纯地玩游戏,同时也被捆绑在一张虚拟的人际交往关系网中。这样的网络虚拟现实能够让大学生通过角色预演、角色换位等方式,去体会不同角色的情感,去理解不同角色的社会要求和期待。通过角色实践,用网络反馈信息检验自身角色行为,从而把握在现实生活中角色扮演的尺度。

大学阶段是大学生走向社会的过渡时期,对于未来要承担的身份角色,大学生除了需要在交往中加深对自己的认知,还需要在交往中从建构一个身份开始,并且尝试各种各样的角色,从而完成对角色的学习和整合。对大学生而言,虽然他们目前的主要角色是子女和学生,但在社会化过程中,他们希望展示自己最积极向上的一面,这种动机驱使着他们主动去塑造和维护自身良好形象,调节和约束自身言行,不断反省和调适,促进与他人的成功交往。因此,"网络交往角色的扮演有利于个体成长的社会化,让自我发展更具主观能动性"。[4]

美国社会科学家达纳·博伊德(Dana Boyd)认为,青少年在社交网络上设置个人主页是"公开展示身份"。他认为,青少年在其中可以塑造自己的身份,管理自己的网络,朋友通过给彼此留言得到了更多的反馈,增进了感情。尽管这些关系很多很浅薄,但这个过程对学习社交规则来说非常重要,也帮助

---

[1] A. Marc, Smith, Peter Kollock. Communities in cyberspace. London: Routledge press, 1999, p.59.
[2] 郭玉锦、王欢:《网络社会学》(第二版),中国人民大学出版社2010年版,第55页。
[3] 苏振芳:《网络文化研究——互联网与青年社会化》,社会科学文献出版社2007年版,第65页。
[4] 吕夺印:《网络交往对自我认知影响的探索性观察分析》,西南政法大学硕士学位论文,2010年。

青少年处理了地位、尊重、闲话、信任等问题。① 在中国，大学生通过建立自己的网站进行自我展示，建立属于自己的网站，在热点讨论中发表观点，独立探索，寻求答案，在网络空间的交流中去明晰未来发展方向，在他人的评价、认同和质疑中，去有针对性地调整自身行为方式，增强自信，促进自我成长。"青少年在面对多元价值观、人生目标及方向的选择时，往往有一段混乱的时期，他们这一时期极易受到挫折，导致自卑、消沉。网络则提供了很好的保护功能和重塑自我的机会。当一种身份失败时，可以尝试以另外一种身份进入，寻求角色的平衡。"②

总体来看，网络推动着大学生在交往过程中进行身份的尝试，学习扮演好自身角色，实现恰当的自我展示和自我表露，这将使得大学生减少进入新环境所产生的心理不适，也有利于其根据情境和交往对象建构良好的印象，为取得人际交往的成功打下基础。

第三节 网络交往与新的自我同一

一、心理学中的"自我同一性"

1963年，艾里克森首次使用"自我同一性"描述从"二战"返回的士兵正经历生活中的一致性和连续性的缺失的障碍，"这些士兵缺乏的是同一感。他们知道他们是谁，有个人的同一性，但似乎他们的生活不再联结在一起，有一个核心的障碍，称为自我同一性的缺失"。③ 他认为同一性植根于个体和共有的文化之内，部分是有意识的，部分是无意识的，给个体的生活以一致感和连续感。具体表现为内在自我及其与社会、文化环境之间的平衡，本质上是指人格发展的连续性、成熟性和统合感。玛西亚（James Marcia）把自我同一性定义为"一种自我结构（self-structure），是一种个人的驱力、信念、生活经历等内在自我构建而成的动态组织"。④ 大卫·莫什曼（Darid Moshman）认为同

---

① [加] 唐·泰普斯科特：《数字化成长（3.0版）》，云帆译，中国人民出版社2009年版，第52页。
② 马和民、吴瑞君：《网络社会与学校教育》，上海教育出版社2002年版，第160-161页。
③ Jane Kroger. Discussions on Ego Identity. London：Lawrence erlbaum associates，1993，pp. 5-14.
④ 陈香：《自我同一性理论及其核心概念的阐释》，《前沿》2010年第4期。

一性必须承认主观的自我意识，同一性的出现和变化必须依据自我发展来解释。①

中国学者将 ego identity 译为"自我同一""自我认同"或"自我同一性"。黄希庭认为，自我同一性是一个用以说明青年时期心理发展关键、代表人格成熟状态的一个术语，是个体对"我是谁？""我将走向何方"的回答，是一种不再惶惑迷失的感受。②张日昇认为，自我同一性涵盖三方面的内容：一是指在过去、现在和将来的时空当中，"自己是谁？""自己还是原来的自己"等对自我同一性的主观感觉或意识；二是以社会性存在的、确立的自我，即被社会所认可的自己、所确立的自我像；三是一种"感觉"，相当于"感到身体很舒适""清楚自己在干什么"的感觉。③林崇德认为，同一性是个体对自身及生活目标的意识，是在个体心理社会性发展第五个阶段（艾里克森提出的人格发展八个阶段中的第五个阶段即"青少年期"）的危机得到解决后形成的。车文博认为，自我同一性在精神分析中既指自我独立性、连续性和不变性的意识，又指自我具有一定集团和成员之间共同的连带感、价值观、目标追求等。④韩晓峰、郭金山总结对于自我同一性研究的相关内容，认为自我同一性"不是机体自然的成熟，而是一个主动寻求的过程。在遇到新的经历和信息时不断地同化和顺应构成了个体生活的参照框架和关于自己理论的发展，使个体在矛盾的现实中保持人格的统一，标志着自我的发展和人格的成熟"。⑤

可以说，自我同一性的形成是人格发展的重要事件，是青春期和成年期开始的重要标志，它与自我的发展紧密相连，既体现个性，又展现着人格的一致性、一贯性和连续性。同一性的形成和发展持续人的一生，大学时期处于青少年的末期和成年期早期，是建立自我同一性的最关键时期，自我同一性在其个体人生发展中起着不可替代的重要作用。

二、网络交往中"自我同一性"的形成及危机

艾里克森认为，当一个人不能形成自我同一性，就会产生同一性危机，即

---

① 郭金山：《西方心理学自我同一性概念的解析》，《心理科学进展》2003 年第 2 期。
② 郑涌、黄希庭：《自我同一性状态对时间透视体验的结构关系研究》，《心理科学》1998 年第 3 期。
③ 张日昇：《同一性与青年期同一性地位的研究——同一性地位的构成及其自我测定》，《心理科学》2000 年第 4 期。
④ 车文博：《当代西方心理学新典》，吉林人民出版社 2001 年版，第 474 页。
⑤ 韩晓峰、郭金山：《论自我同一性概念的整合》，《心理学探新》2004 年第 2 期。

角色混乱。① 事实上，在现代都市生活中，环境变化速度快、信息流动具有多向性和异质性，当人们不得不面对大量的风险和焦虑时，"同一性危机"会不同程度地产生和存在。同时，"自我同一性"不会孤立自生，会受到环境特征和经验传播的影响。在网络所建立的虚拟空间中，凭借与他人的互动行为，能够映照未曾表露的自我部分，网络成为建构"自我同一性"的实验室。② 这个"实验室"为大学生提供了对话和交往的自由空间和便利，"自我同一性"主要在解决危机和冲突中得以实现。

网络交往中的角色扮演，推动着自我同一性的形成。大学生以数字身份投入交往互动和角色扮演中，同样推动着其自我同一性的实现，也有的大学生因在多重身份中"穿梭"而陷入同一性的危机。刘中起、风笑天对四个城市的768名在学青少年使用OICQ进行网际互动的情况进行调查之后认为，"OICQ虚拟环境为青少年正确理解角色、缓解角色紧张、解决角色冲突提供了反复实践的机会，有助于青少年顺利实现角色扮演，有助于个体的再社会化"。③ 张芦军等学者则认为，网络影响了大学生自我同一性的完善和发展，比如社会自我与个体自我、现实自我与理想自我的同一性，使大学生迷失自我，无法形成清晰的自我概念等。④ 在笔者看来，大学生探索自我同一性和自我表达的过程中，会受到个人成长中习得的社会文化、价值观念和角色定位的影响，网络交往中的"社会期待"也会作用于大学生网络交往中的角色认知和角色实践意识，从而约束、规范甚至控制其角色扮演与角色行为。并且，网络交往背后特定的场景、人物、角色、规范，以及交往主体间的情感交流与互动，都可以使得大学生在这种虚拟的"真实"背后、在更加开放和多元的情境当中，摆脱常规思维模式，促成个人行为与"自我同一性"的协调统一。

对于这一点，笔者持较为乐观的态度，因为调研情况显示，绝大部分受调查的大学生都希望在交往过程中以最好的一面示人，而网络交往中所呈现出来的虚拟自我，不论呈现的是本我、自我还是超我，都是理想中自身应该有的形象。而对于大学生网络交往推动自我同一性形成的特点，我们可以用调研中的一级因素"网络交往自我暴露和情感体验"和二级因素"网上情感体验"的相关结果来进行分析。虽然中西方大学生在相关因素上并不存在显著性差异，但是中国大学生的情感体验更为积极，更倾向于认为与网友交往比和同学实际

---

① 陈小普：《沉溺网络交往对大学生自我同一性发展的消极影响》，《鸡西大学学报》2009年第1期。
② 刘中起、风笑天：《虚拟社会化与青少年角色认同实践研究》，《黑龙江社会科学》2004年第2期。
③ 刘中起、风笑天：《虚拟社会化与青少年角色认同实践研究》，《黑龙江社会科学》2004年第2期。
④ 张芦军、周笑平：《网络文化对大学生自我同一性的影响研究》，《江西金融职工大学学报》2010年第1期。

交往快乐，上网时自我感觉最好，在网上与人交往让人感觉舒服；而中西方男大学生在得分上均高于女大学生，体现出男大学生对于网络交往更多地认可，对于促进其"自我同一性"有着更为显著和有效的作用。

网络交往中的虚拟身份，可能会带来同一性危机。正如"人"（person）的原意就是"面具"（persona），当人们在网上创造和扮演自己挑选的角色时，这个"面具"就成为我们"人格"（personality）的一部分。大学生长期以某个虚拟身份与网友互动、信息交流，就会潜移默化地拥有这个身份所具有的网络特性及其所展现出来的角色特点。然而，现实世界与虚拟世界同时存在，大学生同时生存于其间，并遵守其游戏规则，如果不能及时转换，将会导致人格上的冲突，面临着同一性的危机。而同一性危机带来的严重后果就是主体自主性的丧失，具体表现是主体责任感的削弱，在网络中无规则意识地任意而为；或者是自我多角色转换能力的丧失，陷入某一虚拟身份而无法自拔；或者满足于虚拟的创造性活动，占用了交往主体大量的时间，失去推动自我发展的机会。因此，有人这么说："OICQ 上的一个拥抱，永远不能取代现实世界中一个实实在在的拥抱，互联网上再多的情感交流，最终也代替不了真实生活中的灿烂笑容和深情凝视。"[①]

三、网络交往使自我从"分裂"走向新的"自我同一"

上文提到网络交往中交往主体以多重的身份进行网络交往活动，也体现为个性化的网名。网名是网络交往主体"自我"的符号象征，在虚拟空间中，交往主体点赞、发表评论所表达的情感和所使用的言语都"附着"在那个看似抽象的网名上，充实和丰富着网名的内涵和意义，使"自我"以网名的形式存在于网络交往中。在调研中，中西方大学生取网名随心所欲，讲求可爱好听，使用方便，能够隐蔽自己，而西方大学生还倾向于取另类有趣的网名，并且都有着多个网名。在网络交往中，多个网名的同时使用，使得数字身份更为复杂多元，"自我"可以分身无数甚至同时扮演不同的角色，甚至可以说，"自我"已经借助于网络而公然分裂了。

有学者认为，"自我"在网络上的分裂不代表其无法达到同一。"与其说网络身份的多重性和多样性是'自我'不同一的主要根据，不如说在一定的历史阶段和社会条件下，'自我'分裂正是达及新的同一的环节。……新的'自我'同一意味着更高层次、更深程度上的自我实现，与马克思主义提倡的

---

① 刘中起、风笑天：《虚拟社会化与青少年角色认同实践研究》，《黑龙江社会科学》2004 年第 2 期。

人的自由而全面发展具有逻辑上的一致性。"① 姑且不论交往主体如何看待其所扮演的网络角色和现实角色的关系，网络上"自我"的分裂是积极和自愿的，是对现实中单一、片面的"自我"的一种弥补和完善，是实现新的自我同一的一种积极而有效的方式。

网络上"自我"的分裂其实正表现着那个多样性、个性化的"自我"，因为，人的自我同一性也正是通过人的多样性需求所表现出来的。同时，自我不仅表现出分裂，还可以同时保持几个不同的身份，"个体一方面可以塑造一个有别于真实世界身份的人格认同，另一方面也可以同时维护数个不同的身份，个人因而可以更加主动地塑造一个全新的自我以及相应的人际关系"。② 此外，网络交往方式还将个体放置于多元分层的交往结构中，使得多元的需求、价值观念、生存状态等打破传统的单色调的文化对个体的束缚，让个体的人格得以充分表达和舒展。

如上所述，自我同一性不能孤立地自生，要达到自我同一的协调统一，避免因为虚拟交往带来的自我同一的危机，关键在于加强虚拟交往的主体性培育。虚拟交往的主体性，主要表现为交往主体的自主性，而自主性是个体主体性最核心的规定性。对于自主性的内涵，科恩（И. С. Кон）的论述是有代表性的。他说："自主和自由一样，有两个尺度。第一个尺度描述个体的客观状况、生活环境，是指相对于外部强迫和外部控制的独立、自由、自决和自己支配生活的权利与可能。第二个尺度是对主观现实而言，是指能够合理利用自己的选择权利，有明确目标，坚忍不拔和有进取心。自主的人能够认识并且善于确定自己的目标，不仅能够成功地控制外部环境，而且能够控制自己的冲动。"③ "人回归到人自身是主体性的集中体现，其中的主要内涵是对人的自主性、能动性、创造性的认同和培育。"④ 一个具有自主性的人往往善于确立自己的方向和目标，成功地把控外部环境和抑制自己的冲动。对于大学生群体的主体性培育，网下的教育仍然要发挥主要作用，大学生只有具备了自我认知和自我控制的能力，在进行网上交往时，才会拥有更全面的自我选择和自我塑造的能力，从而有效地实现自我的和谐统一。

同时，虚拟交往的主体性培育也取决于大学生自我意识的能动认知、感悟和平衡、整合。"网民自我意识的综合结果，很大程度上取决于根据具体的网

---

① 陈井鸿：《网络交往与"自我"认同》，《江海纵横》2007 年第 6 期。
② 刘中起、风笑天：《虚拟社会化与青少年角色认同实践研究》，《黑龙江社会科学》2004 年第 2 期。
③ 伊·谢·科恩：《自我论：个人与个人自我意识》，佟景韩、范国恩、许宏治译，生活·读书·新知三联书店 1986 年版，第 407 页。
④ 李辉：《网络虚拟交往中的自我认同危机》，《社会科学》2004 年第 6 期。

络互动语境下网民对'网络我'和'现实我'的整合、协调与平衡,这样才能维持一个有意识的、完整的、人格化呈现的'网民自我'的一致性、整体性和同一性。"① 可以说,随着大学生年龄的增长、社会化范围的不断扩大,他们对自我生命的横向发展亦有了新的启蒙和领悟,他们对处于客体地位的自我的认知就更为客观公正和全面。从某种意义上来说,网络交往以其自身独有的形式在通往人自由而全面发展的历史征程中迈出了极有意义的一步。

本章小结

网络交往的强交互性有利于推动自我的发展,尤其是大学生在网络交往过程中能通过多重身份的尝试与转换,通过满足潜意识的需求等方式使"本我"得到释放,使自我发展更为立体和成熟。相比较而言,西方大学生在交往中更注重言行的标新立异和生动有趣,自我展示更为彰显个性,自我暴露也更多,更善于、也更有动力去建立新的人际关系。中国大学生虽然也注重在网上表露真实的自我,去寻找同好,但在自我暴露和个性展示上稍显拘谨和保守。

同时,网络交往还能推进中西方大学生自我认知的深化、自我意识的增强以及新的自我同一性的形成。在具体表现上,西方大学生更注重对未知信息的探求和多类型信息的碰撞,更有利于其自我意识的增强和自我的发展;中国大学生开始从关注身边事物延伸到关注公共事务,同时,更积极地在网上自我展示或与人开展多话题的沟通,对网络交往的认识和体验更加积极,呈现出推动自我发展的良好趋势。

---

① 郑傲:《网络互动中的网民自我意识研究》,电子科技大学出版社2013年版,第27—28页。

第五章 群体中的互动：网络交往与活动组织

第一节　网络交往中的大学生群体

一、网络互动中的大学生同辈群体

交往，从广义来看，存在人际、群际、国际的互动。上一章我们研究的是网络交往对大学生网民个体自我发展的作用，本章将把侧重点放在大学生群体上，即研究如何通过网络交往推动大学生群体内、群体间的互动，以及最终这种互动对大学生的自我社会化产生的影响。

（一）大学生同辈群体及其特征

当代大学生个性鲜明、思维活跃、需求多样、乐于表现、崇尚自由，有着强烈的参与意识、平等意识、自我意识乃至叛逆意识。在谈及大学生群体时，有一个非常重要的概念，即"同辈群体"（pear groups），也有人称之为"同伴群体""同龄人"等。同辈群体是一个人成长发展的重要环境因素之一，在大学生成长发展的过程中，同辈群体同样会起到重要作用。

社会学家戴维·波普诺（David Popenoe）将同龄人通过这类自由平等结盟关系形成组织的"同辈群体"或"伙伴"，定义为由社会地位相当，年龄相仿，兴趣、爱好、行为方式大体相同并有较多互动的人组成的非正式群体。[1] 米德认为，在现代社会，同辈群体的影响甚至大到改变传统文化传递方式的地步。[2] 社会学家亚历克斯·蒂奥（Alex Thio）认为，同龄人群体的重要性在于，学生们可以在其中感受到平等，同龄人群体能够教会他们从权威中独立出来，教给他们技巧和对群体的忠诚，以及平等个体间的友谊与伴侣的价值观。同龄人群体常会有带有他们自己价值观、专用语、音乐、服饰和英雄的独特文化，并把声望、社交领导力、体育水平放到更为重要的位置。[3] 而心理医学家迈克尔·哈斯乌尔（Michael Hausauer）发现，青少年和年龄更大一些的成年

---

[1] ［美］戴维·波普诺：《社会学（第十版）》，李强等译，中国人民大学出版社1999年版，第158、173页。
[2] 周晓虹：《现代社会心理学》，上海人民出版社1997年版，第12页。
[3] ［美］亚历克斯·蒂奥：《大众社会学》，丛霞译，人民邮电出版社2012年版，第95页。

人"对同龄人生活中发生的事情具有令人震惊的强烈兴趣,同时,他们对远离这个圈子表现出一种令人震惊的焦虑"。① 克拉克(B. R. Clark)通过研究美国的中学生和大学生中的同辈群体,将大学同辈文化分为四种类型,即学术型亚文化、玩乐型亚文化、职业型亚文化和非顺应型亚文化,分类的参照标准来自校外社会群体及其意识形态。②

在我国,也有很多针对"同辈群体"或"同龄群体"的研究。郑杭生认为,"所谓同龄群体是指由那些在年龄、兴趣爱好、家庭背景等方面比较接近的人们所自发结成的社会群体。同龄群体也是个人社会化的一个重要环境因素"。③ 陈万柏等将"同辈群体"界定为"由家庭背景、年龄、爱好、特点等方面比较接近而形成的关系较密切的群体"。④ 就群体特征而言,陈正良认为"同辈群体"具有较强的内聚力,基本上是平等关系交流,交往的内容广泛,有自己的亚文化,一般有较强的权威性的核心人物。⑤ 陈毅松则认为,"同辈群体"具有较强的内聚力,成员关系基本平等、相互联系密切,群体成员中一般有核心人物发挥较大的影响力,有自己的群体文化。⑥ 笔者认为,同龄群体或同辈群体主要是指年龄相仿、兴趣爱好相似、行为方式大体相同的这样一个社会群体,但是随着社会分层加剧,大学生在家庭背景方面相较以前差异性会更为显著。同时,同辈群体内相对比较平等,具有较强的凝聚力和独特的交流方式,并体现出自身的亚文化特点,但是,随着网络虚拟交往范围的扩大,同辈群体被赋予新的特点,这将在后面的章节中进行论述。

无论是中国还是西方,人们都很看重同辈群体对于青年群体的重要作用,它对青年有着强烈的吸引力、凝聚力,对青年实现自我社会化具有不可替代的作用。同辈不会强加既定的价值信念给大学生,使大学生"能够脱离父母或其他成年人的社会教化,自由自主地去满足自我需求"。⑦ 同辈群体中的交往,会成为青年交往历程中的重要历史和情感记忆,正如日本学者山崎正和所说,社会交往"是一种倾向,对一定的人们进行分割,让他们成为同类人群。不妨说,它是一种可成追忆的关系,一定的人群反复聚会,聚在一起,就可望出

---

① [美] 尼古拉斯·卡尔:《浅薄——互联网如何毒化了我们的大脑》,刘纯毅译,中信出版社 2010 年版,第 128 页。
② 吴康宁:《教育社会学》,人民教育出版社 1998 年版,第 233 页。
③ 郑杭生:《社会学概论新修》,中国人民大学出版社 2002 年版,第 89 页。
④ 陈万柏、张耀灿:《思想政治教育学原理》,高等教育出版社 2007 年版,109 页。
⑤ 陈正良:《同辈群体环境对青少年发展的影响》,《宁波大学学报》(教育科学版)2004 年第 5 期。
⑥ 陈毅松:《思想政治教育中同辈群体的作用分析与对策研究》,《求实》2006 年第 9 期。
⑦ 郭玉锦、王欢:《网络社会学》,中国人民大学出版社 2010 年版,第 323 页。

现相同的心情"。①

(二) 网络交往中的同辈群体

被誉为"数字经济之父"的唐·泰普斯科特（Don Tapscott）这样看待新媒体的独特之处："纸媒公司和电视网络等级森严，反映着所有者的价值观，他们都是由上而下的组织，而新媒体则由所有用户掌控，是个自下而上的组织，这是新一代的关键。……媒体从单向的广播变成了互动的媒体，对 N 世代产生了深远的影响。"② 新媒体的这些特点为互联网背景下的同辈群体交往注入了更多的生机和活力，让大学生在全球化的背景下，建立和维持范围更大的社会关系网，朋友数量会增加数倍，朋友的年龄层、居住地更加多样，推动着大学生的社会化进程。而网络媒体也使得在一个高度流动的社会，通过社交媒体等平台，为大学生提供了"一块共同的基地"，让不同国家和地区的大学生在一起，通过共同的媒体体验和产品，形成文化认同的基础，最终形成具有时代特征的"青年亚文化"。

对于"网络同辈群体"，姚俊等学者认为，它是指青少年在网络中通过各种方式所认识的并与之进行交往的年龄相近、进行频繁互动、认同相似的价值与态度、彼此之间有情感上的支持、进行各种信息和经验交流的人组成的一种非正式的群体。③ 陶佳等学者认为，同辈群体可以弥补青少年在成人世界中的心理失衡，成员在同一年龄阶段，处在一个平等的交往位置；而虚拟的同辈群体有着传统同辈群体所无法比拟的更加广阔、自由和平等的交往空间，它更能够吸引青少年的参与。④ 对此，有学者将网络同辈群体称为"键盘伙伴"，认为其与传统意义上的同辈群体相比，具有更大的群体规模和更为离散的群体结构，但又有着脆弱的群体规范和相对较轻的群体压力，有着特殊的凝聚力。⑤

而在美国社会学家眼中，网络同辈群体被视作"N 世代"（net generation），无论事关政治、教育还是家庭，无论是在工作还是消费中，"他们都在用'促成'文化代替着'控制'文化。……他们崇尚自由和选择权，追求个性化，喜欢交谈，讨厌说教，天生就善于协作，他们会仔细监督你和你的组织，坚持做正直的人，就算是在上班或是上学，他们也想过得更有趣，速

---

① ［日］山崎正和：《社交的人》，周保雄译，上海译文出版社 2008 年版，第 58 页。
② ［加］唐·泰普斯科特：《数字化成长（3.0 版）》，云帆译，中国人民大学出版社 2009 年版，第 22 页。
③ 姚俊、张丽：《网络同辈群体与青少年社会化》，《当代青年研究》2004 年第 4 期。
④ 陶佳、魏玲：《谈网络虚拟同辈群体对青少年的积极影响》，《才智》2012 年第 11 期。
⑤ 马和民、吴瑞君：《网络社会与学校教育》，上海教育出版社 2002 年版，第 167 页。

度才是生活的常态，创新就是生活的一部分"。① 总体来说，现实生活中大学生与同辈群体交往的时间和空间毕竟有限，网络中的同辈群体却是十分庞大的。

二、网络交往中的青年自组织

由于受改革开放和市场经济的影响，中西方高校大学生的价值观念和生活方式都发生了变化，他们身上的潜在本能要求他们迅速摆脱传统组织的束缚和制约，最大限度地实现社会参与。随着智能手机上网的普及，网络媒体所具有的信息即时传播和群体互动分享的功能，为网络青年自组织的发展和活跃提供了平台与载体。在中国，随着高等教育改革的推进，有的高校实施完全学分制管理，班集体概念逐渐淡化，传统党团组织、学生会等的吸引力、凝聚力减弱。当大学生的意愿和诉求得不到传统组织的有效反馈时，他们为了找到同好、寻求认同、展示自我，就会突破原有组织的时空界限，另寻新的途径和载体，由此，网络青年自组织因"网"而兴，成为青年学生结成群体、相互学习交流的重要空间。越来越多的青年凭着共同的兴趣、爱好和理想，自发组成自己的小"圈子"，在网络自组织中不断寻求和实施自己的权利，在活动中发挥自己的作用、体现自己的价值，这已经成为一种社会趋势。

（一）何为网络青年自组织

哈耶克（Friedrich August von Hayek）将"自组织"看作只能来源于系统内部力量的协同而创造的一种"自生自发的秩序"。自组织是一种自发兴起、自主建立、自我管理的组织形态②。在社会转型期，青年群体中出现了观念多元化、价值多元化和参与自主化等趋势，在此背景下，青年人按自身的不同需求成立了新型的社会组织，即青年自组织。青年自组织以参与社会生活、展现表达自我和寻求时尚休闲生活为主要内容，在较短时间内实现了较快的发展。

随着网络的兴起和普及，青年们借助于网络平台，又以兴趣爱好为动力，自愿聚集在一起，形成具有一定影响力的网上青年群体。网络青年自组织作为非正式组织，正超越班级、学校、地域和民族的限制，对青年成长环境的营建，对青年的成长成才发挥着直接的影响。王玉香等认为，"网络青年自组织，就是青年以网络为载体而自发组织形成的非正式组织，是青年自发构建的

---

① [加] 唐·泰普斯科特：《数字化成长（3.0 版）》，云帆译，中国人民大学出版社 2009 年版，第 8 页。
② 袁婷：《论新媒体视域下的高校青年自组织的建设》，《铜陵学院学报》2013 年第 2 期。

直接影响个人发展的微系统"。① 祝伟华等认为,"网络青年自组织是以虚拟网络为交互平台,以 BBS、QQ 群、博客、校友录、网页等为载体,由背景相似、兴趣相投、认识相近、情感相依的人组成的非正式群体"。② 根据西安市团委 2008 年年底对 59 600 多名大学生进行的专题调研,调查对象中有 77.8% 的人参与了不同类型的一个或多个网上青年自组织;66.35% 的人认为网上青年自组织的活动正在成为他们生活中一种不可或缺的常态方式。③

(二) 网络青年自组织的类型和特征

虚拟环境下的大学生网络自组织有着多种类型。从大类来讲,一种是因为现实联结而形成的网络自组织,如班级、社团的网络群组;另一种是典型的自发自生的自组织,往往处于无人监管、自由发展的状态。按组建需求来分,主要有地域亲缘型、兴趣爱好型、学术实践型、公益服务型等。我们可以列举的网络青年自组织的媒介载体主要有:微信群、QQ 群、人人网、百合网、开心网等。综合性论坛有百度论坛等,专业论坛有榕树下等文学论坛,其他兴趣爱好论坛如摄影吧等,教育培训论坛有大家论坛、考研论坛等。

从特征上看,网络青年自组织具有自发性、自治性、灵活性、即兴性、网络化和趣缘性等特征,④ 更有学者从网络青年自组织的形成、运转、内容和主体等方面进行了全面的总结,认为其体现出如下特点:存在的普遍性与种类的多样性、形成的自足性与运转的开放性、暂时的集结性与固化的常态性、较高的开放度与较低的信任度、参与的主体性与需求的多元性。⑤ 参与网络自组织,已经成为大学生中普遍存在的现象,甚至已经发展成为一种生活方式。具体来看,网络交往使得大学生的交往空间和范围更宽广,交往内容更丰富、方式更灵活、主动性更强,基于群体的共同诉求,成员间相互协作,并自愿聚合形成组织,在现实中表现出一种自发性、主动性、规范性,以及沟通融入的渴望和期待。

就网络青年自组织而言,它以虚拟的形式存在,其运转具有"开放性",外在边界不仅模糊,且不断被打破,使得自组织总是保持着一种发展的张力,加入网络自组织的门槛低,较少有硬性规定,参与程度也多取决于成员的个人

---

① 王玉香、王俊燕:《网络青年自组织的特征解析》,《中国青年研究》2014 年第 9 期。
② 祝伟华、沈海华:《浅论高校网络青年自组织建团研究》,《教育教学论坛》2013 年第 4 期。
③ 张华:《网络时代:青少年社会化方式的转变与共青团团结凝聚青年自组织的策略》,《中国青年研究》2011 年第 2 期。
④ 袁婷:《论新媒体视域下的高校青年自组织的建设》,《铜陵学院学报》2013 年第 2 期。
⑤ 王玉香、王俊燕:《网络青年自组织的特征解析》,《中国青年研究》2014 年第 9 期。

意愿。而网络自组织的产生是来自大学生的现实需求，它们因某个目的和需要而聚集，也会因集结性事件的结束而自由解散，当然也有在这个组织中沟通交流好的成员再同时加入另外一个自组织而进行再联结。同时，还有一些网络自组织是建立在现实联系的基础上，比如班级群、社团群或是校友会、同乡会等，这些组织往往是线上交流与线下活动有机结合，成员之间的联系紧密，组织的凝聚力较强。大学生加入网络自组织主要是自愿和自主加入，成员之间沟通相对较为自由，尤其是与现实中不认识的人交流，更是不会有太多顾虑，心理上会有较强的安全感。但是，顾虑少，交流又具有隐蔽性，无法监控信息的误传，也会使交流缺乏信任感，相互间有了防范心理。加入自组织的自主性也会导致退出的自由性，而参与的积极性也往往取决于群体成员个人愿望和需求是否得到满足，比如，归属认同感的需要、娱乐休闲的需要、益智增能的需要、追求时尚潮流的需要等。

尽管网络虚拟环境能使青年突破时空的限制，通过自组织满足自身多样化的需求，但网络交往的先天不足也使得网络自组织正由单纯型向混合型发展，由线上活动逐步向现实生活中集结，虚实结合的趋势更加明显。

（三）中西方大学生参与网络青年自组织的情况

1. 问卷调查的相关情况

根据笔者的问卷调查，中西方大学生中绝大多数都比较固定地参加了一个以上的网络群组（交际圈），有近半数的中国大学生、近三成的西方大学生参加了3～4个网络群组，而参加了7个以上网络群组的中西方大学生均超过一成，西方大学生还达到了15.3%。可以看到，中西方高校中的网络青年自组织通过网络群组等平台和媒介，已经具备了影响大学校园乃至社会的重要群体力量。

根据问卷调研的结果分析，在所参加的网络群组类型方面，中西方大学生存在着显著性差异。中国大学生参加现实生活中的朋友群和自己感兴趣群的比例远高于西方大学生，尤其是参加现实生活中的朋友群的比例高达近八成，可以看出中国大学生在交往形式上存在较为明显的由现实交往向网络交往延伸的趋势，而在加入网络群组时非常强调兴趣导向。而西方大学生参加通过网络认识的网友群的比例比中国大学生更高，在利用网络群组拓展交往范围方面程度更深，虚拟交往的程度更高，参与的网络自组织的类型也更为多元。

2. 访谈调查的相关情况

在通过问卷了解被调查中西方大学生参加网络群组的基本概况的同时，考虑到个人参与群体交往的内容、方式、动机和效果差异很大，笔者还在广东外语外贸大学的中国大学生和来华留学生中根据年龄、年级、专业、性别、国籍等信息随机选择14个访谈样本，采用结构化与半结构化访谈法相结合的方式，在形式上有的通过在线访谈，有的通过面对面访谈，既保证原创性访谈提纲问题的全覆盖，又期望通过相对非正式的问题内容、提问方式获得访谈对象更为真实的陈述。在访谈中，程序通常为：先逐个按照提纲问题（见附录D）发问，同时根据该问题的核心思想做适当延伸和补充发问，目的在于引导访谈对象做更多的想法陈述。访谈调查的基本情况如表5-1所示。

表5-1 受访者的基本情况

代号及昵称/名字	国籍	性别	年龄	年级	专业	访谈方式
A1	中国	女	21	大二	国际经济与贸易	面对面
A2	中国	女	20	大二	ACCA	面对面
A3	中国	女	20	大三	审计学	面对面
A4	中国	男	22	大二	会计学	面对面
A5	中国	女	21	大三	审计学	面对面
A6	中国	男	22	大三	英文	网上访谈
A7	中国	女	21	大二	商英	网上访谈
A8	中国	女	21	大二	网络与新媒体	网上访谈
B1	俄罗斯	男	20	大四	商务汉语	面对面
B2	西班牙	女	21	大四	西、英、汉复语翻译	面对面
B3	西班牙	男	21	大四	西、英、汉复语翻译	面对面
B4	美国	女	21	大三	国际商务	面对面
B5	意大利	男	23	硕士二年级	国际商务	面对面
B6	意大利	女	24	硕士二年级	国际关系	面对面

在线上访谈和线下交流中，笔者也专门了解了受访者参与网络群组的数量和类型。

表5-2 受访者参加网络群组的基本情况

代号及昵称/名字	国籍	数量	类型
A1	中国	很多,数量也不记得了	班级群、社团群、同乡群、亲戚群
A2	中国	比较大的有10个左右,小规模的群很多	社团群、工作群、班级群、亲戚群、兴趣群
A3	中国	群太多数不清	班级群、好友群、亲戚群、社团群、兴趣群
A4	中国	136个左右	班级群、社团群、兴趣群
A5	中国	大概有100个	班级群、社团群和工作群
A6	中国	没算过	班级群和社团群
A7	中国	70个	班群、社团群、追星群
A8	中国	50个左右	班级群、社团群、小组作业群、兴趣群
B1	俄罗斯	10多个	班级群、活动群、兴趣群、搞笑群
B2	西班牙	20个左右（活跃的只有5个左右）	班级群、朋友群、志愿活动群、兴趣群
B3	西班牙	20个左右（活跃的只有5个左右）	班级群、亲友群、兴趣群
B4	美国	不到10个社交网络群	亲属群、工作群、兴趣群
B5	意大利	30个左右	活动群、朋友群、班级群、兴趣群
B6	意大利	15个左右	朋友群、兴趣群

在表5-2中可以看到,受访的大学生中有3名中国大学生没有加入兴趣群体,其他大学生所参加的群基本都包括了因现实联结而形成的群,以及因共同兴趣爱好而组建的群。

三、大学生网络青年自组织的作用及其表现

学者吴大品认为,"人类组织之所以有别于其他形式的组织,在于人类能互相沟通:没有思想感情的交流,就不可能有社群存在。创造社群关系、维系

社群团结的,正是彼此沟通,而非以楚河汉界来排斥异类。事实上,社群是一种社会形式,可让大家感到有所归属"。① 从问卷和访谈的情况看,往往是一个大学生加入了数十个甚至上百个网上自组织,甚至可以同时参加多个自组织的活动,主要原因在于大学生需求、爱好的多元化,而这些自组织能够从不同层面、不同角度为他们提供学习上、生活上、情感上和心理上的支持与慰藉,能够使他们得到多方面的支持和多领域的收获。

(一)圈子交往中的"心"表达

虽然大学生的交往重视"圈子",但网络媒体又为他们创造条件跳出"圈子"、拓展"圈子",通过突破时空的限制,在虚拟空间中帮助大学生克服交往的自卑、害羞和恐惧感,增强人际交往能力。在我们的访谈中,中国大学生A1说:"加入一个社团就是兴趣相近或者技能相近,就会比较有话聊……说得多了也就了解更多了,再加上风趣的语言烘托,就会拉近彼此的距离。"大学生A3说:"最喜欢好友群和班级群,都是臭味相投的人,说话不用很刻意,氛围很好很舒心。"大学生A5说:"离家在外也感觉到了和儿时的玩伴、九年的同窗保持情感联系的需要……现实中相同的社交圈让我们有更多的共同话题,而适中的人数保证了我在网络上能够和群里的人保持较为紧密的联系,这两个条件带给我网络关系的安全感和归属感。"西方大学生B1和B2都说:"兴趣群里的相处比较随意,可以开开玩笑。"B3说:"喜欢亲戚群里的氛围,可以分享家人和亲属小孩子的相片。"可以看到,网络青年自组织所具有的轻松、自由和平等的组织文化满足了大学生渴望打破权威、追求自由和情感支持的内心需求。

在通过网络自组织沟通交流、休闲娱乐的同时,大学生也热衷于通过自组织来奉献爱心、服务社会,逐渐向社会公益和慈善事业靠拢,一个爱心社社长说道:"其实,当代青年并不缺乏责任与爱心,只是缺乏爱心'落地'的渠道。"② 活动平台的拓展,使大学生在更大的范围中不断尝试和积极进取,使得自我不断发展完善,"通过履行在共同体中的一种职能而获得的自我感,比起那种取决于直接的个人关系(其中包括优势和劣势的关系)的自我感来,更为有效……还是一种更高级的形式"。③ 例如,"微博为人们,特别是青年人提供了一个公共平台,让他们表达自我;因此,自我认同较强的人会显现出更

---

① 吴大品:《中西文化互补与前瞻——从思维、哲学、历史比较出发》,徐昌明译,海洋出版社2014年版,第105页。
② 叶美娟:《青年自组织:网络串起公益群体圈》,《河北日报》2008年6月4日第10版。
③ [美]乔治·H.米德:《心灵、自我与社会》,赵月瑟译,上海译文出版社2005年版,第245页。

强烈的表达意愿"。① 总体来说，网络青年自组织往往是大学生内在诉求的归属与依靠，是自我认同的场所与平台，是内在能量释放的重要空间，也是自我隐秘的心灵一隅。

（二）组织文化中的"软"制约

网络空间具有开放性和隐匿性，因此，网络交往中大学生可以放下担心和顾虑，把自己在现实中的行为方式和生活习惯带到网络中，也可以把内心压抑的想法和希望展现的个性表露于网络中，从而使得网络青年自组织中的交往内容、形式和话题呈现出多样性，体现了多元化的群体文化和价值观。不过，青年自组织要能够确保组织目标的实现，维持均衡、达到整合的目的，组织中的成员还必须共享价值标准，按照自身角色行事，遵守基本的规范和秩序，以免形成离异或冲突的文化模式。

从参加网络群组的目的来看，中国大学生选择的前三项分别是相互交流学习、加入有共同话题的群体和结交对自己有益的朋友；西方大学生选择的前三项分别是加入有共同话题的群体、相互交流学习以及无明确目的。对于网上群体交往，中国大学生最看重的是有着共同的兴趣爱好、共鸣，话题广泛而多样，以及可以自由发表观点；西方大学生则看重自由发表观点、无时间限制以及交流方式灵活。从调研结果来看，中西方大学生都看重网络群组中建立在共同兴趣爱好之上的共同话题。当大学生在自身需求的驱使之下自觉自愿加入这些组织时，就是主动创造机会融入一种群体的文化，受到这个群体规范的"软"制约。在访谈中，无论是中国大学生还是西方大学生都提到，当群里出现发广告、讨论与该群主题无关的内容、发歧视性语言以及发生激烈争执的情况时，群主会出面提醒、协调或是直接让相关的人退出该群。

有的网络青年自组织将活动从线上发展到线下，体现出极强的组织凝聚力和活动管理能力，比如在有的网络虚拟游戏中，通过扮演不同角色，成员之间分工合作、并肩作战，形成了一种团队文化和精神。正如英国社会学家齐格蒙特·鲍曼（Zygmunt Bauman）等人所说，"从我们置身的环境中做出某种选择，意味着挑选参照群体（reference groups）。我们就此找到了一个群体，根据它来衡量我们的行动，为我们所欲求的东西提供标准"。② 因此，大学生在

---

① Caihong Jiang, Wenguo Zhao, Xianghun Sun, et al. The effects of the self and social identity on the intention to microblog: An extension of the theory of planned behavior. Computers in Human Behavior, 2016, 64.
② ［英］齐格蒙特·鲍曼、蒂姆·梅：《社会学之思》（第二版），李康译，社会科学文献出版社 2010 年版，第 24 页。

不同情境下的穿着打扮，交往谈吐，一言一行，都会不同程度受到所选择的参照群体的影响。对于"90后""00后"大学生，有学者认为他们在网络交往中体现的是"松圈主义"，"不像多生子女那么有团体意识，也不像'80后'那么自作主张，他们喜欢圈子，需要归属感，但不代表他们乐于听从组织的要求。他们不是集体主义者，但也不是个人主义者"。① 在这种观念的影响下，"90后""00后"大学生的社会交往、志愿活动等都受到群组文化的"软"制约，呈现出"小圈子"的特点。

（三）群体空间中的"负"能量

网络自组织的自主性、自发性、管理松散和成员冗杂等特点，使得组织内部缺乏有力约束，时常会产生或传播不良或虚假信息，有时会被别有用心的人利用，有时会误导社会舆论，或是破坏社会公共秩序、制造社会矛盾。

对于高校的网络青年自组织而言，"他们'免疫性'和'理性成熟度'似乎追赶不上不法网络组织的'深城府'和'善伪装'，这些带有浪漫理想和满腔热血的高校网络自组织成员往往成了带有利益倾向的网络舆论的追随者，他们的思维判断力和理性思考能力在不知不觉中'被劫持'"。② 对于网上群体交往的不尽如人意，中西方大学生都有着这方面的认识。在问卷调查中，在网上群体交往消极作用的认识上，中西方大学生存在着显著性差异。从相同点看，他们都认为网上交往容易受到群体影响，导致其做出非理性的判断，还容易造成网瘾，影响正常工作学习，还会对自我认识产生错觉，甚至造成人格障碍。然而更多的中国大学生认为网上交流的内容肤浅、垃圾信息多，匿名会带来各种不道德言行；而西方大学生认为"网上群体交往易让人产生依赖，对现实人际交往产生不良影响"的比例高于中国大学生。在访谈中，中国大学生 A1 对网上群组中存在的性挑逗和攻击行为评论道："隔着屏幕就能够抛下羞耻心和教养，大肆发泄自己的情绪，言语挑逗，对他人造成侮辱。"大学生 A2 认为，网上存在争执的现象"很大程度是因为大家好像觉得网上说话不用负责任"。西方大学生 B4 说："曾经出现过不愉快的事情，有并不熟的群成员想加好友甚至挑逗。"B5 说："有的网友会发歧视性语言，还有朋友遇到过网友跟踪个人信息的经历。"

同时，高校网络自组织的青年成员来自于不同学校和地区，对社会问题反

---

① 沈虹主编：《90后的数字生活——90后大学生研究报告》，机械工业出版社2012年版，第33-34页。
② 刘冰冰、花鸥：《高校网络青年自组织发展风险防范对策研究》，《安徽广播电视大学学报》2012年第3期。

应快、较敏感、易偏激,对于错误观点的传播易产生"扩散效应",加之从众心理的影响,有时还会爆发一些非理性的群体性事件。在现实生活中,又常常会出现有学生管理者参加的网络青年自组织被大学生所屏蔽或是被"边缘化"的情况,比如中国大学生 A7 说:"班级群有好几个,一个通知群,一个非通知群(里面有辅导员、系主任之类的),还有一个是同学们的'水群'(大家聊天比较多的)。"这使得不少教育管理者与大学生的交往名存实亡,难以与学生进行真正有效的思想交流、沟通与碰撞。

因此,面对着网络青年自组织的现实表现,社会教育组织和高校学生教育管理者应当深入研究其发展特点和趋势,加强对组织内舆论动向的跟踪,及时掌握大学生的关注焦点和思想动向,利用好网络自组织在价值引导、信念支持、情感共鸣等方面的优势,突出其组织文化育人的功能,使网络青年自组织成为新视角的提出者、新思想的倡导者、新问题的发现者,从而建设良好的校园网络文化环境。

第二节 以活动为导向的网络交往

一、网络媒体背景下的校园活动

网络媒体技术的发展不断推陈出新,其功能不断实现融合,社交趋势日益凸显,碎片式、聚合化的表达和沟通变得无处不在,无时不有,人人手上都有了一个"大众麦克风"。大学生们不仅走在网络媒体使用的前沿,熟练把握微信、微博等网络媒体通道,他们也希望通过这个通道,更积极地参与校园内外的活动,积极地发出自己的声音,以此推动活动开展,实现自我价值。

(一)校园活动在网络媒体背景下所面临的挑战

传统的校园活动对于一所高校大学精神的塑造、先进文化的传承和校园氛围的营造发挥了重要作用,在网络媒体时代,面对着社会发展的新要求、环境变化的新挑战以及高校学生的新需求,传统校园文化活动形式呈现出信息传递慢、互动性差、覆盖面有限等特点,面临着不小的挑战。

1. 环境的变化

传统的校园活动是大学生在学习之外的主要选择，而今，校园活动已经成为开放性的全社会参与的活动，大学生可以通过网络了解更多校园内外的活动信息，甚至把视野投向全球范围，因此，形式呆板、内容陈旧的活动已经无法有效地调动大学生的参与积极性。传统校园活动宣传的途径也较为单一，如课堂通知、海报宣传等。在网络媒体时代，大学生获取信息的方式众多，如网站、即时通信、社交平台、搜索引擎、新闻客户端等，单一的传播方式已不能有效吸引大学生，多媒体的传播方式和立体化的沟通方式成为活动开展的常态。在访谈中，中国大学生 A2 认为，在网络群组里组织大型活动"能通过网络收集更多方面的信息，更节省时间"。A3 认为，相比没有网络时，"过程没有那么烦琐，组织相对容易"。A5 认为，"网络能让不在一处的人同时讨论，信息没有延时性，使活动效率大大提高，并且活动的信息传播范围更广，参与者更多"。西方大学生 B1 也认为，通过网络"组织活动更加迅速，参与者讨论更方便"。

2. 主体的变化

新的技术手段使大学生在关注现场活动之外，可以实现线上和线下的无缝互动，同时还可以让不在场的人通过网络参与其中，从而改变现场参与者为单一主体的状况。同时，还可以使不同年龄层的人，比如老师和校友等参与到活动中来，实现从单一主体向多元主体的转变，为大学生提供更为广泛的共享空间。此外，活动的主体在时间分配上也有了变化，要吸引大学生的注意力并使其积极参与，有效利用他们学习和生活中的碎片化时间，宣传和推广校园活动，提升活动的影响力和覆盖面。在访谈中，西方大学生 B1、B2 和 B3 都认为，在网络群组中，可以由某人先提出倡议，征求大家的意愿，然后想去的人一起组一个新群讨论具体安排，再安排各自职责，并将讨论结果分享到群中，确保每个人都知道最终安排。

3. 需求的变化

互联网能为大学生提供更大限度、更大范围的互动表达空间，大学生不仅仅满足于举办校园内的活动，还开始关注开展社会公益和慈善活动，奉献爱心、服务社会。对于校内外各类实践活动的参与和组织，大学生都希望能有最好的宣传效果、更多的成员参与、更好的活动成效。对于活动的信息传播，大学生更希望实现从单一内容到集成信息的转变，使活动的内容更丰富，形式更多样，参与面更广，影响力更大。

（二）校园活动组织的创新策略

面对上述挑战，高校的教育管理者进行了大量的调研和实践探索，大学生们也在活动中进行了积极的尝试，校园活动的网上开展呈现出新的特点。

1. 信息平台的多样化

网络媒体的类型多样，在高校群体中，使用频率较高的有 QQ 群、微信群、朋友圈、微博、论坛等平台。在访谈中，中西方大学生都在顺应网络技术的变迁，不断加入新的类型的群组或是退出旧的群组。西方大学生 B1 说："2013 年加入微信群；更早之前加入了 Facebook 上的群和 WhatsApp 群。" B2 说："10 年前加入了 Facebook 上的群；5 年前加入了 Instagram 和 WhatsApp 上的群；3 年前加入了微信群。"中国大学生 A7 说："QQ 上的群有 18 个（那么多年有的退了，有的新加的），微信上的群就非常多了，大概有 30 个左右，还有一个微博上面的群。"高校要开展好校园活动，就应当研究并利用这些网络媒体平台，实现活动信息的及时、有效和立体的传播。同时，还可以利用好这些多样化平台，借助社会和官方媒体的力量，使活动的开展和影响力的发挥不仅限于校园内部，进一步提升校园活动的影响力。例如在广东外语外贸大学，为了发挥多样化平台的集群效应，专门成立了学校新媒体联盟，通过建立互通、互助、互赢的平台机制，提高舆论引导力和新媒体影响力。

2. 活动内容形式的多元化

无论是线上还是线下校园活动的开展，生动有趣、丰富多彩、契合需求都是活动成败的关键。具体到活动策划中，要针对大学生关注的学习、就业、娱乐、生活、情感等热点话题，设计出体现教育性、生活性和娱乐性的活动内容，满足大学生成长发展需求和兴趣爱好，让更多的人参与其中。网络青年自组织等成为大学生自我管理的正式互动平台，链接相关的丰富网络资源，根据学生需要设立多个栏目，根据组织重要时间节点策划活动，通过贴近心灵的主题设定吸引学生参与，通过灵活的网络设计提高学生参与频度，使其成为大学生活动组织、发布和互动交流的平台，成为与大学生现实生活密不可分的网络场域。在访谈中，中西方大学生认为，相比没有网络时，网上群体组织在活动组织方面可以采取不少新的方式。中国大学生 A3 说："人数较少的群，通过@所有人听取大家的意见和意愿；人数较多的群，会生成一个投票或问卷收集成员的想法。" A7 认为，"群聊可以将相关的时间地点一次性通知到所有人，还可以发定位。"

3. 传播的多媒体化

新媒体与传统媒体的不同之处就在于其多媒体传播的特点，大学生群体最具开拓性、创新性和时代感，校园活动的开展只有利用好文字、图像、声频、视频和动画等多种手段，才可能充分调动青年群体的各种感官，吸引到更多的参与者和拥护者。就某个具体活动而言，通过活动筹备期的图文、音像推介，活动开展中的多媒体直观播放，活动全过程的音像记录，以及活动参与者的即时感想呈现等，可以记录活动生动画面，留下特色感人点滴，提升活动感召力，增强活动吸引力。

4. 策划和设计立体化

新媒体时代为校园活动突破时间和空间的限制创造了技术条件，将活动的时间延展成为包含活动前期、中期和后期的系列格局，将活动空间拓展成为线上与线下、现场与后台交流互动的平台。具体来讲，活动的组织策划者可以对所开展的活动进行网络群组意见征集、微信公众号宣传、网站宣传造势、社交媒体现场互动点评、设置活动留言板等，实现更立体、更全方位的参与。同时，活动的组织策划者还要投入热情与耐心，把握学生的心理需求特点，体现对他们的尊重，增强组织宣传的贴近性、亲和力，才能充分发挥立体化沟通的现实作用。

二、专题：校庆网络互动推动校园组织文化形成

校庆是一所学校为庆祝其成立周年而举办的纪念性活动，是一种具有仪式性的组织文化活动，对于提升在校师生和校友对学校的认同和自豪感，传承和发扬大学的精神和文化传统，提高大学的社会知名度，增强大学与社会的联系交流等发挥着积极的作用。本书以广东外语外贸大学（以下简称"广外"）50周年校庆活动作为例子，尝试展现新媒体背景下高校各类媒介平台和群体参与校园活动的特点，以及传统与现代校园文化对浸润其中的大学生乃至教师、校友所产生的影响和作用。

（一）官方媒体与自媒体携手营造校庆氛围

2015年，广外举行纪念建校50周年系列活动，学校充分调动了校内外官方及自媒体的力量，以多种形式多方面进行了纪念活动的宣传，将广外的办学历史、文化底蕴和精神品格持续而广泛地传播于学校师生、海内外校友及各界关心广外教育事业人士组成的各种网络组织中，推动了荣校爱校的网络文化的形成。

1. 校内外官方媒体的全方位宣传报道

用一年的时间，广外有意识、有规划地提高在媒体上的宣传力度。各大中

央驻广东省及广东省内主流媒体纷纷报道广外举办的系列学术、文化活动，全年累计在《人民日报》、《南方日报》、《羊城晚报》、广东卫视、广州电视台、新华网、人民网等平面媒体、电视媒体、网络媒体刊发相关报道 70 余篇，受各大知名网络媒体转载 350 余次。同时，学校与《羊城晚报》深度合作，推出"广外五十守正笃实"系列深度报道 6 篇，与《南方日报》合作推出三大专题报道，系统梳理了广外 50 年的办学历史和业绩亮点，形成了较强的网络舆论影响力。同时，在校内，充分利用大学新闻网，开通校庆网持续性对建校 50 周年纪念活动进行报道，并策划"广外故事""广外人物""五秩广外""文化景观行"等多个新闻专题，开设"学术校庆""视频贺广外"等栏目，采用视频、图片、文字新闻等多种形式做好建校 50 周年的宣传报道。学校各学院也利用学院网站及时播报学院庆祝建校 50 周年信息。据统计，一年来，学校累计发布相关的新闻资讯 120 余篇，其中，有关纪念大会、第 14 届亚洲大学论坛和校友嘉年华等校庆主要活动的新闻报道点击率在网站上点击率最高达 4 398 次，全部报道点击率估计可达 84 000 次，很好地营造了学校的校庆文化氛围。

2. 校内外社交媒体的立体传播

随着社交媒体的不断丰富，学校师生、校友主要借助 QQ、微博、微信建立了不同层面的社交网络。校内外各类网络社交平台在学校建校 50 周年系列活动举办期间，快速、广泛地相互传递校庆资讯，并展开线上互动交流，形成了网络舆论热潮。"广外 50 年""广外""广外校友总会""广东外语外贸大学团委""广外学生处"以及各学院、班级、学生团体的校园微信号陆续发布校庆信息，并以鲜活有趣的多样形式呈现广外建校 50 周年的办学历程和故事，得到广大师生校友的热情转发和评论，校内各层面的微信公众号超过 100 个，围绕纪念建校 50 周年的相关微信文章近 1 000 条，据估算，总体点击量近 120 万次。热门微信文章如"广外，生日快乐"点击率超过 10 万次，点赞次数达 2 764 次；"记忆如沙，广外如画"点击量达 27 451 次，点赞次数为 219 次；"广东外语外贸大学 50 周年校庆公告（第一号）"点击量达 23 151 次，点赞次数为 75 次；"师兄师姐，我们在广外等你回家"点击量达 14 987 次，点赞次数为 195 次。各大媒体新媒体平台如南方日报微信号"上学了"、《羊城晚报》政文微信号、《广州日报》微信号"广州参考"等发布的校庆相关微信文章点击量均达上万次。此外，广大师生、校友通过 QQ 群、微信群了解校庆资讯、祝福广外 50 华诞，营造了良好的校庆氛围。

(二) 多样化网络平台共同总结和传承大学精神

一所大学经过数十年乃至数百年的发展，历史的痕迹、时代的印记、文化的积累都已经沉淀在其组织文化当中，成为其"传统"和"底蕴""灵魂"和"象征"。广外在举办建校 50 周年系列活动中，系统性总结学校办学历史、展示办学成就、彰显学人风采的同时，注重通过校内外的多样化网络平台组织和引领广大师生、校友及社会各界人士去关注、总结、感受一所有情怀、有担当、有特色的大学 50 年的发展历史，以及在这 50 年中所体现出来的精神。

1. 办学历程的呈现

对广外 50 年的办学历史的回顾是此次网络传播的热点之一，众多新媒体平台及网络新闻报道主要以图片或视频形式呈现广外发展历史，引起了广大师生校友的情感共鸣。例如，上文提到的热门微信文章"广外，生日快乐""记忆如沙，广外如画"，就是以图片和动漫视频等鲜活的形式介绍广外的历史与现状而受到广泛关注，在大部分的校庆相关微信上也或多或少介绍了广外的发展历史，广外的历史照片、办学大事持续性地在网络及新媒体平台传播，学校的办学历史得到了充分的宣传普及。学校新闻网策划推出"广外故事"栏目发布文章共计 20 余篇，重现了 50 年来建设发展的各方面故事，生动地呈现了广外的发展足迹。

2. 办学成就的突显

在校庆活动中，每一位师生员工通过亲身参与和感受，不仅能够全面了解学校的发展历史和传统，还能加深对学校发展目标和定位的理解，从而将个人发展"小目标"融入学校发展的"大目标"当中，为学校发展提供源源不绝的内在动力。围绕学校的办学成就，学校主要通过组织策划推出系列深度专题报道的形式，深入挖掘和充分展示学校的业绩亮点及历史故事，在借助传统报纸、校报的基础上，利用电子数字报、新闻网站及微信等网络新媒体平台进行宣传报道。例如，与《羊城晚报》合作推出系列报道《译生译世——广外译者的逐梦故事》《广外：高考英语改革的先行者》《广外打造"国际范"新型智库》《广外与广交会的不解之缘》《广外要建国际化特色鲜明的高水平大学》《壮实两只翅膀提升学生五种能力》；与《南方日报》合作推出《多语种＋大智库最是广外"国际范"》《"朋友圈"越来越大"国际范"越来越足》等报道。这些传统媒体上刊登的报道均被相关的网络平台以及学校的新媒体平台及时转载。同时，学校新闻网还推出"五秩华章"——《多元共生成就多语种多学科大学》《云山俊丽鸣鸾凤 珠水秀美育良才》《50 年攻坚克难路 50 载科研硕果篇》《立足广东服务社会 胸怀世界行实致远》《"非常之人"成就

"非常之事"》《合力构筑战斗堡垒 齐心营建精神家园》，这些文章全方位总结办学 50 年来广外在人才培养、科学研究、社会服务、文化传承创新等方面的突出成就，形成了广泛的舆论影响，进一步培养了广大师生校友的学校荣誉感。

3. 大学文化的传承

大学的灵魂和生命在于文化的传承。此次广外校庆活动的宣传，深度挖掘了一大批广外学人、优秀师生的故事，以感人的事迹生动传递大学优良的精神品格。广外新闻网特辟专栏"广外人物"生动地介绍了饶彰风、陆振轩、翁显良、蔡文显、曾昭科、王宗炎、戴镏龄、梁宗岱、顾绶昌、桂诗春、李筱菊、阮镜清、黄建华、姚念庆、钱益明、何自然、钱冠连等十多位广外开拓者和优秀学人的辛苦创业和治学的故事，凝聚了广外不断发展前行的精神和力量，潜移默化地影响和熏陶着广外人的学习和生活。此外，在此次校庆的宣传中，学校校徽、校训、校歌广为传播，蕴涵其中的文化精神底蕴借助多样化、多层次的网络平台更加深入师生校友之心。正是基于对广外文化的总结与宣传，广外人总结和思考了办学的理念与方向，进一步去解答"办什么样的大学"和"怎样办好这样的大学"这些事关学校长远发展、特色发展的重要问题。

4. 校庆氛围的渲染

活动开展的一年当中，各大媒体、校园网络、新媒体平台积极播报广外建校 50 周年系列纪念活动，特别是纪念日来临前后举办的大型活动成为各大媒体平台的播报热点。建校 50 周年纪念大会、第 14 届亚洲大学校长论坛、全国外语类院校第 30 届年会、第 3 届校友理事会全体会议、建校 50 周年校友嘉年华、第一教学楼奠基，以及邓文中、孙玉玺、李大西、冯长根等教授的讲座活动都受到广大师生校友的关注。纪念日当天，学校有近万名校友返校参加活动，师生校友纷纷用个人微博、微信、QQ 等社交软件发布和分享校庆盛况和现场感受，为校庆活动营造了欢庆、热烈的庆祝氛围。这些报道不仅仅是对活动的单纯报道，以活动为契机，以重要人物为亮点，还展示了学校的历史传统和特色文化，塑造了学校所具有的"国际化""高水平"的发展形象，进一步扩大了广外的品牌效应。

（三）校园网络文化凝聚共识、增强认同

围绕纪念建校 50 周年，广外主动策划宣传，广大师生校友积极响应，官方媒体与个人媒体密切配合，在线上线下形成了大规模的宣传效应。广大学生在校庆这个全校性的集体活动中，亲身参与，切身感受，受到了一次全面的校

情教育，对学校增强了认同感，对继承传统大学精神和塑造新的大学精神有积极的促进作用，校庆活动也成为培养大学生的一个重要活动载体。

1. 增强对学校组织文化的认同

在大学组织文化的传递中，标志、语言、故事和仪式等都是不可或缺的传达方式。在校庆过程中，组织者充分利用各类媒体，塑造了一系列具有学校特征的形象标识，增强了师生校友对学校组织文化的认同感。在各类社交平台中，组织者通过老相片、老故事和校园、校友的新变化等强化了师生校友们对"广外"的记忆。

> 在新浪微博的"#广外50周年校庆#""#重逢广外筑梦未来#"讨论专区有以下留言。
>
> 校友"沉默的母犀牛"：最爱的图书馆还在，日日围观《凤凰早班车》的大本营还在，形象代表白千层还在，相思河的爱情还在，操场的竞技精神还在。当年的同学不远千里万里地归来，诚意还在。
>
> 校友"CarmensWB"：那一条条熟悉的校道，二教那各国朗朗的读书声，曾经每天必踏的二饭，历历在目……爱广外，一辈子。
>
> 校友"凯瑟琳公子"：广外50周年校庆……熟悉的校道，熟悉的会堂，熟悉的白千层，时光虽如梭轮转，母校的培养和教育始终铭记，未敢有忘，感谢你让我成长为一个更有知识和涵养的人，感谢你留下了我青春飞扬的美好记忆，50周年生日快乐！

如今，白千层和相思河已经成为广外人共同的回忆，还有大学城的钟楼、校训石，以及校友捐建的樱花园、五莘圃等，都在潜移默化中让一届届广外大学生记住了"明德尚行、学贯中西"的校训，激励着他们传承和演绎"广外精神"。

2. 传承和发扬学校的优良传统

系列纪念活动举办的一年中，各类网络媒体平台持续地发布关于学校发展历程、优秀学人的故事，以及校园文化标识的新闻，在各类网络组织中进行了一次大范围的校史教育，有效地传递了大学的校园文化与大学精神。有学者这样评价校庆的价值："校庆的周年举办，也就是大学神话得以传播的延续，即学校历史与优良传统的薪火相传，是每代大学人之间的交接与秉承。"① 在校庆期间，广外的学生组织和学生个人、校友在新浪微博、微信发表文章，通过

---

① 卢新伟、蔡国春：《解读大学校庆的价值：组织文化和仪式的视角》，《煤炭高等教育》2009年第9期。

网络平台将校园文化和精神的影响进一步扩散与放大，营造了网络空间中浓浓的广外情愫，也生动地传承和丰富了广外文化的内涵。

广外学生会：1965年，广州外国语学院成立。半个世纪以来，崭新的广东外语外贸大学正以越发有力的脚步迈向国际化的大舞台。秉承"明德尚行、学贯中西"的校训，一代又一代广外人为国家、社会做出卓越贡献。今天，11月7日，就让我们一起为广外说一句"生日快乐"，期盼母校越来越好！

学生"喵小欢"：多么有幸赶上了广外建校50周年纪念日。参加过了不同的活动，遇见了不一样的人，体验了未曾体验过的事。昨天采访65级校友时，他的一句"只因为我是广外人"，最令我动容。心里暗暗地想50年后我会怎么样呢？

学生"Jaye-Y-"：最近几天刷朋友圈刷得太不好意思了。可是，可是我真的想发🐷🐷🐷🐷一段广外路，一生广外情。其实我骄傲的不是你那闪闪惹人爱的光环，而是那打动人心广外人专属的校园文化！

3. 增强和凝聚学校发展共识

在组织文化的传递中，共同的回忆使置身其中的成员时刻都能感受到组织文化的具体存在。熟悉的人、物、景和话语，在网络平台的互动中一次次重现和强化，增强了师生校友的认同感。而组织校友活动，邀请校友回校座谈、开讲座，开学和毕业典礼请校友演讲，都影响和激励着在读的大学生发展自我，找到学习的榜样和前行的方向。在线上和线下参与校庆活动的过程中，师生、历届校友都以"广外人"的同一身份出现，对学校的认同感和归属感被加深，校庆成为增强大学组织凝聚力的"黏合剂"。尤其是当校园里弥漫校庆浓厚氛围，返校校友沉浸于同学聚会、看望师长、回馈母校等活动，准校友（在校生）忙碌于接待服务校友、组织表演活动、聆听校友事迹等活动时，在视觉、听觉和感觉全方位的冲击下，校友对母校之情和校友的榜样作用激励和影响着准校友接受和认同学校的组织文化。

新浪微博平台上"#广外50周年校庆#""#重逢广外筑梦未来#"讨论有以下留言。

在校生"L彤彤彤彤彤彤tong"：热闹了一天的学校，那么多人来缅怀大学生活，拄着拐杖的，头发花白的，带着小孩的，看到他们各种感动，我认为自己没有选错学校。广外等我百年校庆来看你。

黄柏菁：连续几天的广外50周年校庆嘉年华欢乐多又多，在朗诵和舞蹈两个节目中互窜，最后说一遍"Happy birthday to GDUFS"！期待下一个十年，你的六十我的二十八。

总体来说，在新的形势下，一所大学能够在利用具体纪念活动进行文化熏陶与养成的基础上，积极地调动多样化网络平台的文化宣传、组织浸润和氛围营造作用，在更大范围、更长时间地将学校文化的基因融入活动的各类新闻、资讯传播和信息互动全过程中，将会更有效地引领学校校园文化的发展方向，激发起大学生的主人翁意识和对学校的归属感，促进荣校爱校的校园文化氛围的形成，从而更深入地推动学校的未来发展。

第三节 以需求为导向的网络交往

以高校的传统社团和网络青年自组织为载体，以活动为导向，新时期的校园文化呈现出开放、多元、立体的新特点。这些网络青年自组织的产生，是因为传统组织不能"全满足"青年的归属和需要而产生了功能缝隙，使得网络青年自组织因"缘"而聚，如"趣缘""地缘"和"业缘"等，这些组织能在不同程度上满足大学生的知识获取、休闲娱乐、社会情感和人际交往需求等。本节以网络青年自组织中的趣缘组织为例，谈谈在网络组织中的大学生交往互动的特点及影响。

一、网络组织中的趣缘群体

（一）趣缘群体的形成及类型

趣缘关系是随着社会生产力发展引起生产关系变革而产生的一种新型的人际关系。当生产力不断发展，人们在解决了与衣食住用行有关的基本生存需要后，根据富裕程度、生活环境等区别，培养了各不相同的兴趣爱好。当拥有共同爱好的人达到一定数量时，他们通过相互交流便有意无意地形成了趣缘群体。

趣缘群体的兴起有着内外部众多因素的作用。一是网络媒体的出现为群体聚合提供了必要条件。网络媒体为青年趣缘群体提供了一个自由而广阔的公共空间，打破了时空束缚，使青年们能够遵循兴趣和意愿，进入一个具有相同兴趣爱好的群体圈，主动展现自我和参与互动，挖掘并建构出一个全新的"我"。二是个人的需求成为群体聚合的根本动因。从社会发展趋势来看，快节奏的现代生活使地缘，甚至血缘关系在人际交往中的重要性都日趋淡化，整个社会呈现出强烈的"原子化动向"，这种原子化的生存方式使人倍感孤独；同时，随着社会变迁所带来的社会结构的变化，社会分工正逐步成为经济运转和社会联系的主导性因素，社会成员之间的关系纽带正由曾经的情感、意愿和信仰转变为社会结构关系和经济利益关系，信息社会的信息洪流使同代人的认同感降低，激发了人们渴求社会重聚、找到精神归属的意愿和动力。对于绝大多数大学生而言，他们都有自我展现及寻求认可的渴望，网络媒体为他们搭建了一个重要的沟通和交流的平台，并为其编织了一个全新的组织人际关系网。

威尔曼（B. Wellman）借助社会网络理论视角，将虚拟社区视为一种社会关系网络社区，一种能为社区成员提供社交和情感支持、信息、归属感及社会认同的互动关系网络。① 米歇尔·马弗索利（Michel Maffesoli）在《部族时代》中指出，"各种基本的社群形式的复兴，抛弃了理性的、契约式的社会关系，而转向一种有感情融入的社交形式，在这种形式中重要的不是抽象的、理想的目标，而是由直接参与到社会群体中所带来的集体归属感"。② 后现代性理论倾向于赞成退回到群体中，并去加深与这些群体内部的关系。谢玉进认为，网络趣缘群体"是由不同的上网者以网络为平台，以各种相近的兴趣为纽带联系在一起的并在网络上频繁互动形成网络互动关系的群体"③。罗自文认为，青年网络趣缘群体"是指一群对某一特定的人、事或者物有持续兴趣爱好的青年，主要通过网络进行信息交流、情感分享和身份认同而构建的'趣缘'共同体"④。他认为，网络趣缘群体满足了青年网民的信息、休闲、交往和娱乐等需求，在青年群体中的作用和影响越来越大。

---

① 黄少华：《网络空间的族群认同》，兰州大学博士学位论文，2008 年。
② 参见［英］安迪·班尼特、基思·哈恩-哈里斯编：《亚文化之后：对于当代青年文化的批判研究》，中国青年政治学院青年文化译介小组译，中国青年出版社 2012 年版，第 103 页。
③ 谢玉进：《网络趣缘群体与青少年发展》，《中国青年研究》2006 年第 7 期。
④ 罗自文：《青年网络趣缘群体的类型和成因分析——以 6 个典型青年网络趣缘群体访谈为例》，《中国青年政治学院学报》2014 年第 5 期。

因为是对某一特定的人、事或者物有着持续兴趣爱好，从结缘"核心"来看，网络趣缘群体可以分为恋"人"型、恋"物"型、恋"活动"型和恋"媒体文本"型。恋"人"型网络趣缘群体是指该群体的着迷对象是人，比如体育明星、演艺明星，或是文化名人、政治权威等，比如"超女"们的"粉丝"吧、李毅吧等；恋"物"型是指对"物体"着迷，如碟片发烧友的群体，对苹果、小米系列数码产品等产生依赖的"果粉""米粉"等；恋"活动"型，是指共同对某一活动感兴趣，比如"驴友"群、摄影群等；恋"媒体文本"型是指对某种电视、电影等有共同兴趣的人，如各种国别的电视剧迷，或是各种类型的书籍迷等。从沟通平台标准来看，网络趣缘群体可以分为论坛型、即时通信型、博客圈型和游戏型四大类。[①] 具体而言，各种QQ群、游戏群、团购群、同乡群、各种贴吧等都属于趣缘群体。

在访谈中，从中西方大学生加入的网络群组来看，基本都有基于兴趣爱好的群，只有3位受访中国大学生表示暂时未参加网络趣缘群体，仅参加了班级群、社团群和亲戚群等由现实关系延伸至网络上的熟悉人群体。从趣缘群体的类型上看，中国大学生A2参与了关于旅游分享的群，A4参加了读书群，A3、A8参加了追星群；西方大学生B1加入了音乐群，B4加入了厨艺群，B5加入了健身群等。

(二) 网络趣缘群体的运作及特点

互联网将分散于世界各地的个体虚拟地聚合在一起，形成一个以共享实践和文化互动为基础的"新场所"和"新语境"。网络趣缘群体就像扎根于虚拟社区的"文化部落"，各种各样的兴趣"圈子"，在这里上进行一次次生动的文化实践。

蔡骐认为，"'圈子'形成的过程，既是一定数量的个体从寻找团体到融入团体的累积过程，同时也是一个以兴趣和情感为核心的群体互动及文化实践的持续过程"。[②] 根据社会学理论，群体最重要的三个特征是互动、共同目标和群体意识。针对涉及兴趣爱好的话题进行交流是所有趣缘群体成员的共同目标，成员的兴趣是其在网上持续参与互动的最原始动力，而持续的互动最终形成认同感和群体意识。就大学生个人参与网络趣缘群体而言，他们融入一个个"圈子"的过程是具有选择性、持续性的累积过程。最初，他们基于自身的兴

[①] 罗自文：《网络趣缘群体的基本特征与传播模式研究——基于6个典型网络趣缘群体的实证分析》，《新闻与传播研究》2013年第4期。
[②] 蔡骐：《网络虚拟社区中的趣缘文化传播》，《新闻与传播研究》2014年第9期。

趣爱好，通过不同渠道加入趣缘群体，并通过"潜水"或浅层面的交流互动来提高认识，减少和消除不确定性；接下来通过转到线下的各种训练、活动和旅游等方式进行交往，在参与和互动中寻求文化认同和情感共鸣，一旦能够从中找到认同感，其行为在网上就会变成仪式化的签到等行动。当然，在网络趣缘群体交流互动的过程中，如果在内容认同、情感共建上出现分歧，或者是在仪式化活动中遇到挫折，都可能会出现成员退出"圈子"的现象。

对于某个网络趣缘群体而言，就像是现代"大"社会中的一个"小"社区，成员因共同的兴趣爱好而集结，按照相应的规范开展交流，成员之间不仅进行紧密互动，还发展了所有成员共享的"仪式"，比如百度贴吧的签到、"灌水"行动等，通过共同参与的仪式去确认秩序、共享意义，从而构建并维系一个有着凝聚力的文化共同体。当然，群体内部并非是绝对的平等、自由、和谐，也存在权力分层和内部冲突，群体内部冲突的产生和调节，其实质就是群体自身"新陈代谢"动态平衡的一种表现，往往能促进内部关系的平衡。对于不同的趣缘群体，在横向上还存在对抗和联盟，不同风格的圈子间常会发生对抗和冲突，比如，"果粉"和"米粉"之间，美剧、日剧、韩剧"粉丝"之间等。这种亚文化风格在促成圈内文化认同的同时，也确定了趣缘群体的"社会定位"；此外，群体"圈子"还会向更广阔的公共空间开放，使得网络趣缘群体平台中的信息传播呈现出圈子化与交错化并存的态势。

1. 网络趣缘群体的意见领袖

蔡骐认为，网络趣缘社区的信息扩散呈现两种常见模式：一是以话题为核心，呈现出相对封闭的圈子化路径；二是以人为核心，呈现为相对开放的社会化网络路径。[①] 何明升等认为，"具体到虚拟社区，其作为一个自组织系统所需的主要条件包括，社区参与人数达到一定数量、发帖数量达到一定程度、话题牵涉个人利益或兴趣、存在意见领袖和活跃分子"。[②] 他认为，虚拟社区没有现实社会那样完善的组织系统，因此，在一个虚拟社区中，要想规则有效形成并稳定延续，既需要有差异性大的大量主体参与到社区中，还需要权威的引导和积极的参与者。就某个话题讨论而言，掌握一定话题资源的发帖人会对话题的走势产生导向性作用。同时，群体中的活跃成员会通过回帖等方式，增强对某个观点的支持或反对的力度，使群体意见从混沌逐步走向明朗，最终推动群体规则的产生。

在网络青年自组织中，一般没有传统意义上的官方权威的领导者，而是通

---

① 蔡骐：《网络虚拟社区中的趣缘文化传播》，《新闻与传播研究》2014年第9期。
② 何明升、白淑英：《中国网络文化考察报告》，中国社会科学出版社2014年版，第298页。

过群体中的意见领袖来实施其组织文化构建，这些意见领袖有的是群主和管理员，有的是信息来源广、传播能力强的人，有的是具有高智商和高情商的人。通过对中西方大学生的访谈，我们能够从他们的感性认识上了解这些网络群体中意见领袖或受到欢迎的人的特点。对于中国大学生来说，A1"喜欢说话风趣，但是说起正事又能很认真的人"。A3"喜欢双商都高的人，懂得开玩笑的分寸，也能引出好玩的话题"。A4 说"喜欢外向、幽默、热心肠、乐于在群里解决别人提出的疑问的人"。A5"喜欢认真倾听他人又能清楚表达自己的人"。A6"喜欢逻辑清晰、直言重点，不会发歧义句的人"。A8"喜欢不急于冒头，也不囿于沉默，圆场能力非常强的人"。就西方大学生来看，B1"喜欢话说得不多，但'三观'很正的，说的东西很有用的人"。B2 喜欢的人是"那种平常很幽默，但说起正事来很严肃的人；让自己感到开心的同时又能和他／她一起完成一些事情"。B6"喜欢善解人意的，喜欢不给人压迫感的；因为这会让聊天很顺畅，很舒服"。

大学生在所加入的网络趣缘群体中，针对某个话题，形成明显的互动"讨论圈"，他们的交流平台实现从一到多的拓展，通过微信群、QQ 群、微博，或是 Facebook、Instagram 和 Whatsapp 群等平台进行"头脑风暴"式的探讨沟通，有的通过某件事、某句流行语的选取，引来大量关注，有的通过对群内成员兴趣点的迎合引起强烈反响，通过采用现代青年人的语言风格和表达习惯拉近距离，彼此互通有无，完成优势互补，最终使得知识融合程度加深，并逐步形成具有一定指向性和约束力的规则。

2．网络趣缘群体的组织认同

在问卷调研中，对于为何使用社交网站，中西方大学生都提到是为了寻找和结识志同道合的朋友，为了创办或参与群体活动。在访谈中，中国大学生A2 认为，"在旅游分享的群中……大家比较有共鸣，比较有话题"。A2 参加了追星的群，是"想结识喜欢 Arashi 的志同道合的朋友"。A8 也加入了追星群，她认为，"兴趣爱好相同的人在一起聊天或分享自己的生活，'追行程'的时候聚在一起，生活上有困难也能互相倾诉，很有意思"。西方受访大学生也谈到，加入的趣缘群体使他们结识了新朋友，收获了快乐，获得了知识和有用信息。因此，中西方大学生带着这样的意愿参与同辈群体活动，加上成员之间年纪、地位相似，爱好、生活方式和情感体验等方面大体相同，在心灵相通的基础上进行互动，更容易达成理解，成员之间相互尊重、关心和帮助，逐步形成较强的群体意识。而这种意识一旦形成，就能够使成员在交往的过程中对所在群体逐渐产生心理归属感和价值认同，不断增强群体的凝聚力。

广东外语外贸大学广袤园武协成立于1985 年，是有着 30 余年历史底蕴的传统武术协会，其会友社群众多，还于 2015 年成立了专门校友会。该协会有官方网站和名为"广袤园武协"的微信公众号，与线下的杂志《广袤武缘》等形成立体的组织文化构建平台。以微信公众号为例，除了日常会发一些有关太极、武当、南拳、长拳等的文章，还会结合周年庆等，向全球的会友们征集祝福照片和对协会的祝福，在校内举办大型的武术表演，并在微信平台精选留言进行展示，上传周年庆视频和相片，或是邀请毕业会友返校交流，或是组织看望、采访毕业会友等。这个协会在线上和线下活动中都全力塑造"击不垮，打不倒，胜不骄，败不馁"的组织文化，通过《卅二薪火，侯君相传》《以武为镜，发现你"武"与伦比的美》等文章，引导会友们跟帖、评论，实现了线上线下立体式的互动交流，会友对武协的组织文化有着强烈的认同感，进而产生集体的归属感和自豪感，这种文化不仅影响其大学时代，还会对会友未来的人生产生深远的影响。

二、网络趣缘群体对于大学生社会化发展的作用

加入网络趣缘群体，是大学生生活方式的一种选择，因为兴趣是构成个人生活方式的核心要素。大学生在网络空间与他人对话的过程中，尤其是在与自己志同道合的同伴交流分享的过程中，不仅能相互沟通思想，还能在交往中使自我形象变得清晰，使个性得到彰显。同时，从自我体验上看，正处在情感体验高峰期的大学生从心理上最渴望能与同伴交流，通过网上交往这种相对真实的交流方式，能够宣泄内心世界的快乐、烦恼、忧伤、孤独与苦闷，使情感自我得以确立。不过，网上虚拟情境和同辈群体也会给大学生的社会化产生负面影响，比如网络依赖，现实交往的疏离，群体信息的窄化和情绪思想的极端，等等。

（一）网络趣缘群体的积极作用

1. 增强主体意识，契合并彰显个性

趣缘关系较之血缘、地缘和业缘关系等，具有广泛性、多样性和平等性等特点，只要有兴趣就可能产生趣缘关系，而不同的兴趣可以形成不同的趣缘关系，拥有共同或相近的兴趣决定了关系主体地位的平等和权利的平等。趣缘群体中的成员在"参与—退出—新的参与"的循环中享受着自己的趣缘生活，给社会大变革时代处于"困境"的现代人际关系注入了"润滑剂"。此前我们提到网络交往的匿名性，这种"身体的不在场"实现了对传统交往束缚的突破，使交往主体得以自由展现自我，挖掘潜能，增强了提升自我主体性的可能

性。在网络趣缘群体中,大学生在自己的文字、视频作品或是意见表达中融入了个人的价值诉求,迫切希望与和自己志同道合的同伴分享,得到尊重和认同。"在强烈的文化身份认同的感召之外,我们始终不能忽视的是现实中的身份、角色等社会因素在每一个成员身上刻下的差异化标识。"①

每个成员身上的差异化标识是趣缘群体中形成认同感的基础,没有个性化兴趣的支撑,就难以形成有生命力的同类聚合,这种聚合是另一种形式的个性彰显。因共同兴趣走到一起的成员在趣缘群体中自由平等地交流,一定程度上消解了人与人之间的利益之争和防备之心,享受参与互动带来的乐趣,既培养了集体的认同感,又培养了个人的自信。同时,大学生的个人兴趣是源于其内心偏好,是其个性的表征,能够为其实现自我认同提供支持和动力,而网络趣缘群体能够为兴趣爱好的升华和趣缘文化的生长提供适宜土壤和空间,间接推动了校园多元文化的形成。

2. 建立情感自我,增强归属感

库利认为,青少年的情感自我是在"首属群体"中确立的。首属群体是社会的发源地,这个群体的特征是亲密、面对面的互动、温情与合作。在首属群体中,人的自我意识与社会意识是一同发展的,随之而产生类似的"I—me"(主我—宾我)感与"us—we"(宾格我们—主格我们)感。这种"我们的感觉"促进了自我对群体生活的强烈认同。② 对青少年而言,"首属群体"在不同阶段有所不同,分别是儿童游戏群体、家庭等,到大学时期,由于集中住校等原因,所接触的大学生群体成为其重要的首属群体,以这个群体为背景,情感自我在互动的过程中建立起来。

从社会的大环境来看,由于社会变动大,人际关系较为离散,群体归属感正在下降。在大学中,随着完全学分制的实施,班级概念逐步被淡化,集体的影响力正在下降,多元的选择给了大学生充分的自由,但也带给他们成长的迷茫和困惑。于是,在网络上寻求群体归属感也成为部分学生的选择。在访谈中,中国大学生 A5 说:"在加入的辩论队群中,时常分享有趣的新闻、书籍等……进入彼此的生活让人在人际交往中感到更加安全,也更愿意积极促进关系的发展。" A8 说:"兴趣爱好相同的人一起聊天或分享自己的生活……生活上有困难也能互相倾诉。"大学生加入趣缘群体,从工具性需求而言,可以获取信息、寻求帮助,进而可以实现得到认可、体现自我价值的表意性需求,最终促进群体归属感的产生。而趣缘群体与网上其他群体的不同在于,对信息的

---

① 蔡骐:《网络虚拟社区中的趣缘文化传播》,《新闻与传播研究》2014 年第 9 期。
② 于海:《西方社会思想史》,复旦大学出版社 2007 年版,第 357 页。

咨询和查找不需要投入什么情感，而在兴趣分享中带来的自我价值感的满足、群体认同感的满足和自我实现的满足则需要大量情感的投入，从而使得趣缘关系成为非常重要的人际关系。"共同的兴趣和文化偏好将不同个体的意见、思想、情感体验汇聚到了一起，由此建构的趣缘群体既契合了个体的独特文化取向，也以共同体的力量弥补了个体的孤独。总而言之，网络虚拟社区中趣缘群体的兴起，是在社会分化的语境中出现的文化意义上的社会重聚，它在本质上是新时代'共同体'的重建。"①

3. 生产共享知识，形成集体智慧

在趣缘群体传播中，传播者与接受者的融合在理论上真正做到了"以受众为中心""人人为我、我为人人"的良性循环，实现了信息的交流和分享。亨利·詹金斯（Henry Jenkins）从"集体智慧"的视角对网络参与式文化中的媒介迷展开研究。他指出，网络参与式文化中的媒介迷是典型的"交互式受众"（interactive audience）。② 交互式受众并不仅限于某个单一的趣缘群体，而是依据自身兴趣偏向，从一个"圈子"转移到另一个"圈子"，通过互惠互换、共同的知识生产形成"集体智慧"。

在大学生参与的趣缘群体中，群体成员的性别、年龄和学科背景往往不同，在性格、气质和能力上也不同，能够形成互补的关系，比如能力强、拥有广泛的信息来源、具有表达能力和热情的成员能够使能力弱者提高能力，信息少者增加信息量，性格被动者变得活跃，从而实现相互学习、共同提高。在访谈中，受访的中国大学生 A5 说："出于兴趣爱好加入一个辩论群和一个读书交流群……群里大家会讨论该领域最近发生的事，会分享自己看到的有关内容，也会就同个问题发表自己的看法。了解了不同的人对共同喜爱的事物不一样的看法，也接触到更多与自己的兴趣有关的内容。"这些成员之间交互的内容和过程不仅构成了趣缘群体的社群文化，也反映了其成员的自我价值，更为重要的是，强化了成员之间的凝聚力。例如，对此前提到的广袤园武协会员而言，共同的兴趣、理念、目标和相互的信任，成为他们打造现实社团、虚拟家园、构成身份的集体意识的核心和必要条件。

4. 宣泄压力、缓解孤独，促进人际交往能力的提升

在网络趣缘群体中，成员之间有着共同语言和情感，这是群体内能形成良性互动的基础。从调研来看，中西方大学生都认为参与网络群组能够让他们寻

---

① 蔡骐：《网络虚拟社区中的趣缘文化传播》，《新闻与传播研究》2014 年第 9 期。
② Henry Jenkins. "Interactive Audiences": The Collective Intelligence of Media Fans. The New Media Book. 2002, pp. 157–170.

求精神上的寄托。网络趣缘群体为大学生提供了一个表达和释放个人情感情绪的渠道，在一定程度上能够帮助大学生减轻或缓解在学习、生活中累积的负面情绪或精神压力，使他们有了一个"树洞"，一个表达不良情绪的"出口"。在大多数情况下，群体成员积极和多角度的回应，能够有助于大学生提高表达情感和调控情绪的能力。罗自文认为，"相比现实趣缘群体而言……网络趣缘群体更倾向于提供非物质的精神性社会支持，更倾向于提供单纯个体成员不能提供的社会支持"。[1] 网络趣缘群体中，拥有共同精神追求的成员，将信息进行交换和分享，本着平等互助原则进行交流，有着较浓厚的群体意识和氛围，能帮助大学生实现自我发展，形成稳定的人际关系社会网。

我们看到，通过网络中虚拟的"人机交往"可以达到实际的"人际交往"效果，满足趣缘群体成员的现实需求，在一定程度上促进线下的现实交往。同时，网络趣缘群体的内在特征作为满足个体需要的重要补偿形式，不但能通过群体里不成文的规范影响大学生的价值取向、道德判断水平和人际交往能力，还能通过影响大学生的抱负水平和成就动机来影响学业成绩，推动大学生社会化发展。

（二）网络趣缘群体的消极作用

由于网络与生俱来的特点，大学生参与到网络趣缘群体的交往中，既带来了积极的社会化影响，同时也不可避免地对社会化带来负面影响。

1. 造成自我体验的"边缘感"，影响其现实人际交往和现实活动的参与

网络虚拟交往常常是在"交流暗示缺失状态"下进行的，交往双方不知对方的真实背景和个性，隐藏身份、戴上面具，进行短期而随机的交往，享受着更多自由。有的大学生们游荡于不同的虚拟群体之中，有的虽然受相同或相似兴趣爱好的吸引和驱使，但因为又不完全属于其中的一个，"我们的感觉"是不稳定、不持久的，容易受到外部环境的影响，有时会使个体体验产生错觉，造成自我认同的危机。如果大学生长期远离真实情感交流的"首属群体"，沉湎于虚拟群体交往之中，会缺少与他人稳定合作、发展友谊和交流思想的机会，影响其自我体验和自我认知。

在前面对调研结果的分析中，西方大学生更多地意识到了网上群体交往易使人产生依赖，对现实的人际交往产生影响。事实上，中国大学生也意识到网上群体交往会造成网瘾，影响正常工作学习，会对自我认识产生错觉。在访谈

---

[1] 罗自文：《网络趣缘群体的基本特征与传播模式研究——基于6个典型网络趣缘群体的实证分析》，《新闻与传播研究》2013 第4期。

中，中国大学生 A5 "也存在着困惑，兴趣群中分享的内容居多，交流想法少……更倾向于把兴趣渗透在真实的生活中而不是在网络中将它剥离出来"。究其原因，大学生所参与的网络趣缘群体往往使大学生产生较强的归属感，相较于现实社会中人际间的疏离感，会使得大学生越来越沉湎于这个让自己喜欢而又亲切的环境，但是，这种归属感是依附于虚拟社区而建立的，对于尚不成熟、处于重要社会化时期的大学生而言，会对其现实人际交往产生消极影响。同时，大学生在虚拟空间中进行活动，也会对现实活动产生冲击，在其时间和精力既定的情况下，会使有的大学生厌倦父母老师的管教，疏远现实生活中的朋友，有可能会滋生网络成瘾等问题。

2. 导致主体性面临困境，使大学生出现"社会比较"危机和角色认同危机

网络人际关系有着虚拟性的特点，因此，虚拟空间中的人际交往行为和结果，或是评价和认同都可能存在着虚假性。虽然前面我们提到，趣缘群体赋予成员的自由度有利于其主体性的增强，但是，主体性过分依赖网络趣缘群体，会使得有的大学生在交往过程中表现得"自我""任性"和"目中无人"，呈现出交往的唯我状态和非理性状态，难以准确认识自我、形成自我认同，甚至造成人格的障碍，对社会化产生消极影响。

在网络趣缘群体中，如果某个大学生经常接触比自身家庭条件优越或是社交能力很强的成员，可能会对自己的家庭背景和自我现状产生不满或自卑等心理，出现心理失衡。同时，由于大学生在网络同辈群体中扮演的社会角色可能会与现实角色不同，因此出现角色认同危机，而在群体中所接受的不同来源渠道的信息也有可能在文化上造成深刻的冲突。此外，网上与同好"交心"，比现实交往中来得隐蔽和安全，会让一些大学生忽视了现实中与人的交往，尤其是将网络交往中形成的新的自我认同转移到现实生活时，可能会因为环境与对象的不同，而导致无所适从和人格分裂，在内心深处倍感孤独。

3. 缺乏实质性的社会支持，造成群体和个体的极端思想和行为

有学者通过实证调查，认为在网络趣缘群体中，有的成员之间并不太熟悉，关系也并非十分紧密，只能在信息、情感和陪伴等方面提供一定支持，而不能在实质层面提供社会支持，"社会支持呈现非物质精神性的单向极化"[①]。在访谈中，中国大学生 A8 参加了宋茜的追星群，说道："但有时会深感'饭圈'如职场，大家为了让偶像知道自己，真的是会尔虞我诈的。"而西方大学

---

① 罗自文：《网络趣缘群体的基本特征与传播模式研究——基于6个典型网络趣缘群体的实证分析》，《新闻与传播研究》2013年第4期。

生 B2、B4、B5 都认为，网络群体中经常会出现一些与群内容无关的内容和广告，B6 认为群里的成员都在不断地说话，尤其是说与自己相关的内容，令人困惑和反感。

有学者认为，趣缘群体在某种意义上是一个"信息茧房"，即人们的信息领域会习惯性地被自己的兴趣所引导，从而将自己的生活桎梏于其中，存在的一个负面影响就是会使个人和群体变得更加极端，减少了与其他思想信息碰撞的机会，容易形成极端思想。同时，在趣缘群体中，成员之间属于弱连接，群体规范对成员并不存在强制性效力，大学生在社会化过程中，如果受趣缘群体影响过深，就可能会造成对现实社会规范的弱意识或无意识，可能会导致威胁社会稳定的群体性事件发生。

本章小结

本章通过对以活动为导向、以趣缘为导向的大学生网络交往的访谈和案例研究，进一步把握了大学生网络群体的组织模式和交往特点。对于以大学生网络趣缘群体等为代表的网络青年自组织而言，交往话题引起的共鸣，自由形式带来的轻松，多样信息的交流，共同爱好带来的认同等，都在不同程度上推动着中西方大学生不断实现自我的发展。相对而言，中国大学生更倾向于将现实关系"移植"到网络群组中，这一点和他们选用社交媒体平台的特点和网络交往对象是相一致的；而西方大学生较多地与群里的网友见面，拓展交往范围的动力更强，同时也更多地认为网上群体交往会对现实中的交往产生不好的影响。此外，以高校校庆为例的校园组织文化形成的过程分析，呈现出网络媒体背景下校园活动的组织过程、传播特点，从另一个方面体现了大学生个体在网络空间中的交往特点，以及高校组织群体如何通过社交媒介的立体传播、宣传内容的历史与现实的组合，从而达到最佳的传播效果，最终促进大学精神和传统文化的传承，推动大学组织文化的形成。

第六章　语言的革新：
网络交往与符号环境

语言、文字的产生既是一种社会现象，也是一种文化现象。语言、文字作为重要的传播符号，既是人类交流的工具，又是人类文化重要的载体，更是文化体现最为集中的领域。日本著名精神病学家土居健郎认为，语言是对各个国家最好的投射。词汇，是语言中最敏感和富于变化的构成部分，当人们生活的环境发生变化，意识和观念有了根本改变，新的词汇就能够最快捷、最集中、最明显地反映这些变化。随着互联网的发展与普及，人们有了更多的渠道去接触网络信息，去了解各种社会现象和所发生的事，也有了更多机会去接触、创制和使用更多的网络语言，这为网络语言的产生创造了极佳的孕育条件。

网络语言是一种兼容性很强的社会语言，其所具有的创新性、时代性给现代语言带来极大的冲击，被称为"第三次语言革命"。语言应用专家于根元指出，"网络语言是一种新的媒介语言，是语言传播研究的重要对象。网络语言是社会某个群体的用语，是社会学语言学研究的重要对象。网络词语是新词新语的组成部分或延伸，是新词新语研究的重要对象"。[1] 不少网络语言在产生后迅速流行，形成了广泛的受众基础，而大学生群体就是其中之一，他们对于推动网络语言的更新与发展表现最为突出，同时受到的影响也最为深刻。

在前面两章里，已经描述了大学生在网络交往中的自我存在和发展方式，自我与他人、群体的互动方式，本章将探讨大学生在网络交往中的语言交流特点，并由此进一步去了解网络交往背景下大学生所使用的网络语言对于自我呈现和群体互动的重要性，以及网络语言与青年亚文化之间的密切联系。而本章对大学生网络语言的考察，主要是针对大学生在网络交往中所使用的"新词"——现实语言的一种变体，因纯粹创新等因素而产生，主要是虚拟交往（如 SNS 网站互动、即时通信、刷微信微博等）中使用的"以一定的语音形式与一个全新概念或意义相结合的在语言运用中具有稳定性和复呈性的语言单位"。[2] 并且，这类语词是网络交往中特有的交往语词，在现实交往中使用的日常、书面用语，未作任何改造在网络交往中使用的语词，都不在本章考察范围内。

---

[1] 于根元：《整理网络词语的若干思考》，载陈卫星主编：《网络传播与社会发展》，北京广播学院出版社 2001 年版，第 246 页。
[2] 林玲：《汉语网络新词的判定及造词方式》，《成都大学学报》（社会科学版）2008 年第 2 期。

第一节 作为传播符号的网络交往语词

一、网络语词的基本类型

网络语言作为网络时代的产物,是丰富多彩的网络文化现象之一,也是"传播产生文化"观点的重要佐证。网络语言是指网民们在聊天室、BBS、OICQ、电子邮件和手机短信中使用的那些被视为"另类"的语言表达方式。① 网络语言具有独特的产生方式,"其造词方式大多是利用已有的构词材料,经过联想、加工,或超越某些规则或利用某些规则将声音、形态赋予词中,创造出新的意义"。② 这些观点代表了广义的网络语言。本书主要研究网络语言中的语词,而不包括标点符号。就形式而言,网络语词是由数字、字母、符号、汉字以及其他新奇的组合构成的语体,是人们网络交往中使用的新鲜、活泼而特别的词语,以其类型的多样化和文化的多元化而显示出强大的表现力、生命力和时代感,对传统的语言构成了挑战。

(一)汉语网络语词的主要代表类型

1. 谐音型

这一类也被人称为"象声词"。谐音词是指利用相同或相似词汇的语音所构造出的新词。这类词是在现有文字输入条件的限制下,语言发展的经济配置原则在网络交流中的体现,对简洁、快捷等的追求远超对正确用词的选择。谐音网络语词虽是书面语,但其所指往往不是语词本义,而发音才是真正的关键。例如,汉语谐音的如:"美眉"——妹妹,泛指网上的年轻女孩;"菌男"——俊男;"驴友"——旅友,指喜欢背包旅游的人;"斑竹"——版主;"酱紫"——这样子;"表"——不要;"杯具"——悲剧;"茶具"——差距。英语谐音的如:"伊妹儿"——e-mail;"黑客"——hacker;"猫"——modem(调制解调器);"粉丝"——fans(迷);"烘焙鸡"——home page

---

① 厉兵:《不必视网络语言为洪水猛兽》,《电脑爱好者》2006年第2期。
② 周园园:《英汉网络语言造词方法的比较》,《宁波广播电视大学学报》2008年第2期。

（主页）。数字谐音的如："520"——我爱你；"9494"——就是就是；"7456"——气死我了。混合谐音的如："3Q3Q"——thank you（3 是汉语读音，Q 是英语读音）等。

2. 缩略型

网络上的缩略型词语不是指现实生活中主要使用的缩略型专有名词，主要由汉字组成，而是指交际形态的用语，往往使用汉语拼音字母。例如用汉语拼音第一个字母进行缩写的 PLMM（漂亮妹妹）、LG（老公）、GG（哥哥）等。

3. 词义转换型

词义转换型词语就是把日常生活的词语转换意义，用作网络交往的新的表达方式，即词语的"能指"不变，"所指"有所改变。例如"楼上""楼下"在网络论坛的帖子中指发言人的前面或后面的帖子；"灌水"原意指向容器里面注水，随着电子论坛 BBS 的出现，增加了"向论坛中发帖子"的意思，通常指"发表没有实际阅读意义的水文"；"拍砖"指对与自己看法不同的帖子予以反击，形成了讨论或者争论。有学者认为，中国的语言文字具有形声兼备的特点，"不论社会新事物如何增加，语言如何变动，只要把旧字另行分配，便等于增添新字，适应了新的需要"①。对于网络语词而言，既有此特点，也有创新，比如旧词新义、语序调整或是回归本义。

4. 派生型

派生法即为词缀法，即在需要用一定的网络语词来表达某种特别的含义时，通过加上固定的前缀和后缀派生出新词。在汉语中的这种用法被称为网络语群，"语群是由某一特定语言单位与不同的语言单位分别组合而成的系列词或者短语"②。例如：族——"月光族""追星族""持卡族"等；客——"创客""播客""拼客"等；网——"网恋""网聊""网虫"等。

5. 语码混合型

即把不同的语言、字母、方言及数字糅合在一起，几种不同符号系统同时出现在网络交往语言中，有的学者称之为"三明治"式的语言。如"小 case"（小事一桩），"郁闷 ing"（正郁闷呢），"I 服了 U"（我服了你），"hold 住"（挺住），"你真 in"（你真时尚）；"5555，7456，半天都找不到一个 MM 聊聊，:-("（意思是"呜呜呜呜，气死我了，半天都找不到一个美眉聊聊，不开心"）。短短一句话，出现了汉字、数字谐音、汉语拼音缩略、象形符号等四种符号系统。

---

① 田学斌：《传统文化与中国人的生活》，人民出版社 2015 年版，第 4 页。
② 文姿波、徐章：《英汉网络新词对比》，《知识经济》2010 年第 2 期。

6. 符号图形型

这类网络语词是利用键盘上的字母、标点符号、数字等组合创造的一种"象形词",是最典型的网络语词。此类语词不少需要将符号组合的左右顺序看作上下顺序。例如表情类的,":)"或者":-)",是最基本的笑脸,用于表示善意或微笑;":-("表示悲伤或者生气;"$_$"表示见钱眼开。有表示行为类的,"@_@"表示困惑;":-×"表示闭嘴;"(:-*"表示亲吻。有表示说话人自我形象的,"&:-)"表示头发是卷曲的;"¦:-)"表示中分的发型。

7. 叠音型

重叠造词是把原词中一个表意词素重叠,虽然这类词不符合语言规范,却能增强语言的音乐感,使其更显生动、亲昵。如"漂漂"意为"漂亮","东东"代替"东西","怕怕"指"害怕","坏坏"指"坏蛋"等。叠音词是汉语网络新词中的一种独特的表达形式,表达了一种孩子气的可爱。

(二) 英语网络语词的主要代表类型

1. 谐音型

在英语网络语词中,用于谐音造词的数字有2、4和8,主要是根据这些数词的发音和其他词语组合成简化的表意相同的网络新词,如"up2u"(up to you)、"b4"(before)、"l8ter"(later)。又如调研中,美国青年学生也爱用"GR8"表示great。莎士比亚的名句也变成了"2B or not 2B"(To be or not to be)。此外,还会用发音相似的字母代替该单词,如"How r u?"(How are you?)、"coz"(cause)、"ICQ"(I seek you)。

2. 缩略型

英语中的缩略词在网络出现之前就已存在,在网络出现之后,这种词增长很快,并得到了广泛的使用。由于英语中有的词语是约定俗成的,但较长、不方便使用,缩略词使得英语的词汇更加简短精悍,构词简练,使用方便,满足了网民们进行高效快速交流的要求。这些词主要有两种类型:一是首字母缩写词,即把词组或短语中单词的首字母连成一个词,比如 FYI(for your information)、LOL(laughing out loud)、PC(personal computer)。有些词组或句子也有缩略形式,如 AAMOF(as a matter of fact)、BTW(by the way)、CU(see you)、OTOH(on the other hand)、BBL(be back later)、IMO(in my opinion)、MYOB(mind your own business)。网络英语中常用这些首字母缩略词传达信息,达到网络交往的高效要求。二是简化词,也可称之为半缩略词,即将两个词中的一个词缩写,另一个词保持不变,或把两个词的某部分截取重组成一个新词。例如以 electronic 的首字母 e 和其他词构成的 e-mail（电子邮件）、e-book（电子书）、e-commerce（电子商务）、e-government（电子政府）等词。又例如，uni（university）、info（information）、netizen（net citizen）、edutainment（education entertainment，寓教于乐）等。在网络交流中，也常有美国青年学生用 mo&mo 表示 more and more。另外还有借助数字和字母的混合缩略，如 It's up 2 u（It's up to you）。

3. 词义转换型

与前面汉语网络语词中的情况类似，也被称为"旧词新义"，体现了语言的经济性。例如，thumb 原指大拇指，现指 Windows 系统中的滚动条；thread 原指线或思路，现指单一的话题；flame 由"燃烧、发火"之义引申指在因特网上发侮辱性言语或不良信息；freeze 原指冷冻，现指给文件或程序上锁以防被覆盖。

4. 派生型

派生词是指在词根上之前或之后加前缀或后缀而构成的新词，在英语网络语言中运用得比较频繁。在英语网络语言中用得较多的前缀和后缀是以下几类：cyber-——cyberchat（网上聊天），cyberculture（网络文化），cyberstar（网络之星），cybercrime（网络犯罪），cyberfair（网络集市）；digit-——digiter（网络高手），digithead（网虫）；hyper-——hyperlink（超链接），hypertext（超文本）；-ware——bloatware（大而无当的东西），brochureware（无实际内容和价值的网页）；等等。

5. 合成型

合成词即由两个或两个以上的词按照一定的次序排列构成的新词。在追求实时性的网络交流中，以此类词语表示新事物或新概念的做法受到欢迎。据统计，合成词在英语网络语言中占了 20.7%。[①] 例如，clickstreams 指网络点击率；cyberslacker 指上班时间上网浏览或者聊天的职员；bitloss 指文件丢失；weblog 由 web 和 log 合成，指在网络上写的日记；chatfly 由 chat 和 barfly 合成，指上网聊天成瘾的人。

6. 符号图形型

网络符号属于非语汇交际方式（non-verbal communication）的一种，为全球网民共享。这种键盘表情符号的历史可追溯到 1986 年，美国一位网民在网络留言的末尾加了一个":-)"符号，看起来像一张笑脸，很快流行全球。

[①] 林界军：《基于语料调查和语言对比的网络新词语造词方法研究》，华东师范大学硕士学位论文，2005 年。

受此启发，网友们创造了更多带有键盘特点的网络语言符号，表达丰富的面部表情和身体语言，形象、生动而有趣。

(三) 汉语和英语网络语词的异同

从上可以看出，在传统个人计算机（PC）上网更加普及和 3G、4G 时代手机上网形成叠加效应的大背景下，英语和汉语网络语词在网络时速性和可视性等因素的影响下，在谐音、缩略、符号词等方面呈现出相同或相似的特点。不过，由于汉语和英语分属不同语系，英语是表音文字（拼音文字），汉语是表意文字（音意结合文字），加之网络发展的实际差异，这使得汉语和英语网络语词有着不同特点。

1. 在借词使用上的差异

计算机和网络是在以英语为母语的国家和地区率先发展起来的，因此，英语在计算机网络语言中占主导地位，很多相关的网络用语都源于英语国家。加上最初使用计算机和网络的网民大都受过良好教育，有着较高的英语水平，常会借用英语网络用语进行交流，比如上文提到的英语谐音、语码混合型的汉语网络语词等。因此，汉语网络语言中的英语借词所占比例较大（占 22.24%），而英语网络语言中外语借词很少（占 1.7%）。① 当前，随着中国国家整体实力与文化影响力的提升，汉语词汇也开始被英语网络语词所吸收，比如 wangba（网吧）、dama（中国大妈）等。

2. 在谐音同义词上的差异

由于汉语音节比较简单，主要通过声调来区别词义，加之汉字输入时没有声调的区分，使得很多同音词出现。例如，版主一词有"斑竹""班主""版猪"等多个谐音同义词；"妹妹"一词，有从拼音角度的"MM"，也有从谐音角度的"美眉"等表达方式。英语作为表音文字和拼音文字，有着发达的辅音连缀，使音节变化增加，因此同音现象远远不如汉语突出，单词孤立表意能力比汉语强，也没有谐音同义词的出现。

3. 在合成造词上的差异

用两个或多个单词拼合形成一个新词表达新事物是英语网络语词的重要形式，且占较大的比例，这一点与英语的构词特点有关，而这类词，汉语网络语词中几乎很少见到。而汉语中，将一个表意词进行重叠，造出新词，能增强语言的音乐感，而英语中这样的现象未发现。

以上是从语词构成的角度考察的汉语和英语网络语词的类型及其差异，而

---

① 赵永丰：《英汉网络新词对比研究》，大连海事大学硕士学位论文，2007 年。

从社会因素考虑，随着政治、经济、文化、科技和生活的发展，大量网络新词逐渐产生。例如，随着美国总统奥巴马的上任，出现了 You so Obama（你真"奥巴马"），意思是"你真酷"。"Obama"成为"酷"的代名词。经济方面如Me-tooism（仿效主义）早先出现在澳大利亚英语中，用于指代厂家之间相互仿效的行为。文化方面出现 coolhunting（猎酷）一词，指新兴的市场营销团队，他们的工作是观察和预测当前或新的文化潮流变化。而因应生活方式多样化而产生的网络新词有 cyberslack（计算机懒鬼，指在工作时间用因特网做私事的人），Podcast（播客）等。

汉语中同样也大量存在此类网络新词。例如"躲猫猫""俯卧撑""欺实马（70码）"等是网民们质疑讽刺社会现象和某些政府公务人员工作作风的带有政治色彩的新词。"姜你军""蒜你狠""豆你玩""糖高宗""苹什么""油他去"等词，则是讽刺物价上涨过快的网络新词。反映现代生活变迁的词语有"半糖夫妻"（同城分居的婚姻方式，即夫妻二人在工作日独自生活，周末共同生活），"丁宠家庭"（不要孩子，把宠物当孩子养的家庭）等。

虽然英语和汉语网络语词有以上的差异，但是作为网络语言，其使用的载体均为网络这一媒介，因此，两者在新词产生方面有着共同之处，在很多方面也体现出了共同的特征。根据调查的情况来看，中西方大学生都经常使用谐音型、派生型、词义转换型的网络语词。西方大学生更倾向于使用略缩型、符号图形型网络语词。而中国语言中叠音型网络语词能表达一种回归童年和童真的作用，被不少中国大学生所使用。

二、网络交往中的网络语词特点

在社会转型发展、科技高速进步、文化多元交融的全球化发展背景下，网络交往作为"地球村"的主要交往形式之一，呈现出与时代发展共进的特点，在网络交往中的网络语词的使用也呈现出相应的新特点。有研究者认为，"网络语言具有创新性和随意性强、个性化和人情味浓厚、娱乐性和时尚化凸显等特点"[1]，并认为网络语言形象生动、诙谐幽默、省时简化、娱乐时尚、传播快捷。总结众多研究者对网络语言特点的研究，笔者认为，以下四个特征较为典型。

---

[1] 黄少华：《网络空间的社会行为——青少年网络行为研究》，人民出版社2008年版，第149页。

（一）时代性的创新表达

网络语言代表着一种新的语言文化的产生，通过将文字、数字、图片和符号等进行镶嵌和连接，形成了具有明显网络时代特点的语言，体现了"新"的特点。这种语言的"创新"来源于文化交流和碰撞中产生的灵感与借鉴。随着中外交流文化的日益频繁和网络的普及，英语和汉语的网络语言并非各自独立发展，带有明显外语构词痕迹的新词成为汉语网络热词，比如"客"族词、"控"族词。以"控"为例，其源头是英语complex的前半部分，最初表示"具有……情结的人或极度喜欢某事物的人"，后来人们把喜欢某一事物的人称为"……控"，比如"包包控""本本控"等。这一类词使用灵活，甚至可作为动词单独使用，不但简洁并且构词能力很强，符合青年一代追求时尚、避繁就简的心理。社交网站Facebook风靡美国，现在"Facebook"已被当作动词使用，意思是"在Facebook网站上添加某人为好友，或查找某人"，该词一度成为网络在线词典的热门词汇。

总体来说，无论是中国还是西方，网络语言都代表着一种潮流，其"创新"之处还体现出特有的青年文化特征，"一方面是因为青年文化在人类历史上首次以媒介信息符号的形式展示在世人面前，令世人耳目一新；另一方面，是青年文化的创新特征在网络空间的体现"。[①]

（二）符号化的简约表达

随着现代社会碎片化的生活成为常态，网民在网络交往中讲求高效率、快节奏，因此，在汉语和英语等其他语言中的网络语言都出现了简化的大趋势，表现在词语运用上是缩略词和符号词，前面已经有了例释。在调研中，有六成以上西方大学生喜欢使用缩略型网络语词，比例均大大超过其他类型的网络语词。这些网络语词用简单的符号、在最短的时间传递最大的信息量，比如"BRB"（be right back）、"BTW"（by the way）、"C/C"（comments and criticism）、"$\sqrt{2}$"（个儿矮）、"8147"（不要生气）。同时，有七成的西方大学生喜欢使用符号图形型网络语词，这种符号的使用是对现代标点功能的重新利用，在一定程度上给网上交流赋予了情感。如":-("表示"我苦笑"的表情，"[ ]"表示拥抱，":@"表示怎么了，":D"表示大笑，"Zzzz……"表示自己已经睡着了，暗示对方要加快回复速度。

大学生们初入网络空间，对这些符号的识别就是"通行证"，即使有的青

[①] 杨鹏：《网络文化与青年》，清华大学出版社2006年版，第119页。

年并不能理解符号的真正含义,但仍会以积极的态度去寻求解决方式,"符号的异化、转换及被赋予意义都是网络这一特殊空间在青年文化的交融中获得的"。① 通过使用这些象形符号,网络语言变得更加生动传神,让网络交往跨越时空障碍,具有"可互视、可互听"的近距离效果。

(三) 随意性的灵活表达

按语体划分,语言可分为口语和书面语。网络语言是一种"键盘语言"和"屏幕语言",从这个角度看它属于书面语。然而大学生在网络交往时希望能用较短的时间表达较多的信息量,达到即时交流,因此不可能像书写时一样兼顾语法和用词的规范,有时还会借助于语言之外的手段如图形、符号等传达心声,很多时候类似口语的"心到口到",是缺乏规范的"键盘口语",这种编码和表达的随意性导致了网络语言的不稳定性。例如,"不明觉厉""累觉不爱"等词,不接触网络新词的人就不会知道这其实是"虽然不明白,但是觉得很厉害"和"累了,觉得不再爱了"的含义。用词的随意性和灵活性还体现在英汉混用,如"有事 E 我"(有事发邮件给我)。美国还有的大学生会用"RU der"表示"Are you there";用"MSGS"表示 messages。对 -ie 的使用,也出现了随网络交往而产生的新词,如 debbie(指对网络使用不熟悉的人)、techie(网络科技工作者)、nettie(网民)。

这些网络语词的使用不受语法制约,具有较大的开放性和自由度,也因其随意性,有一些网络语词会随着语境的改变而消逝,被其他层出不穷的新词所替代。但值得一提的是,网络语词的随意性也有其约束和潜在的规范,不能脱离相应的语境,"必须在广大青年网民共同认可的情况下才能够起到传播符号的交际工具作用"。② 应该说,每个网络新词的诞生,无论是谐音型、符号型、还是缩略型、转换型,都要经历一个认知、熟悉、默认和运用的过程,这个过程就是网络新词在使用者之间相互传播、互动交流,并最终领取"通行证"的过程。

(四) 个性化的趣味展现

作为一种口语化的书面语言,网络语言迎合了大学生网民注重实用、追求新意和个性表达的心理需求,成为大学生网络交往的特殊语言符号。大学生群体在网络交流中往往追求语词的新、帅、酷,对语言的使用常常持一种"语

---

① 宗锦莲:《浅析网络语言与青年文化的建构》,《青少年研究(山东省团校学报)》2007 年第 6 期。
② 杨鹏:《网络文化与青年》,清华大学出版社 2006 年版,第 123 页。

不惊人死不休"的态度，他们突破常规，任意组合、不受束缚，标新立异，尽情地"秀"出自己。在美国，在发手机短信和打电子游戏中长大的新生代认为在键盘上输入数字比输入字母更为快捷，他们喜欢用数字和符号代替字母，于是诞生了表达喜悦之情的感叹词"w00t"，意思类似于"耶"（yay），该词曾排在最具代表性的年度热词第一位。而中国大学生也喜欢用"有木有"代替"有没有"，显示可爱。用"泥马"和"你妹"表示情绪和语气，在率直之余不会太显粗鲁。用"萌""宅""雷人""杯具""打酱油"反映一种主观情感，具有强烈的表现色彩。而不少地方的方言也进入大学生的交往用语中，比如"肿么了"表示"怎么了"，"神马"表示"什么"，"菇凉"代表"姑娘"等。这些大学生网络交往中使用频繁的语词有的来自于大学生之外的网民，有的就是在大学生中首先开始广泛使用（比如"hold 住"等），作为对词汇感受非常敏锐的群体，大学生网络交往的新语词已经成为网络上特殊的青年文化符号体系的一部分。

虽然中西方大学生对网络语言的使用就是一种个性化的展现和个人形象的塑造，但中国大学生对网络语言的看法与西方大学生存在差异，西方大学生更看重网络语言的标新立异、生动形象，而中国大学生更看重其对内心情绪的表达和宣泄，以及认同感、归属感的增强。

三、网络语词的发展趋势

前面我们已经提到，网络语词具有简洁、生动、创新、互动性强，更大的开放性和自由度等优点。因此，网络上"这些新词语大量的涌入对于既有的语言系统，不仅仅起到更新和丰富的作用，而且还能通过改变整个语词的系统结构，达到对传统语言僵化框架的篡改、解构，进而大大激活语言创生的潜能"。[①] 然而，从网络语词与生俱来的特性来看，作为一种"屏幕语言"和"键盘语言"，虽然在一定意义上可以将其视作书面语，但是大学生在网络交往过程中，并不会像写书面语一样讲究用词和语法的规范，往往是心到手到，因此，这也是一种缺乏严格规范的"键盘口语"。

从网络语词的产生方式来看，其植根于传统语词，依靠传统语词来解码，但又是通过对传统语词的挪用、篡改、转译和改编而来，存在着编码的随意性和解码的动态性。在网络语词中，汉字、数字、英语字母和符号混杂使用，有时取其音，有时取其义，有时取其形，随意性极大。甚至有时候让打错的字将

---

① 肖伟胜：《作为青年亚文化现象的网络语言》，《社会科学研究》2008 年第 6 期。

错就错，从而追求一种谐趣的效果。

网络语词并非发展成熟了的社会语言现象，只是一个开始，还将不断发展演变下去。每一个新产生的流行的网络语词都存在着阶段性、不稳定性和非普遍性的特点，其发展将会呈现出两种基本轨迹：一种是因为其新颖、形象、贴近实际而被大学生广泛应用，从而走进主流文化的领域；另一种则是随着大学生的成长、成熟或语词产生语境的变迁而慢慢退出历史的舞台。

对于语言的规范性问题，许嘉璐曾说过："规范并不能阻止语言的发展演变和出现一些奇奇怪怪的语言现象，当然也就不能保证出现的新词新语新说法人人都懂得。不进行规范当然不行，过分强调规范，希望纯而又纯也不行。"[1] 网络语词源自网民，流行于网民，很难用传统语言形式去规范。因此，对于网络语言的产生和演变，应当视其特点进行适度引导，而非硬性消除，否则只会引起网民的反感，毕竟只有使用者本身才最有话语权。传统媒体和官方宣传平台应当尊重语言产生和发展的特点，慎重选用网络语词，既不过于强调和附和，也不要过于强硬和拒绝，让其历经时间的沉淀和使用者的选择而自然存在或消亡。

总体来说，网络语词具有生命力、影响力、传播力，一定程度上代表着语言鲜活的发展方向。既然我们无法完全阻止网络语词发展、渗透、流行的趋势，不如对其进行甄别、去芜存菁，在肯定其价值的前提下进行适度规范，让具有时代感的网络语词在丰富语言表现力的同时，自身也得到良性发展。

第二节　作为文化心理表征的网络交往语词

"人的存在离不开语言，海德格尔说过，人表现为言谈的存在者。从这个意义上说，对于青年言说体系及相联系的青年文化的考察和分析，就应该将它视为青年与社会互动的一种特殊符号、一种特殊现象、一种特殊过程。"[2] 在网络交往中，作为传播符号的网络语词本身就是一种内涵极生动的文化文本，每个语词自身都体现出特定的网络文化内涵。而网络语词所具有的创新性、简

---

[1]　姚双喜、郭龙生：《媒体语言》，经济科学出版社2002年版，第79页。
[2]　宗锦莲：《浅析网络语言与青年文化的建构》，《青少年研究（山东省团校学报）》2007年第6期。

约化、灵活性、个性化等特点正符合大学生对交往的期待和需求，他们是积极创作和热衷于使用网络语言的重要群体。网络语言在大学生富有激情、个性的演绎下，承载并表现了新时期大学生的交往心理，成为大学生自我呈现、寻求认同、展示身份的重要载体，体现其独特的社会生存方式，并塑造出具有时代感的青年文化。

一、表现当下大学生求新、求异、求简的心态

在传播学中，受众的心理特征被概括为认知心理、好奇心理、从众心理、表现心理、求简心理。① 在网络交往之中，大学生不仅仅是被动地接受信息的受体，也是制造、传递信息的主体。网络空间的开放性、自由性以及键盘输入的特点被大学生充分利用，他们为了追求快捷高效、展现个性，从数以万计的网民中脱颖而出，在网络用词上不断求新、求异、求简、追求时尚。而这又恰恰展现出了语言与社会互动的重要特点，"语言与社会互动的一个重要特征在于不断发明新概念和新名词，这能使我们用于交际的语言更富有活力和能动性"。②

大学生群体的思维相对而言更具有批判性、创造性，在生活节奏加快、种种压力综合作用下，他们更是喜欢新事物，崇尚创新，追逐时尚，不喜欢中规中矩的传统语言，他们也因此成为网络语词"泛化"的主要推手和受众主体。在问卷调查中，中国和西方大学生使用网络语言的主要原因，排名第一的均为"与网友沟通快捷方便"，而西方大学生对这一原因的认可比例高于中国大学生。在陈要勤的调研中，使用网络缩略语是"为了节省时间"的中日两国大学生都各占60%以上。③ 同时，中西方大学生都认为，网络语言标新立异、生动形象。网络语言中的旧词新解、"火星文字"、重叠构词都是在这种心理的推动下产生的。曾经很流行的"囧""槑""靐"，其实是汉字的古体或异体。"囧"，根据《康熙字典》，本义为"光明"，通炯炯有神的"炯"，而网民纯粹从文字象形出发，用"囧"字形象勾画出沮丧和无奈的表情，成为宣泄郁闷心情的高频字，被形容为"21世纪最风行的一个汉字"。"槑"，根据《康熙字典》，实为"梅"的异体字，网民则赋之以新义"很傻，很天真，傻到家了"，成为很呆很天真的解嘲语。网络语言里，"雷"是指看到某些事物，脑

---

① 黄向辉、傅翔：《从新词的传播过程看语言的社会文化建构功能》，《浙江工程大学学报》2004年第4期。
② 徐真华：《从广州年轻人的语言态度看语言与社会的互动关系》，《外语教学与研究》2008年第4期。
③ 陈要勤：《中日大学生网络缩略语使用心理比较》，《广东外语外贸大学学报》2009年第5期。

子里忽然"轰"的一声,感觉像被雷电过一样,而"靐"就好像被三个响雷同时劈到,堪称"雷"的最高境界。这种幽默调侃的"创新"语言随后逐步向现实生活中渗透,成为大学生中的流行语,并进入到成人社会的日常交际语言中。

同时,大学生们采取语音的谐音和对语词进行缩略,用数字来代替汉字语言等,表现出对自由的追求、对个性的张扬和对简单生活的渴望。如"亲""赞"和"顶"等,"456"(是我啦)、"520、530"(我爱你、我想你)、"1573"(一往情深)等,表达简练而具有表现力。

二、展现大学生的反权威、反传统和宣泄缓压的心理倾向

面对全球经济社会的转型和改革,当代大学生承受着来自学习、生活、工作和交际等多方面的压力,往往会产生郁闷、烦躁和焦虑的情绪。在笔者的问卷调查中,中西方大学生均认为,选择网络语词是因为其能更好地表达内心、宣泄情绪,这是他们选用网络语词的前三项原因之一,而中国大学生认同这一特点的比例又高于西方大学生。大学生在生理、心理上的特殊性,他们在观点看法和情绪表达上都呈现出相当程度的反传统、反权威,打破规范和标准的倾向,因此,在网络交往中,桀骜不驯远远比文质彬彬更能得到大学生的认同。他们对于权威的调侃,对于固化观念的拒绝,为语言的不断裂变提供了无限可能和不竭动力。

例如,"恶搞"一词在胡戈制作了网络短片《一个馒头引发的血案》后成为流行词语,甚至成为一种风潮。在大学生中网络恶搞的出现和流行传达出他们表达自我内心主张的诉求,是大学生在新旧逻辑发生冲突之时的叛逆之举,也是对大学生追新求异理想的成全。他们用语言创新打破现实社会的限制,以颠覆的、滑稽的"无厘头"表达来解构所谓的"正常",从而体验一种自由的境界。同时,大学生对网络语言的热爱,很大程度上体现了渴望参与政治生活、行使话语权的心理,他们乐于通过网络平台,以看似轻松的方式,表达对社会事件和热点问题的立场,体现社会管理参与意识和维权意识,并因此发明了"社会事件缩略语词",如"范跑跑""楼脆脆""躲猫猫"和"我爸是李刚"等,通过隐喻来展现对语言的"玩弄"。随着网络的普及和影响力的加大,越来越多的大学生习惯于在网络空间里宣泄情绪,释放压力与不满。因为网络语言的宣泄,可以超越时空的限制,具有"匿名性和隐藏性",让大学生进入一种相对自由的天地。例如在天涯社区网站"我的大学"的成员中,有的网名可以看出青年对现实的无奈、抱怨和反抗,如"狭缝求生幼""愤怒的

小火锅儿""不要触碰我的底线""心中有恨如何解脱"等。

不过，对权威的恶搞和讽刺，借社会事件宣泄压力，在交流中自由释放情绪，并没有完全让大学生进入真正自由的境地。"网络语言和流行语中对传统权威、偶像的颠覆加剧了青年自我认同危机的处境和英雄主义情结的失却。"① 因此，大学生在对循规蹈矩的传统文化和教育模式反抗的同时，也会进行自嘲，自我评价为"穷、臭、矮、锉"，并感叹"神马都是浮云"。

总体来说，大学生在宣泄与自我安慰之后，表现出用"自己"的方式和同龄、"同道"人交流与沟通，渴望被认同和被主流接纳的潜意识，正如有人所说，"一方面标榜'地盘我做主'的桀骜不驯，一方面又不能不探出头来接受社会规则或规范的审视"。②

三、体现大学生对身份认同、群体归属的需求

齐美尔从心理学角度提出，人一般有两种需要：一是顺应社会的需要，即"社会相符需要"；二是要与周围的人有所不同，即"社会差别需要"。③ 从社会语言学的角度，真田信治认为，人们为了表示占据属于某个社会集团时就会使用该社会集团自己创造的词语，而回避民族共同语中的词语，因为该社会集团的词语具有表达某一地域或群体特殊的情感、文化意识的作用。④ 朱强从符号学的角度认为，"语言，尤其是刻意转换而成的特殊的语词编码体系，已成为青年交际的亚文化部落的符号表征，是构成不同类型的青年区隔的规定性属性特征"。⑤ 从以上中外学者的论述中我们可以得出这样一个观点——大学生选取或创造自己的语言体系，既是对所属群体的申明，也是区别于其他群体的需要。

在调研中，中西方大学生使用网络语词的原因中有一点就是认为网络语词的使用能增强认同感和归属感，在这一点上中国大学生的比例高过西方大学生。对大学生而言，网络语言不仅仅显示着潮和酷，更是一种身份的彰显。他

---

① 黄汀：《青年亚文化视域下的校园网络语言和流行语研究》，《湖南科技大学学报》（社会科学版）2012 年第 6 期。
② 宗锦莲：《浅析网络语言与青年文化的建构》，《青少年研究（山东省团校学报）》2007 年第 6 期。
③ 黎昌友：《从网络语言看当代青年的文化心理》，《成都大学学报》（社会科学版）2012 年第 6 期。
④ 真田信治、涩谷胜己、阵内正敬：《社会语言学概论》，王素梅、彭国跃译，上海译文出版社 2002 年版，第 79–82 页。
⑤ 朱强：《言说：青年社会互动的一种特殊符号——对青年俗语、网络语言、段子、翻唱歌词……的解读》，《青年研究》2001 年第 6 期。

们通过对网络语言等的认同、摹写和再加工，获得与自身角色相关的心理基础，最终完成自身的社会定位和群体归属。在网络空间，大学生通过观点表达、信息交流、情感碰撞，逐步形成了相对稳定的语言运用风格，同时也使得一些网络用语成为网络虚拟社会成员身份识别的标志。例如，有的趣缘群体（如贴吧）就有其独特的语言逻辑，包括对人的称呼、对物的描述和对事的评价等，这些特殊的网络语词一旦被群体成员所理解和认同，就会成为约定俗成的"贴吧语言"，例如"不明觉厉"等，还能够增强群体成员的归属感和认同感，不懂或不会使用网络语词，常常不能真正融入某个群体，或是被贴上"out"（落伍）的标签。如"hold 住"一词在 2011 年经"hold 住姐"在台湾综艺节目《大学生了没》的"一秒钟变格格"的视频广泛传播后，几乎被用在了所有的场合，当下年轻人表达要坚持、要充满自信、要淡定时几乎都会用到这个词语，如果你不知道，就"out"了。

以广东外语外贸大学为例，该校学生在网络交往中使用外语的比例非常大，因此在日常的学习、生活和交流中，以及在网上评论中，都会不同程度地使用英语等外语，外语是他们身份的标志，甚至品位的展现，成为他们特定的身份资本。例如，在广东外语外贸大学建校 50 周年期间，在新浪微博上的广外学生的评论：

> 该用户生于 2016：广外校庆回了广州，除了舍友没告诉任何人没见任何人，不是不想见，不是不思念。只怕见了会不想走，说到底我还是舍不得这繁华。Yet knowing how way leads on to way, I doubted if I should ever come back. But I'm begging for coming back.
>
> 岚岚：广外 50 岁生日快乐从早上的 8 点到下午的 4 点，礼仪 or 秘书部的我们在会议室 stand by，等待校友来访……

此外，广东外语外贸大学地处广东省广州市，招收的学生大部分为广东人，在网络交流语言中，除了夹杂英语表达外，也会穿插些粤语的表达方式等，比如"呢单 case 就交畀你（这件事就交给你）""你老豆大把文啦，惊咩（你爸爸有钱，怕啥）"。总的来说，个性、另类的表达，展现在大学生对这些新生词汇的好感、特殊代码的认同上，成为大学生生活中新鲜独特的文化符号，传达着青年人之间的特殊默契。

四、展现大学生对流行时尚与快乐的追求

对传统语言而言,"约定俗成"是一个长期、缓慢、渐进的变化过程,但对网络语言来说,"约定俗成"之迅速是前所未有的,可以一夜之间成为流行语。社会心理学家认为,"从众是一种普遍存在的现象,在语言生活中,当古人类发觉某人的语言对自己很有吸引力的时候,就会因为喜欢该语言而趋于接受其影响,并采取与之相类似的语言表达方式"。① 在调研中,中西方的大学生都非常推崇网络语词,认为其时尚、有趣、具有幽默感,这是他们选用网络语词的前三项原因之一;而西方大学生认为使用网络语言标新立异,生动形象的比例高于中国大学生。

无论是对于中国大学生,还是西方大学生,总体而言,从众、趋同是他们的共有心态。在网络空间,有着从众心理的大学生会将现实生活中的流行趋势带入网络交往之中,使网络最直接地反映出现时的社会风尚,使其带有浓厚的时尚气息。例如对句式的模仿,2009年7月,百度贴吧里有人给一名非主流男子吃面的图片配文字"哥吃的不是面,是寂寞",不少大学生纷纷模仿,例如"哥读的不是书,是寂寞"等。通过加入"寂寞党",大学生们在效仿和沿用中跟上潮流,也自由表达出一种失落感。

同时,网络就像一个"管轨",为网民们提供一个能够尽情表现和发挥想象力的通道,在这里自我意识和深层诉求能够得到淋漓尽致的表现和抒发。作为网民中最为主动、积极和富有朝气的一个群体,大学生对网络语言的创作与使用在某种程度上就是体验"我言故我在"的生存快感。制造幽默、分享幽默和自视幽默,常常成为大学生网聊的动机。对有的大学生而言,说话这种形式本身,就成为说话的全部内容。例如在作者与受访的大学生的网上交流中,有这样的回答:

A7:最讨厌就是啥也不说不理的啦!!也不看群,那你加群过年啊?(谈对群里成员的看法)

A8:不举报留着过年吗?(谈论群里出现的人身攻击、性挑逗等现象)

这类"留着过年"的表达是一种对语气的加重,比如"这么渣的男朋友

---

① 梁良:《从众》,东方出版中心2007年版,第76页。

不分留着过年吗?!"等。此外,大学生还用同音字、同义字、谐音字等方式另辟蹊径,用借代、比喻、拟人等修辞手法生动表达,使得网络语言变得乐观风趣和充满创造力,让青年大学生的网上交流变得兴趣盎然。例如"汉堡"谐音"憨包",形容一个人呆傻憨厚;利用叠词,体现对童年的回归,对压力的舒缓,比如将"吃饭"说成"吃饭饭"等。总体来说,大学生希望在言行中获得一种"成人感",以出格的、符号化的表达进行炫耀、体验快感。而正是网络所带给他们的开放空间、交流平台,使他们得以成功越过阻碍快乐的壁垒,获得最便捷、最自主的享用快乐的机会。

同时,由于网络空间的自由性、隐匿性等特点,在从众、释放压力等心理因素的影响下,生僻的"火星文"、庸俗废话、下流脏话等网络语言使大学生的网络语言"变质",甚至成为"语言垃圾"。

第三节　网络语词呈现新时期青年亚文化特点

亚文化是与主流文化相对的概念。一般而言,主流文化是指特定时期处于统治地位的文化,代表着一个社会中占支配地位的那些群体的利益,具有保守性;而亚文化则代表社会中处于边缘地位群体的利益,最突出的特点就是边缘性、颠覆性和批判性。青年亚文化,英文是 youth subculture,英文前缀 sub 意味着"附属的、边缘的、次要的、地下的"。"青年亚文化是青年文化中处于非主流地位的文化,主要是指在青年群体中存在的、具有青年特殊性的社会文化现象。"[1] 根据英国伯明翰学派约翰·克拉克(John Clarke)等人的分析,亚文化兴起于统治阶级的"权威危机"或"领导权危机"。[2] 结合符号学理论,伯明翰学派将青年亚文化看作某些小众的青年社群展现(represent)日常生活的"有意味的形式",看作一套构成青年小众群体特定生活方式的符号系

---

[1] 闫珺:《网络时代的青年亚文化——网络流行语言的文化浅谈》,《东南大学学报》(哲学社会科学版) 2007 年第 2 期。
[2] Stuart Hall, Tony Jefferson (eds). Resistance Through Rituals: Youth Subcultures in Post-war Britain, London: Hutchinson, 1976, p.40.

统——"风格"(style)。① 自"二战"以来,到 20 世纪 70 年代中期英国出现的各种青年亚文化群体及亚文化现象都具有明确的"仪式抵抗"意识和身份认同诉求。

到了 20 世纪末、21 世纪初,西方学术界出现了"后亚文化研究"(post-subcultures studies)和"后亚文化理论"(post-subcultural theory)。他们研究网络时代的虚拟社群身份、消费主义弥漫下抵抗意识的消解等,认为当下的青年亚文化社群已经失去了进行"仪式抵抗"的"英雄精神",演变为碎片化、混杂性、短暂性和"无关政治"的"流动身份",缺乏此前"抵抗型"亚文化的反叛性。②

作为一种文化方式,青年亚文化具有"偏离性"。青年人对主流意识形态、学校和家庭等传统权威的抵抗和反叛,往往通过仪式化、风格化和符号化的"偏离性"方式表现出来,而新奇、怪异的网络语词就是最好的载体。前面我们从大学生创造和使用网络语词进行交往活动入手,分析了大学生网络语词的特征,以及大学生在人际交往中使用网络语词的心理特点。而在现代社会的语境之下,青年文化投射于网络空间,形成了以共同的"语言记忆性社群"为基础的青年亚文化现象,通过对网络语词的使用,体现了青年亚文化反叛与创新同在、渴望认同与刻意回避同在、个性张扬与盲目追随同在、理想追求与享乐主义同在的两极化特点,呈现出了以流行去反抗流行,以时尚去消解时尚的文化景观。

一、反叛与创新同在

在网络空间中孕育、传播的青年亚文化,不同程度地体现出围观、起哄、狂欢、"无厘头"等特点,但其中潜藏的"抵抗"仍旧是青年亚文化的根本特性。正是"青年人特有的反传统性、对权威以及一切固化的标准的鄙视、拒绝和挑战,提供了语言不断裂变的永恒动能和无限可能"③。而网络语言作为一种虚拟性社群语言,"它不仅是一个交际工具或符号体系,而且是这一社群

---

① [英]安迪·班尼特、基思·哈恩-哈里斯:《亚文化之后:对于当代青年文化的批判研究》,中国青年政治学院青年文化译介小组译,中国青年出版社 2012 年版,第 13 页。
② [英]安迪·班尼特、基思·哈恩-哈里斯:《亚文化之后:对于当代青年文化的批判研究》,中国青年政治学院青年文化译介小组译,中国青年出版社 2012 年版,第 16–17 页。
③ 闫珺:《网络时代的青年亚文化——网络流行语言的文化浅谈》,《东南大学学报》(哲学社会科学版)2007 年第 2 期。

中的成员认识、阐释世界的一个意义体系和价值体系"①。目前流行于网络中的不少网络热词都源自大学生对现有传统语词的挪用、改编和转译，是通过缩略、拼贴等多种方式创造的独特符号，体现了对传统主流观念的抵制，对常规意义的篡改，对固定做法的创新，是大学生在语词符号层面上的象征性抵抗。

不少网络语词和表达来自于大学生对社会突发事件的强烈反应。对于社会不公、贪腐行为、食品安全等事件，在社会矛盾的交集点，大学生们体现出强烈的社会关切和责任意识，比如："表叔""欺实马""生，容易。活，容易。生活，不容易。"在语言的狂欢中，大学生抱着"语不惊人死不休"的心态，用拼贴、戏仿、恶搞等手段去挑战传统话语，体现出反叛与创新同在的"游戏精神"。

二、渴望认同与刻意回避同在

语言，能流露出青年内心的真实情感。"90后""00后"大学生正处在人生最重要的成长阶段，成人世界总对他们有着善意的担心和忧思。对大学生而言，他们正处于离开父母直接的管理教育、又未自食其力，社会化过程未完成的人生阶段，自我角色定位尚在形成，因此，他们对于主流文化的讽刺和反叛，实际上是渴望得到社会承认的另一种表现形式。他们要努力去解决成长中的"自我同一性危机"，在实践中去解答"我是谁""我现在何处""将何去何从"等问题。

网络给予了大学生网民话语的权利和较大的自由，他们通过创造新词、新符号，通过全新的话语表达，展现本真、富有朝气和创造性的一面，使网络语词成为他们主动观照自己的一面"镜子"，也让网络语词成为他们融入群体的一种途径和载体，通过使用这个身份识别的互动符号体系，他们在人际传播中展现出一种新的"文化方式"。同时，不断被创造、使用的网络语词，在发展演变过程中，总有一部分会被现行的语言系统收编、整合，而以网络语词为表征的青年亚文化是否会因此失去抵抗意义、力量被弱化呢？笔者认为，对认同的渴望与对主流社会的回避作为一对矛盾体而存在，青年亚文化与主流文化之间既存在象征性的对峙冲突，又有着潜在的一致性和连续性，因为网络语词是在与主流话语的千丝万缕联系中建构自身的价值判断，生产出自身的意义内涵，从而在不知不觉中完成了信息时代青年亚文化的变迁。

---

① 肖伟胜：《作为青年亚文化现象的网络语言》，《社会科学研究》2008年第6期。

三、个性张扬与盲目追随同在

虽然大学生是网民中的重要群体，但相对而言，他们仍是无法在社会上行使话语权的"弱势"群体，他们渴望成熟，并通过参与社会事件的言行获得一种"成人感"。他们时常通过个性甚至出格的表达来放松情绪，体验快感。观念的冒险、言语的出轨常成为"90后""00后"大学生群体亮出个性的炫耀性行为。尤其是西方大学生，他们在使用网络语词方面对标新立异的追求比中国大学生更加明显。这种个性的张扬是对主流社会的抵抗和反叛，但有学者认为，这种仪式性、符号化的"偏离性"并不彻底。"网络语言是对精英语言的解构和重建，但不是完全背离主导文化的全新创造，更多的是一种对主导、精英语汇的'偏离性'改写，它风格化地揭示了当下的文化症候和社会矛盾，表现出被强势媒体忽视或不屑表现的草根体验，提供语词符号层面上的象征性抵抗，在想象层面上解决了尚未化解的矛盾，为弱势群体赢得了文化空间，尽管这种抵抗最终无法解决实际问题。"①

同时，大学生在使用网络语词表达情绪、评论时事时，也存在盲目跟风的现象。在北京大学教授夏学銮看来，大学生对网络语言的创制和使用都受到了"俗""媚""特"为特点的后现代文化的影响。② 例如"萌萌哒""棒棒哒"，"哒"成为网络语言的后缀，有汉字"的"的意思，被大学生广泛运用于QQ、微信、贴吧中，以"么么哒""呵呵哒"为词语榜样的词群从而诞生，"呵呵哒"之类亦随语境之变而变，可谓"百样语境百样哒，百样呵呵么么哒"，也是一言难尽。此外，"一言不合就开车""一言不合就飙车"此类句式也成为大学生的"吐槽"用语，多指毫无预料地发生了某件事情，冷不丁就突然做出某事了；还有从"友谊的小船说翻就翻"衍生来的"翻船体"，如"爱情的巨轮说沉就沉""卡里的余额说没就没"等，这些网络语词既显示了创新性、灵活性，也体现了跟风和从众的心理，它们共同建构了一种新的话语体系，成为时代的"镜子"，为我们观察社会变迁、社会心态和大学生的心理走向提供了一个重要的窗口。

---

① Stuart Hall, Tony Jefferson (eds). Resistance Through Rituals: Youth Subcultures in Post-war Britain, London: Hutchinson, 1976, p. 147.
② 朱强:《言说：青年社会互动的一种特殊符号——对青年俗语、网络语言、段子、翻唱歌词……的解读》,《青年研究》2001年第6期。

四、理想追求与享乐主义同在

大学生群体是乐于接受和善于驾驭网络语言的新生代群体，他们大多不会像前辈一样，以挑剔的眼光看待新生事物或是苛求新生事物的完美无缺，他们更多以包容善解的心态去迎合新生事物的逻辑，以积极主动的实践去体验和建立规则，甚至在新旧逻辑发生冲突的时候，他们会以叛逆的举动来成全其追新求异的理想和目标，他们热爱自由，心胸开阔，视野开放，能接纳不同的文化。

通过对网络语词的使用，大学生以一种戏谑的方式展现对学习、生活、爱情和人生的理想追求。例如"也是蛮拼的"，表示"非常努力"或"特别努力"，虽然结局不一定成功，多用于赞扬别人的努力态度。当然，"也是蛮拼的"在被广泛传播后，原意在使用中已经有了改变，主要表达说话者对其所说事件／任务的嘲讽、嘲笑或者鄙夷。还有"女汉子"（指带有"纯爷们性格"的女性）的出现，反映出中国女大学生的自我定位，从温柔婉约向独立强悍、敢作敢当转变，体现了面对压力的勇敢，也潜隐着一些无奈的辛酸。虽然坚持追求理想，但难免会被现实所刺激。对于王健林设定的"先挣它一个亿"的"小目标"，青年们也不无讽刺和调侃地提出"让老板发工资""先找到对象"等"小目标"。

在激烈的竞争环境下，面对工作、学习和生活压力，调侃，成为大学生们让生活变得轻松起来的一种方式，在笑声中宣泄情绪，自我疗愈。比如"蓝瘦，香菇"（难受，想哭），被广大青年网友制作成各种表情包聊天调侃。这两个词源于广西南宁一小哥失恋后所录的视频，在2016年火遍大江南北，方言所表达的韵味和情感，加上青年人喜欢逗趣的心理，推动着该词的广泛传播，并最终入选语言文字规范类刊物《咬文嚼字》杂志社发布的"2016年十大流行语"。网络是一个特殊的语域，网络交往时的话语方式常常是非正式的、轻松的，人们常常需要用这种方式来弥合时间、空间和感情的隔断，宣泄情绪，协调关系，弱化冲突，并拉近对话双方的心理距离。

本章小结

从语言与文化共生的角度来看，网络语词作为新时期社会环境下的新产物，已经被中西方大学生所接受和认同。虽然在运用和对网络语词的看法方面，中西方大学生存在着一定的差异，比如西方大学生更重视网络语词带来的简单快捷和标新立异、显示个性，中国大学生更重视网络语词的表达内心和宣泄情绪，以及增强身份认同感和归属感等方面的作用，体现出在个人主义、集体主义文化环境中成长对他们网络交往方式的影响，但中西方大学生对网络语词的创造和使用都对世界或区域、国家的青年亚文化起着重要的建构作用。

　　从方式上看，网络语词使青年文化从沉默的内部焦躁不安转变为亮眼的外部自主抵抗，成为信息时代里一种特殊的启蒙方式；从内容上看，网络语词作为价值观和行为方式的最集中体现，对大学生的生活方式、行为举止和装扮爱好都发生了程度不同的影响；从功能上看，网络语言引导、推动了一场强烈需求下的快乐变革，缓和了大学生社会化进程中的激进与狂躁，使得青年大学生与社会文化更为亲近，同时，在传统媒体、新媒体的共同推动下，青年文化逐步获得社会的认同，并在部分领域反哺传统文化。

第七章 超越与失衡：网络交往与大学生社会化

互联网的产生，为人类提供了另一个生存空间，带来了人类生存方式的又一次巨大变革，改变了传统的生活方式、人际交往方式。在一个日趋网络化的环境里，网络时代的自我认知和自我呈现方式，信息观念和信息传播方式，群体交往和互动表达方式等都被重新定向。这种定向具有替变性、剧烈性和剧变性，导致了大学生生存环境的重大变化。在这样的剧烈变革中，大学生既得到了解放，也受到了控制；既得到更大的自由，也被剥夺了某些自由；既实现了自我的社会化发展，又出现了角色身份的异化和发展的迷失和混乱。从"双重视域"① 的概念来看，网络交往对大学生社会化的影响，既有着超越，也带来了失衡，正如一枚硬币的两面，存在着正反两方面作用的潜在冲突。

第一节 大学生社会化及其内容与特点

一、社会化的概念

关于社会化（socialization）的概念，其系统的理论源于西方学术界。早在19世纪90年代中期，社会化的提法就见于美国的社会学著作，然而，要到20世纪30年代，社会化研究才真正在美国引起人们的普遍关注。总体来说，西方学术界各学派都从不同角度论述了个人的社会化。美国的社会学家戴维·波普诺（David Popenoe）认为"社会化"是"一个人获得自己的人格和学会参与社会或群体的方法的社会互动过程"。② 亚历克斯·蒂奥（Alex Thio）则认为社会化是"社会将文化价值观传递给它的成员的过程"。③ 在他们看来，"社会化"是获得人格、参与社会互动、传递文化价值观的过程。有英国社会学家认为，"我们的自我的形成过程，本能可能或不可能被抑制的过程，往往被称为社会化"④。这里指出人们被社会压力的内化所社会化，被转化为一种能够在社会中生活的存在。因此，有学者认为，社会化是"文化在信念、风俗、

---

① 南帆：《双重视域——当代电子文化分析》，江苏人民出版社2001年版，第4页。
② [美]戴维·波普诺：《社会学》（第十版），李强等译，中国人民大学出版社1999年版，第142页。
③ [美]亚历克斯·蒂奥：《大众社会学》（第七版），丛霞译，人民邮电出版社2012年版，第74页。
④ [英]齐格蒙特·鲍曼、蒂姆·梅：《社会学之思》（第二版），李康译，社会科学文献出版社2010年版，第25页。

行为习惯及语言等方面教化其成员的过程"①。而不同文化的价值观在该种文化的风俗、规范、政治和制度等方面得到体现，成为一种社会化的情境，潜移默化地影响人们日常交往的方式，深刻地改变身处其中的人们，将其塑造成为现实的"自己"。

在中国，心理学领域中对社会化的研究，从20世纪90年代起进入大规模的经验研究阶段。在社会学研究领域，不少学者认为，社会化是一个人由"自然人"或"生物人"成为"社会人"的全部过程。社会化"是指个人获得社会生活所必需的知识、技能和规范，取得社会生活资格，发展自己社会性的过程。……就是学习和传递一定的社会文化，学习做人的过程"②。从社会化的内容来看，主要包括三个方面：（1）影响人格形成、发展和形成自我观念；（2）内化价值观念，传递社会文化；（3）掌握社会技能，培养社会角色。③ 在这个过程中，对个人而言，需要通过语言、知识、技能的习得，行为准则的遵循来适应社会环境；对社会而言，当一个个"个体"实现"社会化"，形成大体一致的价值观念、行为规范时，将使社会秩序得以维持，社会发展的连续性得到保证。

二、大学生社会化的内容及特点

在人的一生中，社会化的进程是不间断的。青少年时期是个人社会化历程中的重要阶段，大学阶段对于青年社会化而言则是至关重要的。因为在心理发展上，大学生正处在一个心理成长的重要时期——"心理断乳期"。美国社会学家认为，青春期是一个敏感期，这个时期青少年的身体和思想都在发生戏剧性的变化，他们需要不断去学习适应新东西，获取扮演新角色的能力和新的认可。

对于大学生而言，作为高文化层次的思想活跃的青年群体，他们正处于接受专门教育的黄金时期，也处于意志、性格形成与稳定的最佳时期，这个时期自我意识高度发展，认识、评判问题的能力显著增强。然而，正处于"心理断乳期"的他们，面对身心发展的不平衡以及社会发展多元复杂的外部环境时，在社会化方面具有其特殊的复杂性。作为社会化的主体和客体，大学生既

---

① ［美］道格拉斯·肯里克、史蒂文·纽伯格、罗伯特·西奥迪尼：《自我·群体·社会——进入西奥迪尼的社会心理学课堂》，谢晓非、刘慧敏、胡天翊等译，中国人民大学出版社2011年版，第50页。
② 贺香玉：《和谐社会视野下的大学生社会化问题探究》，中国时代经济出版社2009年版，第6页。
③ 郭玉锦、王欢：《网络社会学》，中国人民大学出版社2010年版，第321页。

成为社会化的对象,又成为促进社会发展的重要力量,以自己的行为影响社会,推动社会发展,并对今后进入社会起着重要的导向和基础作用。

有中国学者认为,大学生的社会化"是大学生在社会角色期待的引导下、在中学社会化的基础上,以校园文化为依托,进一步学习、吸收和创造社会文化,掌握社会所畅行的行为方式,逐步适应社会生活,成为能自觉履行一定社会角色行为的社会人的过程"①。这个定义侧重于描述社会角色的期待和行为的履行对于社会化的重要作用。大学期间的社会化过程是大学生在以往社会化基础上的继续社会化,是大学生适应社会文化、形成健康人格、掌握知识技能、完成职业准备的社会化。

具体而言,大学生社会化包括四个方面:树立正确的世界观、人生观和价值观;学习和内化社会规范;获得社会生活基本技能;培养和造就社会角色。也就是说,大学生要实现以下的"转化":智能结构专业定向化;世界观、方法论的系统化;价值取向高层化(建立一套合理的价值体系);道德原则理性化;政治方向科学化;"自我"人格健全化;人生理想体系化。而从发展心理学的研究结果来看,大学生的社会性心理发展体现在以下几个方面:追求独立自主;形成自我意识;适应性成熟;认同性别角色;社会化的成熟;定型性格的形成。有学者认为,人的社会性发展"包括个体通过社会学习获得社会生活所必需的道德品质、价值观念、行为规范、社会责任、交往技能、自我调节能力等等"。②

综合众多学者的研究成果,笔者认为大学生的社会化发展主要体现在以下三个维度:健全自我意识,推进人格形成、发展;学习、内化社会规范,传承、创新社会文化;掌握社会技能,培养社会角色。

三、网络媒体与大学生社会化

人的社会化的必要条件主要包括两个方面:个体生物基础条件和外界社会环境条件。其中,外界社会环境条件是指对个体的思想观念、心理特征和行为方式产生影响和作用的全部社会因素,主要包括家庭、学校、单位、同辈群体和大众传播媒介等,其对社会化的影响极其重要。美国社会学家认为对社会化影响最大的群体是社会化的主体,"社会化过程涉及一系列广泛的个人、群体和机构。这些群体中最重要和最有影响者被称为社会化的主体。主要的社会化

---

① 贺香玉:《和谐社会视野下的大学生社会化问题探究》,中国时代经济出版社2009年版,第11页。
② 彭静:《网络交往对大学生社会性发展的影响研究》,内蒙古师范大学硕士学位论文,2010年。

主体有家庭、学校和日托中心、同辈群体，以及大众传播媒介"。① 而英国社会学家认为，有些群体属于规范性的参照群体，设定了我们行为的规范，以家庭、朋友、教师等作用最为显著。不过，这些群体需要我们"赋予其重要意涵"时，才会成为参照群体，也就是说，要实施其影响力，就要求达成一定程度的共识，这是前提。他们认为，目前存在这样一种趋势，越来越多的知识是经由大众传媒，通过描述来获得，而非通过结识他人，"大众传媒以与日俱增的速度传递着有关最新时尚风格的信息，遍及天涯海角。在这个过程中，它们所彰显的那些生活方式可能会被赋予某种权威，并且都可能招来人们效仿，渴望成为这类群体的一员"。②

有中国学者认为"由社会机构、大众传播媒介、各种组织、家长、教师、权威向青少年个体传授文化价值观、行为规范、生活技能的过程"是单向的文化传递过程，是传统的社会化理论对社会化的理解。③ 这种单向模式强调社会环境对个体的塑造，强调年长者对年轻一代的教授，没有或很少体现年轻一代的主体性。随着西方文化的传入和影响，尤其是20世纪90年代互联网的出现与普及，使得网络媒体成为继报刊、广播和电视之后发展起来的、与传统大众媒体并存的新媒体，被称为"第四媒体"。在社会学领域，有学者已经将之与已有的四种传统的社会化机构（家庭、学校、同辈群体、大众媒体）相并列来进行研究，我们可以认为，网络已与前四种传统社会化机构共同构成了一个连续性很强的社会化体系。

网络媒体这个新的社会化机构的出现，给大学生带来全新的内容、体验和影响，他们的社会化因此呈现出新的特点。一是从传统的现实社会化模式转变为网络社会化与现实社会化二元交织的模式。网络建构了"第二现实世界"，网络交往使大学生拓展了视野，增加了生活情趣，在这个成长的重要社会生活空间中，大学生的社会交往从传统意义上的"与客观现实世界的互动"变成"与虚拟社会场景的对话"，大学生社会化模式已演变成为传统"真实社会化"基础上的网络"虚拟社会化"。家庭、学校的社会化功能正呈现弱化的趋势。尤其是对于西方大学生而言，学校的管理是突出学生的自主性，相较于中国大学生更为松散。在我们的调研数据中也可以看出西方大学生受网络交往的影响较大，网上认识的朋友等对其社会化产生着重要影响。二是从"线性"社会化到"网状"社会化。前面我们讲到长者施教于幼者的言传身教、代代相

---

① ［美］戴维·波普诺：《社会学》（第十版），李强等译，中国人民大学出版社1999年版，第157页。
② ［英］齐格蒙特·鲍曼、蒂姆·梅：《社会学之思》（第二版），李康译，社会科学文献出版社2010年版，第26页。
③ 刘长城：《网络时代青少年社会化模式的转变》，《当代教育科学》2007年第21期。

传是"线性"社会化模式,个人威信随着年纪增加而相应提高。而当社会进入网络化、信息化时代,文化的发展变得更加多元,互联网、智能手机终端等多元的信息来源如网状结构对大学生社会化发生影响,逐步形成"网状"社会化的新模式[①]。在网状社会化模式下,文化影响途径更为立体,大学生可以在一定程度上摆脱文化权威的压制,表达个人见解,争取年轻一代的话语权,张扬独特个性。

第二节 网络交往对大学生社会化的积极影响

大学生社会化主要包括完善自我意识,推进人格形成和发展,学习、内化社会规范,传承、创新社会文化以及掌握社会技能,适应社会角色等。网络空间为大学生社会化提供了一个全新的发展环境,在这里,大学生可以成为对各种观点做出即时反应的活跃群体,不再只是被动接受的"靶子";他们可以随时与他人交流,产生思想上的碰撞,可以不用因为担心被群体所孤立而深陷于"沉默的螺旋";他们能够畅所欲言,积极地展现自我,跳出议程设置的控制。总之,相较于传统人际交往,大学生网络交往所具有的特点有利于促进大学生交往的主动性、开放性和互动性,进而对大学生社会化产生积极影响。

一、增强大学生的主体性

社会学家吉登斯(Anthony Giddens)说:"'生活政治'是一种'生活方式的政治',人们其实是通过对生活方式的选择来实现自我认同。"[②]增强主体意识的一个重要方面是培养建立在个性差异基础上的认同感。网络空间的平等性和开放性的技术特点,可以使网络交往淡化身份、地位、职务的高低,实现交往中的平等表达、以理服人,这一属性恰恰与公民社会中主体地位均等的观念相契合。网民个体在网络空间进行双向和多向的交流互动,推动着观点和意

---

① 刘长城:《网络时代青少年社会化模式的转变》,《当代教育科学》2007年第21期。
② [英]安东尼·吉登斯:《现代性与自我认同:现代晚期的自我与社会》,赵旭东、方文译,生活·读书·新知三联书店1998年版,第246—253页。

见的最终形成，使得公共关怀、社会责任感和理性精神等都得到不同程度的提升。

同时，网络空间所具有的表达方式自由、传播观点自由的特点，又与大学生崇尚自由、彰显个性的心理相吻合，进而影响着大学生的思维方式和行为特点，成为培养和彰显大学生主体性的绝佳平台。在前面讲到的网络趣缘群体交往中，大学生通过自身的集中展示来确立并维持自己的身份，塑造自己的形象，通过在活动中体现创造性和能动性，推动参与意识、民主意识和团结意识的形成。在网络趣缘关系中，大学生的主体性得到提升，为其全面发展确立了主体性前提，而在一定程度上，网络趣缘关系主体的主体性提升，会使得趣缘关系的发展程度越高，使得趣缘关系的影响力越大、地位越显著。

二、促进大学生自我发展和人格完善

网上交往的符号特征使得网上互动过滤了真实身份和真实环境所带来的交往障碍，"在同辈群体互动中，同伴关系使个人有机会找到与时代合拍的角色模式。青年走向社会的过程，很大程度上就是角色学习的过程，是寻求自我身份（即Identity，又译为"同一性"）、确立独立性的过程"。① 对于大多数中国或西方的大学生而言，他们衣食无忧，不必为基本的生存而打拼，更多的是追求自己的理想，渴望超越平凡、实现自我。在与同辈和同好的交往中，大学生感受到轻松、自由和愉悦，而线上与线下的交流和交往，成为他们情感沟通和身份认同的途径。在自我展现、自我建构的过程中，他们不断发现理想与现实之间的差距，又不断借助公开或隐蔽的方式与现实抗争，或是不情愿地向现实妥协。

弗洛伊德认为，压抑和宣泄是人的两种基本心理机制。梦，是人们在日常生活中进行宣泄的理想场所；而网络交往又成为"自我"宣泄的另一个理想场所。只要愿意，大学生可以在网络交往中把真实的自己隐藏在一个又一个面具（虚拟角色）之后，而把内心深处那个"本我"不加修饰地暴露出来，从而宣泄压抑的欲望，排解内心的苦闷，释放潜在的压力，从而让自己内心得到释放，也为进一步增强抗挫能力、提高自我调适能力创造了锻炼的机会和平台。在这个平台上，大学生与不同文化背景、不同身份地位、不同性别年纪的人交往，在交往中得到信息反馈，做出自我评价，找到自我价值和角色定位。

在通过角色学习发展、完善自我的同时，网络交往让大学生打破束缚，个

---

① 杨鹏：《网络文化与青年》，清华大学出版社2006年版，第112页。

性得到自由、全面发展。在信息多元化的社会里，文化的交流、传播之广之快，足以让每一个人感受到在我们现实视野之外更多个性文化的影响和冲击。因此，文化发展呈现多元化发展趋势，人们的个性发展也日益呈现多元化的趋势。"人与文化环境之间存在着一种双向的运动：个性的人创造个性文化，而个性文化也创造人的个性。"[①] 人对文化的创造过程本身就是人自身个性化的过程，而从文化的角度来讲，每个人所处的文化环境不同导致他们个性上的差异。

对于大学生而言，大学时期是其个性和人格趋于稳定或完善的时期。网络具有平等、"去中心"和隐蔽性的特点，一定程度上可以使大学生在网络空间提供的自由空间和个性发展舞台上大胆发表言论和抒发感情，尽情地展示个性，从而打破现实的樊篱，把自己从各种束缚中解放出来，使个性得到自由、全面的发展。同时，网络空间是一个"自己管理自己"的虚拟社会和"自由王国"，法律、制度等在现实社会中对人类行为起规范约束作用的强制手段都不同程度地被削弱，甚至失去效用。在网络交往中做出何种选择，完全取决于大学生自身，他们的行为接受着道德、伦理和法制等有形、无形的考验，而这对于他们自主意识和思辨能力的培养十分重要且有效。

三、促进大学生人际交往能力的提升

青年大学生思想和行为都十分活跃，但他们的社会交往仍然相对有限，除了志愿服务、社团活动和各类实习外，其活动范围基本局限在校园内。网络以其特有的方式和丰富的内容，展现出全新的虚拟社会和世界，拓展了大学生的交往空间，满足了大学生与生俱来的渴望参与交际的原始动力。网络交往改变了面对面为主的传统人际交往形式，为大学生提供了获取信息、展示自我的开放平台，尤其是对于现实中不善交际的大学生，为他们拓宽交往面、满足情感需求、摆脱空虚和孤独提供了社会支持。

当大学生加入某个网上群体，网络中的这个集体为大学生提供了倾诉的空间和对象，而在网上交流时所产生的亲密感和超时空感，可以使大学生抛下现实学习、生活中的顾虑，在网络空间里尽情地宣泄情感，并能很快找到自己的知音。尤其是以兴趣爱好为导向加入网上群体，能够结识更多志同道合的朋友，拥有共同精神追求的成员本着平等互助的原则交流和分享信息，营造了浓厚的群体意识和氛围，能帮助大学生实现自我发展，形成稳定的人际关系社会

---

① 宋元林等：《网络文化与人的发展》，人民出版社2009年版，第28页。

网。伴随着网络的出现，大学生们在网络空间创立自己的独立社区，一旦进入这个社区，便意味着成人"仪式"的开始，网络空间成为他们找到自由、独立、认同和自我价值的精神家园。同时，跨越时空和地域疆界的网络空间还能够让大学生跨越地域和民族的局限，克服自身和社会关系的局限，达到和世界交往的目的，在交往中学习和利用社会的成果不断发展自己。

大学生自身也感受到了网络交往对其成长的积极作用，在前面的调研中，虽然国籍不同、性别不同，对网络交往的认识不太一致，但我们可以看到一些共同点，那就是中西方大学生都认为网上交往能够展示自我，与网友交往能带来快乐，能为他们找到知己提供平台和机会。正是网络交往改变了现实社会中的人际关系，让传统交往中繁杂的人际关系可以通过网络在短时间内完成，为人际关系的完善留下空间，最终为人的自由发展创造更好的环境。

四、促进大学生知识面的拓展

网络资源包罗万象，教育、政治、经济、文化生活等各种信息都容纳在网络空间中，全球化的信息网络连通世界各地的网民，跨国家、跨民族、跨文化、跨时空的信息传播浪潮，缩短了人与人之间的距离。只要拥有一台能上网的电脑或一部智能手机，大学生们就能向世界各地的老师请教，就能轻易获取各类资料和信息。在全球化、信息化的时代，只有拥有世界性的交往平台，才能实现"文明共享"，才能让大学生在更广阔的平台上拓展知识、开阔视野和更新知识储备，进行更全面、更深入的思想交流和观点碰撞。从更广阔的领域而言，网民在上网的同时，也给网络文化带来他的思想文化和生活观念。"这些思想文化观念在网上碰撞、交流或融合，逐渐形成网络文化关系的行为规范和价值观念，而其影响也将会超越技术层面，最终把其全新的价值观念融进当代主流的社会，从而在文化关系层面上影响和改变人的生活状态。"[①]

而事实上，大学生既在网络交往中、网络文化的浸润中成长，也给网络空间加入了各种个人元素，呈现出多样化的网络文化。前面提到的网络趣缘群体，身处其中的成员通过共同的知识生产和信息的互惠交换，形成"集体智慧"。对于各种形式的网络交往对个人知识面的拓展，大学生们有着清晰的感受。受调查的中国大学生大多认为，网上交往拓展了视野，更有利于掌握课堂上学不到的知识和他人对问题的看法，使知识面变广了，使分析判断问题的能力增强了；西方大学生也倾向于认为，上网能够使他们掌握前沿性知识。

---

① 宋元林等：《网络文化与人的发展》，人民出版社2009年版，第108页。

因此，无论是对于中国大学生，还是西方大学生，网络交往能使他们的社会关系得到高度丰富和发展，使他们得以在网络上交流知识、讨论问题，相互促进，共同提高。从长远来讲，大学生可以利用网络的知识宝库，用人类的一切文明成果来拓展个体智慧，使自己的素质、能力、才干得到全面发展。

第三节　网络交往对大学生社会化的消极影响

网络是现实生活的另一个版本，现实生活中存在的社会化的问题在网上也类似地存在着。然而，网络本身所具有的特征，使网络交往呈现隐蔽性、匿名性和复杂性等特点，沉溺于网络交往会衍生出许多新的问题，对大学生的社会化过程造成一些消极的影响。美国皮尤研究中心的报告中指出，当今青少年广泛采用各种数字技术，其已经成青少年生活的中心。[①] 在接受调查的中国大学生中，没事就看手机、利用手机来消磨时间的比例很高，对手机的依赖性更加明显，手机带来的负面影响比西方大学生的程度更重。而对于中西方大学生而言，意识到手机负面影响的学生也越来越多。

一、造成大学生角色身份异化

当人类进入"媒介化生存"时代，媒介作为一种"工具性存在"，越来越成为人们学习、工作和生活中须臾不可离的中介。人们对于媒介的依赖程度越深，人们的生活就越媒介化。物极必反，媒介化生存也带来了人的异化。用现代哲学的眼光来看，异化是对象化、物化的延伸，是由人创造他物而他物又束缚了人的过程。异化，"主要指具有自我意识及主体能动性的人亲手完成的创造物，成为一种异己的力量外在于人、独立于人、不以人的意志为转移、与人疏远或隔膜，甚至转过来支配人、束缚人、压迫人、奴役人"。[②] 有学者曾提出六种社会心理异化形态：无奈、茫然、离经叛道、文化隔离、自我隔离、社

[①] Monica Anderson. Parents, Teens and Digital Monitoring, www. Fortelease January 7, 2016.
[②] 赵瑞华：《媒介化生存与人的异化》，《新闻记者》2010年第2期。

会孤立。① 这六种形态在虚拟交往中都有所表现。

本书第四章谈到确立自我同一性、防止角色混乱是青少年需要完成的重要发展任务，而社会化即角色学习。全新的网络交往方式和平台带给大学生现实交往中不能拥有的满足感，也为大学生的自我认识和角色扮演提供了更多途径，通过在网络交往中塑造虚拟自我，进行社会角色扮演，大学生可以充分地发掘自我，获得新的数字身份，为现实社会的交往提供实践的经验，检验自身角色行为。但是，当网络屏蔽了与现实生活的关联，大学生们会以为网络中虚拟的现实就是真实的生活，"网络之镜"中的他人就是现实生活中的他人。也有大学生会因"穿梭"于多重身份而陷入自我同一的危机，无法认清自我，甚至迷失自我，出现身份角色的偏差。心理学家沙莲香认为，"现代科技和现代社会生活的高度发展，一方面给人自身和人类社会带来了从未有过的进步和文明，为人们的地位和角色提供了愈益增多的获取机会；同时，人和社会在饱尝进步和文明的过程中，人的创造物又将人'异化'，使人变得与自己疏离，以至于变为自己的对立面"。②

二、导致无法形成清晰的自我概念

网络交往使大学生可以随意在虚拟空间扮演各种角色，会让他们的自主意识高涨，使他们觉得虚拟交往比现实交往更易掌控，可以逃避现实的矛盾与冲突，实现现实交往中无法达成的愿望。而网络交往中的成就感又会让大学生产生真实自我之外的第二个自我——虚拟自我。两个"自我"之间可能存在的反差，乃至出现的矛盾冲突都会加剧"我究竟是谁"的心理迷茫。同时，大学生在网络交往中还可能接触到良莠不齐的网友和各种非主流的言论，这些都会对他们正在确立，但尚未定型的人生观、价值观、世界观产生强烈冲击，导致他们在自我认识和自我评价上的困惑和迷失，对自我概念的形成产生不良影响。

有的大学生在网络交往中一味去追求一种存在于自我想象中的理想人格，而这种追求会让网络交往中的主体与现实自我分离，使他们面对现实生活时会感到自身的渺小，因而产生一种失落感和颓废感，甚至将虚拟空间当作逃避现实的避风港，迷失在虚拟中。在网络交往中对虚拟身份的过度使用，使得理想自我和现实自我的差距在网络上几乎化为零，使得有的大学生沉迷于"秀"出来的"我"，很难正确认识现实中的"我"，甚至不能接受现实中并不十分

---

① ［俄］伊·谢·科恩：《自我论》，佟景韩、范国恩、许宏治译，三联书店1980年版，第197–198页。
② 沙莲香主编：《社会心理学》，中国人民大学出版社2002年版，第Ⅵ页。

理想和完美的"我"。在调研中，中西方大学生都认为在网上群体中的交往可能会使他们对自我认识产生错觉，甚至造成人格障碍。有的大学生在网上展现自我，在热点话题中起着"意见领袖"的作用，每天都在关注自己的帖子和微博有多少人跟帖、评论和转发，以自我为中心的心理逐渐膨胀，扰乱了他们在现实生活中的角色定位，使他们迷失了自己在现实生活中的真实角色。

在网上，大学生往往用符号替代现实中的"面具"，展现"真我"；在网下，他们不得不戴上"面具"，面对各种矛盾与繁杂。因而，一旦网上和网下角色转换不及时，就会导致人格的冲突；一旦虚拟的人格固化占据上风，就可能会排斥现实人格，破坏其稳定性，从而表现出矛盾冲突的双重人格。有学者将这种负面作用概括为：摧毁自我的多角色转换机制，会削弱人的责任感、使人满足于虚假的创造性活动。[①] 总之，只要处于正常的心理状态，大学生就能够根据不同的情境扮演不同的角色，而一旦丧失自主性，他们就可能会部分丧失分辨真实与虚拟的能力，或是深陷某个虚拟身份，对其产生自恋式的认同，导致暂时性的精神分裂。

三、造成大学生人际交往障碍

前面我们谈到网络交往能够拓展交往空间，丰富交往形式，提高交往效率。但如果让网络交往替代了现实的正常人际交往，可能会导致低质量的人际关系，造成大学生社交能力的下降。而社交网络的高黏度特性会造成大学生对网络的依赖，长期沉迷在网络交往行为中又会导致现实人际关系的疏远。根据卡内梅隆大学对过度使用互联网的人的研究以及匹兹堡大学的相关研究，网络成瘾者会出现孤独、敏感、警觉和不服从社会规范等行为。有学者发现，过多使用互联网会导致孤独和抑郁的增加，并会导致社会卷入的减少与心理幸福感的降低。[②] 而在哲学家看来，人的自由增长过程与个人的成长过程一样具有辩证的特征，"一方面，它是一个力量不断增强，人日趋完善，对自然的支配越来越得心应手的过程，是理性能力，与他人的联系日益紧密的过程；但另一方面，这个日益加剧的个体化进程又意味着孤独感和不安全感日益增加，也意味着个人对自己在宇宙中的地位，对生命的怀疑增大，个人的无能为力感和微不足道感也日益加深"。[③] 这种情况常常出现，当我们沉浸于网络中，身边的其

---

① 曾国屏等：《赛博空间的哲学探索》，清华大学出版社2002年版，第192页。
② 陶国富、王祥兴主编：《大学生网络心理》，立信会计出版社2004年版，第47页。
③ [美] 埃里希·弗罗姆：《逃避自由》，刘林海译，国际文化出版公司2002年版，第24页。

他事情会忘得一干二净,当我们忙于处理通过网络传送过来的各种符号和感官刺激时,现实世界却在不断向后退却。

从心理学维度来看,现代都市中人们忙碌且人情淡漠,日渐成为孤独的"原子化"个体,渴求能够进行人与人之间的交流与对话。虽然网络拉近了人与人之间的距离,尤其是陌生人之间的距离,但是由于交往对象的匿名性及其社会角色的不确定性,人个性的发展和情感需求特别是其内在的亲和动机不能得到较好的满足。在媒体报道上,我们已经见到沉溺网络的不少案例,他们对现实生活失去兴趣和处理能力,狂躁易怒,整个人都渐渐地电脑化、网络化、非人性化了。在大学心理咨询室,有相当比例的大学生咨询的话题与人际关系有关。现实中,大学生常常出现依赖性强、缺乏为人处事技巧、不善于有效沟通等问题,有的甚至会出现自闭倾向,出现严重的心理障碍。

交往的目的原本是增强人的社会化,使人更好地融入社会并摆脱存在的孤独感,但现实是,随着QQ、微信、Facebook等社交软件越来越多地介入交往主体间的交流与沟通,交往出现一定的"失真",这使得人与人之间的交往越来越媒介化,疏离感不但没有缩小,反而增强了,想要摆脱孤独的人们反倒越发成为一个个孤独的个体。美国文化强调自我和独立,美国人喜欢摆脱羁绊和束缚,以自我为中心,追求发展和实现自我。2010年的相关数据显示,美国"一人家庭"达到27%,超过四分之一的家庭都只有单身一人,被认为是很多人沉迷Facebook等社交网站的原因所在。然而,实际上Facebook"将人联系起来"的创办原意并未实现。2017年Facebook公布的最新资料显示,它的月均活跃用户超过2亿,日均活跃用户达到1.32亿,并同时以年均17%的增量增长;25～34岁是Facebook用户的最常见使用群体,约占总用户的29.7%;18～24岁的青年人中有一半每天早晨醒来就会登录浏览Facebook;每秒钟就有5个主页被创建;每分钟有510 000条评论、293 000个状态及136 000张照片被上传或更新;平均每天"点赞"和"分享"的内容在将近1 000万个网站上被浏览。用户们虽然忙于更新自己的网页,忙于回应"朋友"的事情,但却没有因为这些联系而变得更快乐,反而更寂寞空虚。而在实际运用中,Facebook的用户倾向于被动者居多,他们选择不去揭露真正的感受,每天在个人网页上装快乐,将自己装扮成积极的人,这种行为不仅欠缺实质意义,也加深了自恋的倾向。同时,如果用户没有用Facebook去增加现实生活中的面对面接触和真实互动,只是沉迷于自我表达,就可能最终被Facebook所困,仍然处于寂寞之中。

四、导致价值观混乱和思维僵化

大学生渴望完全独立自主,希望受别人尊重,具有与生俱来的政治与社会关怀的倾向。网络给大学生打开了一扇窗,提供了一个互动的情境和获取信息的渠道,为他们提供了一个更加自由开放的舞台,他们比以往更注重自己的权力、需求。但是,网络空间是现实生活的另一个版本,很多社会化的问题在网上相似地存在着,同时,网络还像"一个公开的无极网",很难为组织或个人严格控制,在网上发布信息比传统信息发布方式更为自由。因为网络并没有中心与非中心、主要与非主要之分,是多元而不是一元的,所以网络交往是在一个价值多元化的社会中进行的。

在当前的网络信息中,英语信息是强势信息,英语文化,尤其是美国文化在全球范围内形成新的文化霸权,使得处于弱势的其他民族在文化上呈现出不稳定、多样化的状态,甚至导致精神家园的迷失和民族价值观上的困惑彷徨。有的中国大学生缺乏对中西方传统文化历史背景的全面了解,缺乏对西方文化消极内容的理性判断,缺少对中华传统文化和价值观的认同感和自豪感,甚至出现理念和信念的迷失。马尔库塞(Herbert Marcuse)认为,在价值多元化的世界里,个体面对形形色色的新鲜事物,容易失去鉴别力,丧失主体现实批判性,从而退化为"单向度"的人。虽然身处信息时代的人们看似比以往更有知识、更富有创新性,却出现了"意义迷失"。

不断地浏览网页、收发信息,不断地在各种公众号和网络链接中跳转,挤占了大学生静心读书、遣词造句、沉思冥想的时间。在获得新的技能和新的视角的同时,传统的必要技能和视角逐渐被弱化。美国有心理学家和神经生物学家认为,当人们上网时,就进入了一个三心二意、粗略阅读和肤浅学习的环境,思维进一步退化,并处于一种模式化状态,思辨的意识、思想的深刻性常常会因过分依赖网上的现存知识和逻辑结构而迟钝。网络也因此造就了大批的"知道分子",他们仅仅满足于"知道了",而毫无亲自参与社会活动的兴趣和积极性。对大学生而言,他们有的仅仅满足于虚假的创造性活动,这些活动不仅无益于培养真正的创造性,还吞噬了他们大量的学习、实践的时间,使他们丧失了参与更有利于自我提升活动的机会,使自我不能在虚拟世界中获得自主发展。网络信息来源的多样化和无节制也导致了信息泛滥和信息过载,使得大学生缺乏对重大政治、经济和社会事件的深入思考,而是陷入日常消息的重复争论以及对"心灵鸡汤"的复制、转发当中,使得大量的网上信息和社交媒介评论缺少价值和原创性,大学生也很少去认真地甄别并通读所有有价值的信息。

获得关注、受到人的尊重与关心，是人的基本需要和交往的功能之一。大学生所处的年龄阶段容易受唯我主义的影响，当交往重心偏向于以自我为中心展开，就会在交往中出现自我认知偏差，所有的网络行为都是为了谋求高的关注度和点赞，交往的目的和手段就发生了错位，因此可能会走向自卑或自负的两个极端，变得敏感多疑、焦虑偏激，或者畏首畏尾、谨小慎微。在2010年上半年，尼尔森市场研究公司的数据表明普通美国互联网用户花在Facebook上的时间多于花在Google、Yahoo、YouTube、Microsoft、Wikepedia 和 Amazon上的时间。这种对于社交媒体的沉迷说明了信息过载的另一方面的问题：人们只沉迷于那些与个人相关的信息，以至于没有充分利用网络上大量的数字信息矩阵。① 只关注自己感兴趣的信息，就会使得个人"眼界狭窄"。而网络的各类群组使得那些具有相近想法的人们快速组成对话群体，这些群体具有相同或相似的价值观和思想，可能很少会接受新的消息和观点。

五、造成大学生网络行为的失范和网络安全问题

网络无序包括行动者心理和行为的失序，以及社会规范的失范。唐·泰普斯科特认为，伴随着网络成长的"网络世代"是"生活在一个传统与现代交替、民族文化与外来文化冲突的时代。价值的颠覆、思想的混乱、秩序的失范使整个群体呈现出斑驳陆离的色彩"。②

网络交往中良莠不齐的海量信息，甚至大量低级庸俗的色情、暴力信息，都会对大学生道德观念与行为产生不良影响。而大学生在网上接触的同辈群体也会对他们产生影响，因为与传统意义上的同辈群体相比，网络交往中的同辈群体的规模更大、结构更松散，群体内规范相对更脆弱，加上网络交往中规则的束缚力减弱，以及从众心理的影响，大学生的网络行为失范现象时有发生。根据调查，互联网上非学术性信息中，有47%与色情有关，网络使色情内容更容易传播。在回答"你认为网络的不良信息会对大学生产生消极影响吗"的问题时，76.2%的大学生回答"会的"；调查数据表明84.3%的大学生登录过色情网站，其中的43.6%认为对大学生有消极影响。③ 同时，由于网络信息传播呈现加速度，甚至导致舆论风暴，非理性的声音掺杂其中时，会对大学生产生消极的影响，甚至激化群体情绪。

---

① [美] 肖恩·S. 柯斯蒂根、杰克·佩里：《赛博空间与全球事务》，饶岚、梁玥等译，电子工业出版社2013年版，第408页。
② [加] 唐·泰普斯科特：《数字化成长3.0版》，云帆译，中国人民大学出版社2009年版，第6页。
③ 李义军：《浅谈网络交往对大学生成长的影响及正确引导》，《河南社会科学》2008年第3期。

学生群体是网民群体中最大的一个群体，他们是互联网最积极的参与者，因此，这个群体也容易产生网络安全问题。面对互联网海量信息，如何学会在信息海洋中游泳而不是溺死在其中，是大学生社会化过程中必须学会的重要技能。有的大学生分析、甄别信息的能力不强，经常跟风轻信，并评论、转发远离真相的信息，无意中对不实信息推波助澜，扩大了负面影响。有美国大学生坦言，自己已经为便捷牺牲了一定的可靠性。从谷歌的"＋1"，到 Facebook 的"赞"，再到 Digg 的"digg"和"bury"，这类投票机制有效集成了群体的判断，也使得设法蒙骗变得有利可图。[①]

同时，由于大学生心理上还不够成熟，容易轻信于人，对社会危险缺乏足够的防范意识，经常被不法分子利用和攻击，比如网上求职被骗、网上交友被骗、网络交易上当或是遭遇网络攻击。2017 年 8 月，工商总局、教育部、公安部、人力资源和社会保障部联合发文，开展为期三个月的传销活动专项整治行动，其中重点加强对大学生等求职人群的教育引导工作。其背景就是不少传销组织利用现有网络平台信息审核不严等漏洞，在求职、交友、征婚等平台发布虚假信息，精准"设钩"，使得一些急于求成、社会经验不足、防范意识不强的大学生落入陷阱。此外，媒体上也经常见到大学生被打着招聘名义的钓鱼欺诈网站骗取个人和家庭资料，被出国就业或留学的网站骗取保证金，掉进 P2P 网络借贷陷阱以及被网友骗财骗色等报道。对于这些现象的产生，既有社会监管的原因，也有高校安全教育和大学生自身的原因，在后面章节中会进行专门的论述。

本章小结

总体来说，网络媒体作为社会化体系中的新成员，其出现推动着大学生交往方式的变化。而网络交往是一柄"双刃剑"，一方面在大学生的社会化过程中能起到良好的促进作用，拓展大学生的交往空间，使得大学生的主体性进一步增强，个性和人格发展更加完善，交往能力进一步提升，知识面得到拓展；另一方面，网络交往也造成大学生角色身份的异化，自我认识的偏差，价值观的混乱，思维的僵化，以及一系列网络行为的失范和安全问题的产生，对大学生的社会化带来消极影响。不过，这种影响并不只是网络交往所带来的，背后还有着诸多复杂的因素，我们可以从营造良好的网络交往环境的角度，去探讨如何建构大学生文明网络交往机制。

---

① ［美］霍华德·莱茵戈德：《网络素养——数字公民、集体智慧和联网的力量》，张子凌等译，电子工业出版社 2013 年版，第 87 页。

第八章 多中心治理：大学生文明网络交往机制建构

第八章 多中心治理：大学生文明网络交往机制建构

前面几章从网络交往的现状、心理结构谈了中西方大学生网络交往的异同，也从自我发展、群体互动、语言特点以及交往对大学生社会化的影响来呈现出网络时代大学生交往的全景图。这个图景以文化背景为底色，与大学生心理特点相关联，与信息社会背景相契合，与不同国情下的高校环境和教育发展水平相联系。对于未来的大学生网络交往如何扬其长、避其短，不让技术凌驾于人之上，让技术真正为人类服务，本书提出要建构文明网络交往机制。

面对日新月异的网络发展格局，由政府主导的传统管理体制已经越来越难以对其做出及时而有效的应对。早在1951年，西方学者迈克尔·波兰尼（Michael Polanyi）就在《自由的逻辑》中针对社会秩序提出了"多中心"一词，认为社会组织有着两种秩序，一种是设计好的单中心秩序，另一种是自发的多中心秩序。① 而对于虚拟社会管理，虽然其表面上从事的是对看不见、摸不着的网络社会的管理工作，但实质上依然是社会管理的有机组成部分，应当加强国家与社会、真实与虚拟的有机联系和互通合作，多管齐下凝聚各个层级的社会力量，从而最大限度地满足民众诉求，有针对性和有效地开展好工作。

用系统论的观点来看，网络中的子系统同时并存、彼此耦合，共同克服彼此的不足，形成了"网络整体秩序"。这是一种多中心治理的秩序，政府、社会、学校、家庭和网民等共同成为网络秩序的利益相关者，只有当政府处于主导地位，计算机软硬件编制与生产部门发挥技术优势，非营利组织提供有针对性的志愿服务，充分发挥大众传媒的引导和调控作用，提升教育机构的教育管理和服务水平，培养网民的媒介素养和自律意识，通过各个层级、各个主体的共同努力和通力协作，才能促进网络的有序发展。

第一节 提升素养，增强理性交往能力

在网络时代，大学生既是网络等新媒体的使用者，又是信息的发布者和接受者，是参与建构网络文化的主体。正如前文所述，要以"建设""发展"的眼光看待大学生的网络交往。作为建设主体的大学生在对待网络媒体时，应当有理性的认知，有辩证的看法，有科学合理的运用。这一切都需要大学生遵循

---

① 聂明镜：《多中心治理视角下的网络文化管理困境与对策分析》，《经营管理者》2014年第8期。

客观、系统、发展的原则，建立新型的媒介文化素养，通过科学、合理而有效的交往活动，推动普遍共识的形成，让青年交往及其文化成为社会主流文化的有益补充，成为积极网络文化的重要推动力量。

20世纪30年代，英国文学批评家利维斯（F. R. leavis）和他的学生丹尼斯·汤普森（Denys Thompson）在他们合著的《文化与环境：批判意识的培养》一书中，首次提出将媒介素养教育引入学校课堂。到20世纪末期，英国、法国、芬兰、加拿大、澳大利亚等国都已将媒介教育课程纳入正规的教育课程当中，课程的核心内容就是培养公民的媒介素养。1992年，美国召开首届媒介素养全国领导会议，会议认为，媒介素养是一种获取、分析、评估和以多种形式传播讯息的能力。[①] 2001年，美国媒介素养联盟将"媒介素养"界定为，通过利用越来越广泛的图像、语言和声音等媒介信息，使人们能够成为具有批判意识的思考者和具有创新性的创造者。[②] 各国都从本国的教育目标和媒介发展状况出发，实施特定的媒介素养教育。在20世纪90年代后期，中国大陆学者开始译介西方媒介素养的文章，并试图用不同的话语建构中国大陆倡导和推行媒介教育的理论合法性和现实意义，认为媒介素养是了解如何使用媒介，以及学习判断媒介讯息和创造传播信息并发展自己的能力[③]，是获取、分析、传播和运用各种形式媒介讯息的能力[④]，是对各种形式的媒介信息的解读能力、思辨能力、反应能力和利用能力[⑤]。

媒介素养教育是一个长期探究和发现的过程，无论是对个体还是社会，想要赋权给自己来使用和控制媒介，而非被媒介使用和操控，就需要不断推动媒介素养的发展。詹姆斯·波特（James Potter）认为媒介素养的三大重要基石是个人定位、知识结构和技能。[⑥] 对大学生而言，培养科学的媒介文化素养就要提高他们对网络中各类信息的解读、批判和应用的能力，增强他们在复杂的网络信息生态中的辨别力、批判力与免疫力，进而提高对网络行为的自我管理能力。从媒介教育性质来看，它既属于学校正规教育的一个部分，也是由社会团体进行的非正规教育。对大学生而言，其媒介素养的形成需要从社会、家

---

① W. G. Chist, W. J. Potter, Media literacy, mediaeducation and the academy, Journal of Communication, 1998, 48.
② 陈晓慧，王晓来，张博：《美国媒介素养定义的演变和会议主题的变革》，《中国电化教育》2012年第7期。
③ 卜卫：《论媒介教育的意义、内容和方法》，《现代传播》1997年第1期。
④ 张开：《媒介素养概论》，中国传媒大学出版社2006年版，第99页。
⑤ 蔡帼芬、张开、刘笑盈主编：《媒介素养》（第四版），李德刚等译，中国传媒大学出版社2005年版，第144页。
⑥ ［美］詹姆斯·波特：《媒介素养》，清华大学出版社2012年版，第13页。

庭、学校和学生个人等多个层面共同努力。纵观美国自20世纪60年代以来的媒介素养教育运动，其最显著的特征在于其目标、主体、组织和实施方式上的高度多元性，研究者、教育者、政府、机构和公众之间及其内部对于媒介素养有着不同的认知和处理取向，这与美国的政治、经济、教育、文化和技术发展等有着密切关系，[①] 学界已有相关研究，此处不再赘述。

一、发挥社会媒介教育组织的作用

以社会组织为例，整体来看，国外的媒介素养组织大致可分为两类：一类是由政府出面并给予财政和政策支持成立的，一类是由私人、民间团体或宗教团体自主成立的。在美国，有两个全国性的媒介素养教育组织，一个是美国媒介素养联盟，一个是美国媒介素养中心，这两个机构先后开发了作为媒介素养教学框架的"媒介素养工具箱"（Media Literacy Kit）以及解构和建构媒介讯息的新分析框架"问题与点津"（Question/Tips），致力于将研究和理论转化为实际的资讯、训练和教育工具。还有的媒介素养组织拒绝接受媒介公司的资助和合作，在媒介管制和所有制上支持行动立场，并强调媒介素养的核心不在于对讯息的分析，而是对于讯息的语境的分析。[②] 英国有全国初级媒介素养工作小组委员会（National Working Party for Primacy Media Education），并在诸如伦敦大学和南安普敦大学等设有媒介素养教育的教师培训项目的组织。在法国，早在20世纪60年代，里昂的总体语言研究所（Institute du Langa Total）就同里昂天主教大学合作成立机构制定了媒介素养教育方案。澳大利亚组织的全国性教师组织"澳大利亚教师媒体"（Australia Teachers of Media），每隔18个月由其各州的成员组织轮流主持一次有关媒介素养教育问题的全国性的会议。加拿大的媒介素养教育协会（Association for Media Literacy），以及美国的许多媒介素养教育组织（如洛杉矶的"媒介素养教育中心"、麦迪逊的"全国电子传媒协会"等）都会定期召开会议。

20世纪90年代，中国社会科学院与传播研究所倡导成立了"媒介传播与青少年发展研究中心"，这是一个专门研究媒介素养的机构，成为我国媒介素养教育史上的重要起点。2000年以来，国内有部分组织开始对青少年群体的媒介素养状况进行调查，以便为媒介素养教育的开展提供现实依据。2004年，中国大陆首个媒介素养研究和实践团队"媒介素养教育小组"在复旦大学成

---

① 陆晔等：《媒介素养：理念、认知、参与》，经济科学出版社2010年版，第82页。
② 陆晔等：《媒介素养：理念、认知、参与》，经济科学出版社2010年版，第75-77页。

立，同年还开通了中国大陆首个媒介素养专业网站（www.medialiteracy.org.cn），为推动我国媒介素养教育的研究与实践起到关键作用。2006年，上海市闸北区启动了"媒介素养"教育实践活动，针对青少年、教师和家长等群体开展"媒介素养"的培训和调研，在推动媒介素养教育的具体实践方面做出积极探索。

二、发挥高校的作用

高校作为教育培养大学生的主要机构，在媒介素养教育中，可以充分利用学校学科专业和科研优势，通过课程教育和实践教育的方式，将科学、人文教育和媒介素养教育相结合，构建具有大学特色的媒介素养教育体系。

2004年，在中国传媒大学召开了首届中国媒介素养研讨会，研讨会的主题是"信息社会中的媒介素养教育"，强调媒介素养教育包括对传播者和受众两方面的教育。目前中国大学中拥有约700个新闻、传播学科点，在专业理论和实践知识方面有着相当的基础和平台，可以推广中国媒介素养教育。从媒介素养课程开设情况来看，2004年，经教育部备案批准，中国传媒大学（当时的北京广播学院）传媒教育研究中心率先设置传媒教育硕士点，设置了媒介素养研究方向。当年9月，上海交通大学新闻传播技术学院首开"媒介素养"公选课，除传播学专业的学生之外，电子工程、农学和其他理工科的学生共700余人参与了该课程的学习。近年来，江苏、浙江、山东、北京等省市的一些高校都陆续开设了"媒介素养"必修课和选修课，但仍未出现媒介素养教育的高潮。媒介素养在中国社会向现代公民社会发展的历程中，从理念演化到实践行为，都有漫长的路要走。

在美国大学，虽然尚无媒介素养教育课程的统一标准，但媒介素养的课程已普遍开设，主要有三种方式：一是由新闻和传播学学者开设课程，但选课面向全校学生，这是目前美国大学最普遍的情形；二是直接设立媒介教育的学位项目，培养具有鉴别力的媒介消费者和媒介制作者；三是以荣誉复合媒介奖学金项目为代表，培养学生相关方面的创造能力。[1] 值得一提的是，西方高校还在课程中设置与大学生网络伦理教育相关的环节。例如杜克大学在1996年开设"伦理学与国际互联网络"课程，授课重点是国际互联网或"网络"国际信息基础设施的技术和机构，商业的在线服务，在"虚拟"的全球文化或电子计算机影响下的文化中个人的作用以及电子信息传播的社会意义等。在美国

---

[1] 陆晔等：《媒介素养：理念、认知、参与》，经济科学出版社2010年版，第82页。

马里兰州，有关部门设置了一个名为"网络伦理"（nethics）的项目，其主要目的是对学校和社区进行伦理和法律教育，教育的对象既有学生，还包括各系教员、管理和工作人员、政府工作人员及社区居民等，是典型的网络伦理的社区教育模式。此外，美国还通过图书馆开展面向大众的网络伦理教育，如詹金法律图书馆（Jenkins Law Library）就提供了丰富的网络伦理资源，引导学生评价网上的法律网站，讨论它们是否符合伦理规则。在日本，京都大学、广岛大学等在1998年联合开展一个名为"FINE"的项目研究，把最新研究成果应用于大学教学中，以提高大学生的网络伦理认识和能力。[①] 相比之下，国内的网络伦理教育目前大都停留在理论探索的阶段，将其作为新兴学科加以系统理论阐述的较少，而这又源于实践上的不足。虽然"思想政治教育进网络"已经成为高校教育管理者的共识和常规工作方法，但在教育内容上存在内容零散、缺乏系统性等问题，在形式上存在手段单一、互动不足、亲和力不够等问题。

对于网络社交媒体在大学生中的普及，美国高校大多对网络社交媒体持"鼓励并指导使用"的态度，强调、建议教职员工和学生要将其作为有利工具，帮助实现组织和个人的目标，建立自身的影响力。以休斯敦大学等五所学校为例，他们在社交媒体的准则中对组织用户或教职员工、学生等个人用户如何发布和处理信息提出指导和建议。例如，密歇根大学的社交媒体准则对于"监测你的评论"提出指导，"建议设置一个功能，请你提前预览或是同意读者发布的评论。这样你不仅可以及时回复，也可以删除一些垃圾评论或是拉黑一些不断骚扰、攻击你的人"。休斯敦大学社交媒体准则建议，"如果有人在你的页面上发布的内容让你不高兴，一定要有礼貌地对待。最好让自己平静下来以后再回复。不要对你的对手有恶意"。而科罗拉多州立大学、堪萨斯州立大学都针对Facebook、Twitter以及博客等单个产品制定准则，指导如何经营自己的社交媒体。又例如科罗拉多州立大学针对Twitter的准则提到：最优设置你的Twitter们的页面，可以确保被搜索到。定制自己的首页页面，上传照片，简短地介绍自己。在注册Twitter时，绝不能假扮他人、发表他人隐私或秘密信息，不能向他人发送垃圾信息、威胁恐吓信息，以及淫秽色情内容。而五所高校准则的共同点是与学校自身发展目标、文化环境和教育主题相一致，同时各校还将社交媒体准则纳入学校系列准则中，使其成为有机组成部分，使社交媒体平台成为个人品牌、组织品牌、学校品牌的助推器。

笔者了解到，目前中国高校对指导学生如何使用新媒体很少有正式的准则

---

① 何广寿：《中外大学生网络伦理教育比较研究》，《边疆经济与文化》2010年第6期。

和相应的指南，只是由学校官方从加强管理的角度出台了一些管理办法。例如2016年，中国传媒大学发布了《官方微博管理办法（试行）》，对官方微博的审批、安全管理做出规定；而笔者所在的广东外语外贸大学也制定了《官方微博、微信公众平台管理办法》，对新媒体的联动和维护等做出规定。这些规定基本都是针对官方微博、微信、手机报等官方新媒体平台，而对于大学生个体如何运用新媒体、经营个人网上形象、甄别网上各类信息等，对于大学生群体的网络自组织如何管理、运营等，缺乏明确而具体的指引，在这些方面，美国高校社交媒体准则的内容和形式值得中国高校借鉴。

三、发挥大学生自身的作用

青年是网络文化建设的主体。唐·泰普斯科特认为，在这个时代，"青年有史以来首次成为社会发展核心、创新事物的权威。……他们是引起变革的史无前例的一种力量"。[①] 因此，青年大学生参与的网络文化建设代表着社会网络文化的方向和趋势，要对其进行积极引导，鼓励其创新超越，挖掘其潜力，激发其活力。同时，由于网络的匿名性、弱规范性等特点，在网络这个相对自由的空间里，现实的控制、干预、过问、监管都已经受到挑战，所以自主性、自律性的道德教育更显得必要。对大学生自身而言，应当发挥个人主体意识，对自己的思想、情感和言行进行自我约束，自觉将自己的行为限制在一定的规范之内。在增强网络伦理道德意识、学会自我控制、自我调节的同时，还应该增强网络安全意识及网络法律意识，提高分析、辨别和获取网络信息的能力，最大程度抵消垃圾信息及有害信息的干扰和侵蚀。

（一）积极参与，营造积极向上的公共领域

随着网络社会的发展，以微博为代表的新媒体崛起，网友政治参与热情不断高涨，积极通过新媒体平台反映社情民意，网络空间中的诉求表达对现实世界的影响日渐加深，改变着舆论监督的生态，加快了网络公民社会建设的步伐，而大学生网民是其中的重要组成部分和推动力量。然而，相关调研结果也显示，虽然大学生使用微信朋友圈、微博非常频繁且人数众多，但是对信息获取的需求远高于进行公民参与的需求，大学生的公民技能和政治效能感都不高，绝大部分受访者都表现出"个人非常无力和渺小"以及"国家大事很多

---

① Don Tapscott: Growing up Digital—The Rise of the Net Generation. New York: McGraw-Hill, 1999, p. ix.

离自己太远，没有兴趣进行关注"的态度。①

笔者认为，现在的大学生置身于全球化背景下，置身于本国传统文化的"一元主导"和国际上的"多元交融"之中，他们有表达和维护"公民精神"的诉求和愿望，我们既要鼓励他们并创设适当途径让他们表达诉求、勇于和善于维护权益，又要引导他们以合理的方式表达诉求，以避免采用极端或过激的方式，在对私权的追讨中危及公共权益。社会组织和高校要结合新媒体的特点，通过公众平台的搭建，利用微信朋友圈、微博等的评论和转发功能，引导大学生对国内外重大时政事件等展开评论，提高大学生的公民意识。例如2014年11月，"清朗网络·青年力量——青年网络文明志愿行动"启动，号召在网络上主动发出青年好声音，彰显青春正能量。2015年6月，"2015中国好网民"系列活动启动，倡导网民要形成文明健康的网络生活方式，培育崇德向善的网络行为规范。

（二）克服偏见，提高网络信息研判能力

影响交往的最大心理障碍就是偏见，比如个人、党派、社会、民族的各种偏见。"偏见是一种对外部事物所持的缺乏充分事实根据的态度。当交往各方都存有偏见时，交往或难于进行或处于信息失真的状态中。"② 在一般的交往中，个人的偏见会妨碍传播和接受的信息的真实程度。要克服偏见，除了丰富自身阅历和知识储备，在技术层面上，应当尽可能地掌握不同来源的信息，从中产生个人的判断，使交往更为理性。

克服偏见，提高思维判断能力，同样是大学生心理成熟的重要表现。西方学者认为，利用好网上的搜索引擎，将之用于学习而不仅仅是查找，能够打开一扇自学的大门，比如维基百科以及其提供的一系列外部链接，可以成为学生研究某个课题的绝佳起点。中国的百度同样可以通过利用好高级搜索等功能，找到反面或质疑的观点，深入挖掘信息和检验信息的质量。大学生要锻炼自身科学、辩证和系统的思维方式，养成一种质疑、求证、评估、比较、分析和综合信息的批判性思维方式，谨慎读取网络信息，全面分析、慎重转发、认真吸取教训，学会拨开信息的迷雾，找到信息的关键点。

美国当代学者曼纽尔·卡斯特（Manuel Castells）认为面对新的科技浪潮，人类应当跳出局外，自我反思，融会全局，尤其是要改善人类自身，科技才可能赋予人类解放自身的巨大潜能。他认为，首先要培养"自我编程能力"，增

---

① 高蕾：《社交媒体网络公民参与现状及相关因素研究》，重庆大学硕士学位论文，2015年。
② 陈力丹：《精神交往论——马克思恩格斯的传播观》，开明出版社1993年版，第456页。

强获取信息的能力：决定什么样的信息是你所需，从哪儿找到，怎样综合信息，怎样处理信息。① 在这方面，美国记者采用的"三点定位法"（即从三个不同的、可信的信息源处验证信息的可靠性）可以作为借鉴。在哈佛大学，有人做过研究，学生们一般会寻找各种线索对网站的可信度进行评判，如网站的受欢迎程度、专业声誉、线下名声、个人使用该网站的经验、与"中立"机构的联系以及笔法、风格等等。②

（三）自我调控，开展自主自律性的道德教育

由于网络的匿名性、弱规范性，人们在网络交往中常常会放纵自己的行为，对大学生而言同样如此。在缺少法律及道德约束，缺少他人监督的网络环境中，大学生应当自觉对个人的思想、情感和言行进行自我约束，当网络舆论或群组内的言论对自己产生影响，可能带来不良的情绪体验和心理趋向时，要善于自我调控，必要时要学会"紧急刹车"，阻止其发展。网络的自由性和开放性更需要大学生提升主体意识，努力成为网络的"主人"。

有学者认为，网络环境对当代教育而言是新的挑战，"教育、道德教育要在这种新的挑战中做出反思，加强自主性道德教育体系的建构，自觉摒弃传统他律道德教育的目标与方法，以培养能自己做主、自己负责、自己管理的道德主体为目标"③。对此，高校教育管理者以及大学官方微博、微信以及学生社团的新媒体平台等可以在日常推送主题中有意识地进行议题的设置，紧扣关注热点，丰富传播内容，创新传播方式，用先进的校园文化和正能量的信息潜移默化地引导大学生，对他们的网络交往动机产生积极影响，促进他们学习、交往等全面发展，从而建立起一种良好的网络使用习惯。

总体来说，大学生作为参与网络交往的个体，要充分发挥主观能动性，遵循法律法规和道德规范要求，提高自我教育意识和"慎独"的意识，在发挥个性的同时，以良好的交往形象去影响周围的网民，引领积极向上的网络交往文化。

（四）正确认识，培育健康的网络交往心理，增强安全意识

在网络所营造的虚拟交往环境中，大学生能够得到积极的情感体验，但如

---

① ［美］曼纽尔·卡斯特：《千年终结》，夏铸九、黄慧琦译，社会科学文献出版社2006年版，第346页。
② ［美］霍华德·莱茵戈德：《网络素养——数字公民、集体智慧和联网的力量》，张子凌等译，电子工业出版社2013年版，第85－86页。
③ 何林：《网络交往中自我的发展与提升对策的思考》，《玉林师范学院学报》（哲学社会科学版）2007年第2期。

果沉溺于网络，也会产生游戏人生、迷恋虚幻的理想主义与幻想主义的情感，更严重的大学生还会出现"网络成瘾综合征""网络孤独症"等网络性心理障碍。对此，大学生要树立正确的网络交往动机，了解网络交往的广泛性、多元性、自由性、交互性、匿名性和弱规范性等特点，理性地区分现实交往与网络交往，合理把握个人信息展示的尺度，使网络交往向积极、理性方向发展。同时，还应当主动参加社会和学校组织的健康向上、丰富多彩的集体活动，在交往中学会真诚、信任、尊重、宽容，从而建立和谐的人际关系。社会学家认为，凝聚心理认同是虚拟社会管理的社会心理基础。对高校教育管理者而言，可以通过举办校庆、典礼等重要活动和仪式，提炼、形成并宣传学校的组织目标，推动大学生自觉自愿地接受、认可大学精神，并在潜移默化中学习和模仿，并由此产生和形成积极进取的心理状态，造就不断超越的驱动力，使大学生能够在纷繁复杂的网络信息世界中不迷失，让网络为其所用，而不是沦为网络的俘虏。此外，针对前面提到的大学生误入传销陷阱等问题，就大学生自身而言，应当增强法律意识，提高对网络信息的辨别能力，在合法权益受到侵害时，要善于拿起法律武器，维护自身合法权益，同时，将个人求职的经历和经验在网络平台上进行分享，用现身说法的方式增强大学生的安全防范意识和自身保护能力。

第二节　建立规范，净化交往的共同"生活世界"

"生活世界"是交往主体置身其间的境域，是交往双方在交往过程中达成理解所必需的共同背景。网络世界，在一定程度上已经成为中西方大学生学习、生活和交往的共同语境。在前面的调研和访谈中我们了解到，网络交往之所以带给大学生诸多负面影响，其中有网络信息庞杂、海量的原因，有大学生独特心理生理特点的原因，也有着网络监督机制不健全、缺乏网络道德规范等原因。有学者认为，虚拟社会管理是指在电子网络空间中，以一定的社会心理认同为基础，一定的网络社会规范为依据，由政府、社会组织和网民自身等多元化主体参与的，对网络社会系统的组织、协调、服务、监督和控制的连续化过程。① 因此，无论中国还是西方，都在着力打造政府、社会、学校、家庭的立体式健康网络媒体环境，而其中的重要条件之一就是制定必要的规范，强化政府的监管作用，从法律法规的层面加以约束和惩处。

一、加强网络立法和政府作用

互联网管理为各国政府与组织所重视，早在 2001 年前后，有关部门对世界 42 个国家的调查显示，约 33% 的国家正在制定有关因特网的法规，70% 的国家在修改原有的法规以适应因特网发展，有 92% 的国家对因特网进行不同程度的审查和监督，26% 的国家出现对因特网的执法案例，② 但事实上，互联网空间的特性所导致的无国界、无法控制等特征，导致现实法律对网络空间的规制使用性不强，而已有的网络立法也在一定程度上滞后于网络实践。

（一）西方互联网立法和政府作用

在西方，网络立法的难度较高，"在信奉自由主义的政治哲学的西方国家，更因网络传播立法易触及极其敏感的'言论自由权''信息自由权'问题而难度倍增。尤其是在美国，网络传播的立法尝试，只要涉及网络传播的信息内容，就极易被视为与美国'宪法第一修正案'的精神相冲突而引起激烈争议"。③ 随着网络在生活中的影响力日增，美国相继出台了《联邦计算机系统保护法案》《计算机安全法》《电信改革法案》《数字千年版权法》等法律文件，保护青少年的权益。而在政府的作用发挥方面，以网络安全为例，美国于 2010 年启动国家网络空间安全教育计划（National Initiative of Cybersecurity Education, NICE）④，成立了信息保障教育、培训以及信息保障研究国家卓越学术中心，以促进信息保障学科建设，培养专业人才。澳大利亚在 2016 年 4 月发布《澳大利亚网络安全战略》，研发了一个新的网络安全系统——"网络安全帮助按钮"⑤，重点在大学生群体中推广，成为该国大学生线上了解、讨论、交流或报告网络安全问题的重要平台。欧盟及其成员国也将大学生网络安全教育的发展提升至国家教育发展的战略高度。将网络安全教育纳入学校常规

---

① 毕宏音：《微博诉求表达与虚拟社会管理》，中国社会科学出版社 2014 年版，第 252 页。
② 齐爱民、徐亮：《电子商务法——原理与实务》，武汉大学出版社 2001 年版，第 159 页。
③ 张咏华：《浅谈网络传播的社会管理》，载《网络传播与社会发展》，陈卫星主编，北京广播学院出版社 2001 年版，第 157 页。
④ A. Sternstein. Cyber Staffing, Government Executive, 2011, 43（3）.
⑤ 《澳大利亚确保儿童和家庭网络安全新举措》，《课程教材教学研究》（幼教研究）2011 年第 1 期。

性课程，定期举办包括了专门指向大学生群体的"国家网络安全意识月"主题教育活动等。①

（二）中国互联网立法和政府作用

对于互联网管理，我国提出要将法律规范、行政监管、行业自律、技术保障、公众监督和社会教育相结合。习近平在 2015 年第二届世界互联网大会上提出了互联网发展的"四项原则""五点主张"，其中"四项原则"的最后一项是"构建良好秩序"，强调网络空间既要提倡自由，也要保持秩序。据不完全统计，我国参与互联网管理的部门一度达到 16 个之多，这种多头管理的局面导致政府权力与政策产生冲突。不同主体制定的规章往往关注本部门的权力领域，导致了一方面政府对互联网的管理缺乏系统性和整体性，另一方面各部门之间制定的规定也存在着较大的重复或是出现相互冲突。

随着国家互联网信息办公室成为互联网管理的主要机构，我国互联网的行政监管呈现出国信办主导统揽、多部门配合协作的新局面。在相关网络立法方面，自 20 世纪 80 年代后，我国相继出台了关于互联网管理的法律法规，但仍不太成体系。目前，我国关于互联网的基本法主要有 4 部：《全国人民代表大会常务委员会关于维护互联网安全的决定》（2000 年）、《中华人民共和国电子签名法》（2004）、《全国人民代表大会常务委员会关于加强网络信息保护的决定》（2012 年）和《中华人民共和国网络安全法》（2016 年），其余的都是政府各部委根据需要颁布的部门规章和规范性文件。总体来说，我国网络空间的法律环境保护正在步入规范化、法制化和科学化的良好轨道，各地方也制定了相应的地方性法规，初步建立起完善的网络行为法律规范。

针对网络安全问题，于 2017 年 6 月 1 日正式施行的《中华人民共和国网络安全法》中规定，"建设、运营网络或者通过网络提供服务，应当依照法律、行政法规的规定和国家标准的强制性要求，采取技术措施和其他必要措施，保障网络安全、稳定运行，有效应对网络安全事件，防范网络违法犯罪活动，维护网络数据的完整性、保密性和可用性"。同时，要求各级人民政府及其有关部门、大众传播媒介以及高等学校等经常性地、针对性地开展网络安全宣传、教育和培训等。不过，无论是对于网络运营端，还是对于校园教育工作，网络安全教育方面的专门性文件和法律规定仍不够完善，这使得中国的大学生网络安全教育仍存在着随意性、零散性等特征。而在技术层面所存在的虚假信息、病毒传播、不良网站等漏洞，也给网络安全带来负面影响。政府相关职

---

① 谭玉、张涛等：《大学生网络安全教育的国际比较及启示》，《电子政务》2017 年第 2 期。

能部门应当推动对新出台的法律法规的贯彻落实，完善网络安全监控体系，严格履行网络发布信息的核实义务，加强对网上用人企业的资质审核和用工情况监管，对于企业的违规招聘行为，应给予重罚，造成严重后果的应追究法律责任。

此外，鉴于网络的跨地域性（即全球性）是不可否认的客观现实，加上法律又是以国家的地域管辖为范围，学者们呼吁，各国及相关国际组织应当采取合作态度，使各国在网络法律法规领域求大同存小异，使危害网络的行为得到全面、有效的扼制。对此，联合国教科文组织于2015年发布《互联网治理原则》，将"多利益相关方"（包括政府、私营部门、民间社会、技术界、学术界和个人互联网用户）充分和平等地参与视作互联网发展和治理的主要原则之一，认为多利益主体进程已经成为解决影响当今知识和信息社会问题的重要途径。同时，《互联网治理原则》还提出"互联网普遍性"的新概念，并将之归纳为R-O-A-M（权利、开放性、可访问性、多方利益相关者）这四个标准，这个概念将在2014—2021年这段战略时期帮助教科文组织推进在教育、文化、自然和社会科学以及信息传播等方面的大部分工作。① 关于"多利益相关方模式"的提法，最早是美国于2014年提出的，意在构筑网络空间"去政府化"的治理体系，目的是扫除美国单边主义在网络空间的国际法障碍，是建立全球共治的网络空间秩序的开始，但并未代表互联网共治时代的到来。我国政府认为，在这种模式中，政府参与程度不足，维护公共利益的手段有限，政府作为独立的利益相关方，应发挥主导作用。对此，中国学者认为，"互联网治理的目的是通过保障网络安全使网络空间的各行为主体分享网络稳定与发展带来的利益，在这个过程中难免会产生不同主体之间的利益冲突，在各方利益博弈的过程中，政府应作为公共利益的代表平衡多方利益关系，实现网络空间的和平与秩序"。②

二、加强网络信息环境建设

欧盟将每年的2月10日确定为"加强网络安全日"，意在呼吁公众高度重视青少年网络道德教育。在英国，《媒体与传播法律年鉴》中指出，"在现代社会中，大多数的管理机制都在固定的、有限的物理范围内发挥作用，然而，互联网的出现使得地域、国家、主权等观念日趋淡化，使时间与空间的边界变

---

① United Nations Educational, Scientific and Cultural Organization Principles for governing the Internet, A comparative analysis, http://www.unesco.org/new/en/principlesgoverningInternet. 84.
② 张志安主编：《网络空间法治化——互联网与国家治理年度报告》（2015），商务印书馆2015年版，第28页。

得日益模糊"。而英国政府的态度也相应地表现为"协调社会各阶层，各方面的关系来完成"。① 要营建良好的网络环境，除了政府要在法律法规层面应对网络空间中的行为进行规范、约束外，运营商、行业协会、教育机构、网民等不同组织和个人都应当各负其责，多管齐下，形成立体式健康网络媒体环境。

在西方国家，法律明确规定政府不得干预媒体，包括社交网络在内的新媒体。这些国家对新媒体的管理更倾向于政府主动参与进去，比如通过政务部门开设微博等方式，传递政策信息，与公众互动交流等。例如，英国政府2009年出版了《推特使用指南》，对政务大臣使用推特进行指导，要求内阁大臣每天至少半小时发布一次微博。对于社交网络中出现的造谣、诽谤、网络欺诈等，许多国家也制定了专门的法律措施，比如美国修改计算机欺诈法案等，以减少和遏制网络产生的这些负面作用。

为了治理网络水军和网络犯罪，许多国家还实行实名制。在美国，政府支持Facebook和谷歌推出"谷歌+"社交服务，他们都是实名制的严格执行者。"谷歌+"推出了一系列实名认证制，对使用明星、公众人物名字的用户及好友数量大的用户进行身份认证，又对使用单节或包含符号数字的用户名、所谓"看起来就不像真名"的用户进行了清除。Facebook则采取"一经发现、立刻关闭账户"的做法查处使用化名的用户。② 美国国会图书馆还决定永久存储自2006年以来公共Twitter上的所有帖子。"随着社交媒体从私人领域过渡到公共领域，联邦法律执行机构和国家安全部门已经调整相应政策以适应这种发展，新的互联网规定渐渐浮出水面。"③

中国国家网信办为加强信息服务方面的规范化管理，针对即时通信工具的使用情况，于2014年出台了《即时通信工具公众信息服务发展管理暂时规定》，充分放权平台运营商自治，权责明晰；要求即时通信工具服务使用者通过真实身份信息认证后注册账号，并承诺遵守法律法规、社会主义制度、国家利益、公民合法权益、公共秩序、社会道德风尚和信息真实性等"七条底线"。2015年发布《互联网用户账号名称管理规定》，按照"后台实名、前台自愿"的原则，充分尊重用户选择个性化名称的权利。同年，发布《互联网新闻信息服务单位约谈工作规定》，对约谈的情形、程序和处罚等做出明确规定，让"约谈"成为互联网治理的重要手段。对于网络运营商，要求网络从

---

① 闵毅:《从网络语言看网络流行文化与青年的互动》,《淮海工学院学报》（人文社会科学版）2012年第14期。

② 薛国林:《国外微博管理经验借鉴》,《人民论坛》2012年第6期。

③ ［美］肖恩·S.柯斯蒂根、杰克·佩里:《赛博空间与全球事务》,饶岚、梁玥等译,电子工业出版社2013年版,第398页。

业人员、网络服务机构加强自律，严格按照国务院颁布的《互联网信息服务管理办法》和互联网搜索引擎服务商制定的《互联网搜索引擎服务商抵制淫秽、色情等违法和不良信息自律规范》约束相关服务机构的行为。而互联网产品的运营商随着用户的激增，也通过自身努力和资源整合，兼顾企业经营、政治责任与道德规范。例如，2010年9月，新浪聘请自律专员监督网站内容，成为首家试点运行网络媒体内部监督机制的互联网公司；2012年5月，新浪微博分别发布《微博社区公约（试行）》《微博社区管理规定》《微博信用规则》等一批网络新规，还专门设置了"举报处理大厅""曝光区"和"案例库"等栏目，力求通过内在约束，建立一整套公开透明的微博运行、管理和违规处理机制。腾讯公司也依据现行法律法规和《腾讯服务协议》《微信公众平台运营规范》等，于2015年发布《微信朋友圈使用规范》。随着社交媒体的普及和相关问题事件的剧增，许多行业都在修改相应的道德准则，采取必要的技术、行政、法律手段，建立"信息海关"，为大学生等网民的网络交往创造良好的客观条件。在美国，Facebook的隐私政策文件比美国宪法还长，包含了很多文本，同时，在技术上也可以进行限制设置，比如通过子菜单"隐私偏好设置"（Privacy Setting）等去进行个性化设置；或者通过"启用https安全链接"去防止他人通过公共Wi-Fi窃取账号密码和个人信息。①

值得一提的是，作为网络媒体基础的用户，也在以加强网络监督和自律自省的方式，推动虚拟社会的良性运行和协调发展。举例来说，民间科学传播公益团体"科学松鼠会"以及在"果壳网"上建立的认证微博"谣言粉碎机"，其创始人是复旦大学生物系博士"姬十三"（本名嵇晓华）。他于2008年4月和朋友筹集了10万元，由北京师范大学一位博士提供技术支持，成立了供科学作者、译者、编辑和记者交流的小平台——"科学松鼠会"，希望自己能像松鼠一样，打开科学的坚硬外壳，让人领略到科学的美妙。科学松鼠会最初就是个"群博"，主要作者多是国内外的自然科学类博士，或受过科学专业训练的人，能用轻松的笔调分析日常生活中的小问题。2010年11月，"姬十三"等人又创立了商业企业"果壳网"。"果壳网"定位为"泛科技"主题，包括科普、科技、科幻。其中，有很多在科技与人文边界上的有趣话题，涉及文学、音乐、电影等领域。针对科技对生活的影响日趋明显的社会现实，"姬十三"他们希望科普能给大众思维方式再带来些改变。"果壳网"做了个栏目就叫"谣言粉碎机"，旨在为网友提供更多的科学角度，让大家用质疑的眼光去

---

① ［美］霍华德·莱茵戈德：《网络素养——数字公民、集体智慧和联网的力量》，张子凌等译，电子工业出版社2013年版，第260-261页。

分析问题。

目前,"果壳网"和"谣言粉碎机"在新浪微博上都设有加 V 账号。截至 2017 年 7 月 29 日,"果壳网"已经发送博文 37 382 条,获得粉丝 65 783 62 个;"谣言粉碎机"则发送博文 1 845 条,获得粉丝 1 334 659 个。盘点这两个微博的粉碎谣言史,从 2011 年日本大地震核辐射谣言四起时的联手辟谣,到 2012 年"末世论"喧嚣尘上时的理性辩驳,以及对民众广泛关注的"服药速生鸡"的冷静分析,"姬十三"领导的民间科普团队利用新媒体平台,发挥着直面危机、粉碎谣言、稳定情绪、科学启蒙的积极作用。

第三节　加强对话,推动交往达成理解和共识

人们之间的交往、交流和理解是通过语言来实现的,而只有语言具备了真实性、真诚性和正当性,才能达到真正有效的"沟通"。追求理性交往的能力和意愿是交往能正常开展的基础,共同的规范标准是交往能顺利开展的保障,而有效的互动和对话是交往能达到理解和共识的必要手段。作为政府、社会组织、媒体和高校,都应当研究当代大学生交往的特点,重视网络载体和高雅网络文化建设,建设具有时代感、亲和力和感召力的现代大学精神和文化,发挥先进网络文化的引领作用。

一、体现民族特色和青年特色文化

要推进交往中的理解,就要了解交往主体成长的不同文化背景,以及交往主体现阶段的心理发展特点和需求,在推动大学生网络交往环境的建设过程中,要着力挖掘和发挥优秀传统文化的价值内涵和时代意义,发挥其传播和辐射的潜能,在传播中既体现思想性、学术性,又体现趣味性和时代性,贴近大学生学习生活实际,引导大学生回归现实社会生活,增强网络先进文化对大学生的吸引力、感染力。

(一)充分挖掘能够体现民族优秀传统文化特色的网络资源

联合国教科文组织近年来提出了"文化和睦"计划,旨在通过与相关机

构的合作,建设一个有利于文化间对话与和平的合作框架,该组织的核心政策包括对文化多样性的保护和对多种语言的促进,并积极推动跨文化的对话等等。① 随着中国国力的日益强盛,融入全球化的步伐日益加快、程度日益加深,对全球政治、经济、外交等的影响日益加大,在展现中国形象、讲好中国故事、传播中国声音方面也应当做出更大的努力。

2016 年,习近平在哲学社会科学工作座谈会上讲到,"要加强对中华优秀传统文化的挖掘和阐发,使中华民族最基本的文化基因与当代文化相适应、与现代社会相协调,把跨越时空、超越国界、富有永恒魅力、具有当代价值的文化精神弘扬起来"。"要按照立足中国、借鉴国外、挖掘历史、把握当代、关怀人类、面向未来的思路","在指导思想、学科体系、学术体系、话语体系等方面充分体现中国特色、中国风格、中国气派"。② 传统文化是一个民族的根,是一个民族的标志,我们要激活中华传统文化的生命力,推动其创新性发展和转化,让其同世界其他文明一起,共同为人类发展提供动力源泉。因此,要努力打造鲜明的、带有中国元素的网络主流文化阵地,构建具有"中国特色、中国风格、中国气派"的网络文化体系。自北京奥运会以来,中国展示"软实力"的工作开始加强。2011 年,国务院新闻办公室发起制作中国国家形象宣传片,以"中国人"的概念打造中国形象,让中国各领域杰出代表和普通百姓在宣传片中逐一亮相,向全世界呈现一个更直观、更立体的中国国家新形象。对大学生而言,要对中国历史文化有一定的修养,才能有辨识世界文化的能力,因为越是国际化,越要民族化。

(二) 加强网络文化与青年自身需求的融合

网络文化要能够抓住青年学生的思想脉搏,应符合青年学生心理发展规律,满足青年学生的需要和诉求。要及时研究总结网络文化中的青年亚文化特点,发掘其中的积极元素,将其纳入主流文化之中,增强其辐射力、感染力和生命力。2015 年,共青团中央拍摄宣传片《你好,青年》,片子一推出就得到网友高度好评和热情转发。片中,顶尖技术人才、普通技术工人、海外留学生全面助阵为中国人正名,传递出极强的正能量,体现出国家和民族的话语权,尤其是青年网友的评论,更是展现了强烈的自信和高度的理性。

---

① United Nations Educational, Scientific and Cultural Organization Principles for governing the Internet, A comparative analysis, http://www.unesco.org/new/en/principlesgoverningInternet. 9 – 12.

② 习近平:《在哲学社会科学工作座谈会上的讲话》,《光明日报》2016 年 5 月 19 日第 1 版。

@王望林：青年，是民族的脊梁，国家的未来。我们的社会、我们的国家和我们的党确实不完美，但是世界上哪个国家和政党又是十全十美的呢？认识和了解社会，不能依靠公知们的"大道理"，而是需要我们自己用心去感受，亲自去参与。当然，可以有不满和批评，但请不要抹黑和唯恐天下不乱，那是自我堕落和背叛灵魂。

@你只要知道我喜欢你就行：很多时候，那些负能量的事其实只是少数，只是被无限传播，无限放大了，所以，我们平时应该多传播正能量的东西，国强则民富，我们要让人看到中国最好的一面。

（三）倡导形成新型的大学校园文化

大学生是高校校园文化和网络文化的主体。当前，"网络文化逐渐成为大学校园文化新的重要发展方向，并与传统校园文化融合，形成一种新型大学校园文化——大学校园网络文化"①。当新型的大学校园文化形成后，会形成积极向上的校园文化氛围，对大学生造成潜移默化的影响。高校教育管理者往往习惯于将占领网络媒体平台作为进行网络文化管理的重要手段，但事实上，他们"熟悉平台的滞后性往往跟不上社交性网络平台的兴衰周期，经常出现引导者刚刚了解相关社交性网络平台的运营规律和操作方式、被引导者就已经'转移阵地'的情况"②。更重要的是，即使教育管理者进入相关的社交平台，但在观点至上的公共舆论场中，高校知识精英和学术前沿的影响力、号召力，以及来自于青年工作的丰富实践，往往没能充分转化为话语优势，有效发挥其引导作用。

在社交媒体不断发展的大背景下，要重建高校的"文化高地"地位，需要做到强化学生身份和校园身份认同感，因为这是校园文化存在的可能，"发展和繁荣校园网络文化，必然依靠高校网友的校园身份和校友身份，通过共同身份组织网民角色为校园文化元素提供来源和传播动力"③。通过对科学理性、集体利益的认同和崇尚，通过内部的自我教育等方式，可以提高高校校园对各类社交媒体平台的适应和净化能力，使校园文化保持生机和活力。同时，还需要做到传承、创新和传递大学的文化理想，通过高校网络文化平台的建设，凝聚大学生的家国情怀，展示真、善、美的元素，以青年视角、青年思考和青年

---

① 黄核成：《网络文化对当代大学生的影响》，《中国青年研究》2012 年第 12 期。
② 北京大学青年研究中心：《试论社交网络平台的分化趋势与校园网络文化的转型路径》，《思想理论教育导刊》2013 年第 5 期。
③ 北京大学青年研究中心：《试论社交网络平台的分化趋势与校园网络文化的转型路径》，《思想理论教育导刊》2013 年第 5 期。

声音形成舆论合力，发挥大学作为文明传承和文化关照的社会功能，将"象牙塔"变为永葆生机的文化高地和精神家园。

二、体现教育管理的针对性和实效性

当代大学生身处互联网"裂变式"发展、社会传播和人际交往形式发生巨大变化的时代，同时，高校又是各种思想文化交流、交融、交锋的积聚地，高校教育管理工作者要根据社会环境变化、传播方式变化、学生群体变化，改进教育管理方法，实现教育管理内容和手段的转换和更新，达到润物无声、潜移默化的管理效果。

（一）制定高校社交媒体准则

高校的教职员工、学生是使用社交媒体的主要人群，对他们的网络交往行为应当有所指导和约束。从 2009 年开始，美国不少高校制定了学校的社交媒体准则，有的高校除对"官博"（即中国的官方微博和公众号）进行规定，也对"个人账号"进行了指导要求。例如，堪萨斯州立大学的准则是由民间自发组织创制的，包括人类学家、电脑工程师在内的 45 人分组制定了针对不同社交媒体的准则。在科罗拉多州立大学，由校内事务部制定、校长签署发布了学校的社交媒体准则。从笔者收集到的美国几所高校的社交准则来看，它们所具有的共同点是：将社交准则与学校其他规定相结合，绝大部分理念与"线下准则"完全一致，比如不要侵犯著作权、隐私、名誉，保护个人隐私安全，依据学校标识使用准则等。例如，科罗拉多州立大学要求在遵守该准则的同时，还要遵守学校关于著作权、IT 安全政策、个人信息隐私和安全政策等 10 个现行政策，并指出"所有想要使用学校官方形象申请账号的，请提交你的设计页面作为申请附件，以确保学校的标识可以正确使用"。密歇根大学的准则对"标识使用"提出要求，在个人页面上不得使用学校的任何标识，如组织账户需要，应参照《学校标识使用指南》；该校关于隐私的规定中，要求上传到社交媒体中的内容，在未经他人允许前，不要使用他人的姓名、图片。判断标准是，不要在社交媒体中公布任何你不会在其他公开场合表达的内容。并制定"保守秘密"条款，规定不得发布学校、校友、同事或是学生的保密或专属信息。同时，美国高校的社交媒体准则还在内容上做出规定，比如密歇根大学对于个人发布信息的准则的第一条是"真实"，强调身份要真实，当个人代表学校发表观点时，其页面和内容要与个人希望在学校里的形象保持一致。在休斯敦大学，无论是对于"官博"还是个人账号，都把"法律"作为每个部分中的头等标准。

中国不少高校也已经制定了关于官方微博、微信公众号的管理规定，按照"谁主办，谁负责"的原则进行日常管理，要求发布真实信息，不得发布危害国家安全、泄露国家秘密、损害国家荣誉和利益的信息，不得散布谣言、扰乱社会秩序、破坏社会稳定、侮辱或者诽谤他人的信息等。① 随着高校内各单位和学生组织成立的新媒体平台（包括但不限于微博、微信、易信、人人、手机报、手机客户端等）的增加，不少高校还成立了新媒体联盟，制定了联盟章程。例如，山东大学成立由校领导担任组长的新媒体建设工作领导小组，实行理事单位制、设立秘书处，确立坚持主动公开、坚持迅速回应、坚持协同联动的原则，要求各新媒体平台营造校园新媒体宣传氛围、联动做好信息共享及发布、共同做好舆情应对及引导、积极参与学校官方新媒体的建设等。② 同时，中国高校一直以来也在根据网络媒体的发展，及时制定和完善相关的规章制度，比如中山大学对二级单位开通微信公众号进行流程指导和实行备案制度。广东外语外贸大学于2016年修订学校《新闻宣传管理规定》，将微博、微信公众平台等纳入统一管理，对可能引发社会关注的事件等信息的应急等都做出规定。

（二）建立师生有效互动机制

针对互联网的特点和发展趋势，高校应当完善相应的教育管理方法，采取积极措施改变网络监管的被动局面。

第一，应当向大学生宣传有关网络媒体的法律法规和校内准则，引导他们培养法制精神和规则意识，养成自律精神，提升媒介素养。

第二，应当高度重视学生组织的微信群和QQ群等网络平台建设，充分利用网络互动的特点，开设主题论坛，主题网络沙龙，建设网上班级、网上社团等，通过网络平台开展集体活动，进一步丰富网络文化活动。同时，将传统教育平台"上网"，比如心理咨询室、就业创新咨询室等，通过现实与网络教育的链接，及时掌握大学生网络行为新特点、新动向。

第三，高校教育管理者要主动熟悉、掌握和运用网络工具，积极融入社交媒体互动之中，以充满生气和活力的形象与学生交流沟通、成为朋友。在学院、班级、社团等网络群组中，教育管理者可以主动设置讨论话题或是积极参与学生的热点话题，通过一对一、一对多等多种形式的交流互动，加强与学生

---

① 中国传媒大学官方微博管理办法（试行），http://www.cuc.edu.cn/xuanchuanbu/gzzd/3671.html. 2016-05-19.
② 山东大学校园新媒体联盟章程，http://www.xmtlm.sdu.edu.cn/lmgk/lmzc.htm. 2016.

的沟通,成为学生的朋友,进而引导学生理性认识自我,与他人交往,融入集体,增强团队凝聚力和认同感。具体而言,可以利用社交媒体的发布、转发、评论功能,把学校最新的教育信息、工作动态等传递给大学生,并收集学生对教育教学、管理服务的意见,就学生关注的升学留学、就业创业、恋爱交往等问题进行答疑解惑。同时,提高对大学生网络舆情的关注度、敏感度和研判能力,防止不良信息上传或急速扩散。在美国,老师们爱用社交媒体,他们专门设立"教育聊天室",通过 Twitter 在教师之间搭建起沟通的桥梁,建立起实时的、围绕一个或多个教育主题的讨论组,这就是所谓的教育聊天室或某某学科的聊天室(即英文的 chat)。聊天室激起了对话,其结果是催生了一所新学校、一个不收取任何费用的可供 4 000 人同时参加的网上会议,以及一个讨论教育改革的国际博客网。

(三) 建立校园舆论引导机制

在中国,政府高度关注对舆论的预判和对舆情的监测,相关部门和企业开发了舆情监测软件,开设了舆情监测通道,从技术上实现了对舆情的及时洞察、对舆情动态的及时把握。在不少高校,都有专门人员对学校和学院网站平台、学生关注的热点和敏感内容、信息流量等进行分类、识别和管理。对高校教育管理者来说,应当具备对舆情进行预测和研判的基本素质,能够及时对网络中的海量信息进行筛选、甄别,从中发现事件的苗头、潜在的问题,并密切跟踪网络事件的发展趋势,对一些虚假信息、错误观点和不实报道,能够及时通过官方微信、微博等权威平台"发声",让社会和大学生第一时间了解事情真相。

对于网络热点事件、网络恶搞和流行语等,高校教育管理者既不能全盘接受,又不可通盘否定,应及时进行舆论引导,通过平台、软件等多种途径做好相关网络信息的搜集工作,通过网络事件的舆论走向和网络流行语的发展特点等来观察大学生群体态度,因时制宜,因地制宜,因情制宜,充分了解并尊重大学生个性化发展诉求,及时化解大学生网络舆情危机。以大学生网络语言的使用为例,要深入研究网络流行语的创造和使用特点,并结合大学生群体的心理需求和特征,进行合理的教育引导,让大学生充分认识到语言文字规范的重要性和新词产生演变的规律和时代意义。同时,还要利用机会和平台,比如 2017 年初的《中国诗词大会》的讨论热潮,引导鼓励大学生重读经典,从中领略传统语言文字的美妙,不跟风、不滥用低俗的网络流行语。

(四) 实行网络行为的现实评价

将对大学生的现实评价延伸至虚拟空间,激发大学生网络行为自律意识。

对于学生评价以及班级、社团考核,不仅仅考核其现实行为表现,还要考核其在网络虚拟世界里的表现,如开展"拒绝不良上网行为,摒弃不良网络语言"等网络文明创建活动,或是开展"网络道德之星""优秀网络评论员""魅力网络组织""优秀博文"等评优评选活动,鼓励带动学生文明上网,积极参与群内交流互动,科学使用网络流行语等。

同时,创新大学生网络道德教育形式,通过正面事例的引导和反面案例的警示,培养大学生网络交往中的责任意识和自律观念。通过汇编大学生网络行为失范案例集,就热点话题与学生展开民主、平等的讨论和交流,在思想交锋和观点碰撞中去澄清、纠正一些错误看法,去劝导制止网上的人身攻击和情感欺骗等失范行为,提高大学生的媒介素养。

此外,高校教育管理者要经常深入学生宿舍、课堂和实践活动的第一线,及时了解大学生真实的思想动态,鼓励和引导他们走出宿舍、走出校园,参与到丰富多彩的校园文化活动中去,参与到志愿服务和社会实践的活动中去,回归和亲近现实社会,增强现实生活体验,丰富精神文化生活,避免长期"宅"在网络虚拟世界当中。

本章小结

总体来说,大学生文明网络交往机制的构建需要政府、社会、高校、家庭和学生自身的共同努力。其良性发展要站在建设社会物质文明和精神文明的高度,由政府采用各种行政和经济杠杆来宏观调控、统一监管,保证权力既不缺位、也不越位,做到导向正确、健康有益;需要社会组织和家庭等加强对大学生网络交往的引导,精心培育,充分尊重大学生的信息和文化权利,引导他们自愿地接受、自觉地实践和积极营建良好网络交往文化;需要互联网产品运营商等兼顾企业经营、社会责任和道德规范,建立自身的运行、管理和违规处理机制;需要高校加强校园传统媒体和网络媒体之间的有效联系和集群传播,强化社交媒体平台之间的交流互动,畅通信息共享和沟通平台,提升媒体宣传的影响力和传播力,打造高校全方位的媒介教育环境;需要高校教育管理者按照"积极发展、加强管理、趋利避害、为我所用"的原则,通过各种方式,真正使网络等新媒体为我所用,指导大学生树立正确的网络交往意识,提升信息研判能力,提高媒介素养,建立良好的网络使用习惯,从而多管齐下,使网络空间成为大学生社会化的重要平台,构建大学生文明网络交往的有效机制,营造开放向上的先进网络文化。

结 语

在"地球村"时代，网络技术改变了环境，改变了人与自然的接触方式，改变了人与人之间的交往方式，无论对于身处瞬息万变时代中的个体还是团体来说，都带来了复杂而深远的影响。对中西方大学生而言，他们成长于不同的文化背景，受到不同文化传统潜移默化的影响，有着各自不同的成长经历，但是又有着相似的年纪、处于同样的人生发展阶段。不断推陈出新的互联网技术，让中西方大学生在网络空间中更自由、更开放、更便捷地发生交集，并开始接触到越来越多的相同、相似和不同的事物，在一定程度上影响着他们的交往方式、学习方式和思考方式，并在交往中体现着全球化信息时代青年亚文化的独特风采。通过本书的研究，可以得出如下结论：

第一，中国重群体、西方重个体的文化传统对中西方大学生网络交往行为的差异产生影响，同时，中西方大学生网络交往行为也存在着趋同的特点。当前，网络已经成为中西方大学生学习、生活和交往不可或缺的重要工具，他们都习惯于利用网络来查询信息、休闲娱乐和展现自我，而西方大学生在网络使用方面更为多元，中国大学生玩网络游戏的比例更高。根据中西方大学生使用社交网站的用途以及对网上聊天的话题选择情况，我们看到中国大学生更侧重于对问题的解决，而西方大学生更倾向于对未知信息的探索。由于网络技术带来的人际关系链条和信息互动方式的变化，使得交往内容、形式和载体也相应发生变化，中西方大学生的网络交往总体呈现从陌生人社交向熟人社交的转变，尤其是中国大学生更倾向于将熟人社交移植到网络交往中，而西方大学生相对而言更重视将网络交往向现实交往领域拓展。根据中西方大学生取网名、网络交往语言和网络群体互动的特点，可以看到中国大学生更重视兴趣的共鸣和情感的认同，将网络交往的实用性、功利性体现得更为明显，而西方大学生在网络交往中更重视个性的张扬，交往语言等方面的标新立异以及对网上个人信息的保护等。这些外部表现都体现出中国重群体的文化传统和西方重个体的文化传统对大学生潜移默化的影响。虽然存在着文化背景差异，但中西方大学生的网络交往依然呈现出众多相同或相似的特点，而这种趋势仍然在继续扩大，比如中西方大学生都倾向于通过社交网站与家人、亲戚和熟悉的朋友交往，都喜欢在社交网站上写日记、发照片、记录心情、寻找同好，都希望通过网络群体交往展示个人才华、交流学习提高、锻炼处世能力、休闲娱乐，也都意识到了网络交往在某种情况下会影响个人的理性判断、造成网络依赖、引发自我认知错觉等。

第二，中西方大学生在网络交往心理结构上不存在国籍、学科上的显著差异，主要存在显著的性别、年级差异。在对大学生互联网使用特点和网络交往方式进行分析的基础上，本研究选取了具有心理学测量意义的大学生网络交往问卷进行调查，对中西方大学生网络交往的内部差异进行分析。大学生网络交往所包括的六个一级因素均不存在显著的国籍差异，从这个结果可以看出，虽然文化背景差异大，但在网络空间里，在网络交往的过程中，国籍的不同、文化背景的差异并未在整体上影响网络交往认识、网络交往自我暴露和网上情感体验、网络交往信息沟通、网络交往休闲娱乐、网络社会知觉以及网络交往消极结果等的不同。不过，大学生网络交往存在着显著的性别差异和年级差异。从性别上看，女大学生更热衷于网购和自我展示，喜欢以聊天等方式在网上消磨时间，进行休闲娱乐；男大学生更热衷于网络游戏和结识网友，对网络交往更有安全感，遇到问题更习惯上网求助。从年级上看，随着年级的上升，对网络的认识和使用都更为理性和客观，在网络交往能力和对信息的获取方面，年级越高，能力更强。值得一提的是，这种特点在中国大学生身上更为显著，而西方大学生的年级差异并不大，这与西方大学生接触网络的时间长、受到较早、较系统的媒介素养教育等因素有关。研究结果还显示，中西方大学生在互联网使用和网络交往方面都不存在显著的学科差异。

第三，网络交往中大学生个体、群体的交流互动总体上有利于推动大学生自我的发展、组织文化的形成，其互动过程中的语词创造和使用展现出独特的青年亚文化特点。本书从网络交往与虚拟自我、自我认知以及新的自我同一等三个方面进行分析，以大学生玩网络游戏为例，结合第三章的调研结果，论述了网络交往对于大学生建构多重身份、进行角色学习和整合、形成自我认知、增强自我肯定、达到新的自我同一，最终实现自我的重塑等都有积极的推动作用。具体到中西方大学生，中国大学生注重在网上表露真实的自我，积极在网上进行自我展示或是与人开展多话题的沟通，但在自我暴露和个性展示上稍显拘谨和保守。值得一提的是，中国大学生已经开始从关注自我、关注身边事物延伸到关注公共事务，对网络交往的认识和体验更加积极，呈现出推动自我发展的良好趋势。西方大学生在交往中更加注重言行的标新立异和生动有趣，其自我展示更为彰显个性，自我暴露更多，也更热衷、更自信地建立和拓展新的人际关系，自我意识在交往中不断得到增强。

本书以活动为导向、以趣缘为导向的大学生网络群体交往为例,阐释了大学生网络群体的组织模式和交往特点,认为大学生在网络趣缘群体交往中,话题的共鸣、交流的轻松、信息的碰撞等在不同程度上推动着他们不断实现自我的发展。其中,中国大学生更倾向于将现实关系"移植"到网络群组中,西方大学生较多地与群里的网友见面,体现出拓展交往范围的更强动力。同时,网络媒体背景下,高校组织群体需要通过社交媒介的立体传播、内容上的历史与现实的组合,才能达到最佳的传播效果,最终促进大学精神和传统文化的传承,推动大学组织文化的形成。

本书还从语言与文化共生的角度,对大学生网络交往中的网络语词特点进行分析,认为网络语词虽然作为新的社会环境下的产物,但已经被绝大部分中西方大学生所接受和认同。由于受到成长文化环境的影响,中西方大学生在网络语词的创造和选用上都存在着一定的差异,中国大学生更重视网络语词对内心的表达和对情绪的宣泄,以及能够增强身份认同感和归属感等,西方大学生更重视网络语词带来的简单快捷和标新立异、彰显个性。总体来说,网络语词带着文化的印记和网络的特点,表现出中西方大学生求新、求异、求简,反权威、反传统、宣泄缓压的心理倾向以及对身份认同、群体归属和流行时尚等的追求特点等,并由此形成了独特的青年亚文化特色:反叛与创新同在、渴望认同与刻意回避同在、个性张扬与盲目追随同在以及理想追求与享乐主义同在。

第四,大学生网络交往给大学生社会化带来积极和消极影响,需要按照"多中心治理"的原则,构建文明网络交往机制。本书通过实证的调研,以及对中西方大学生网络交往与自我发展、团体互动以及交往语言的特点、趋势和影响的分析,指出网络交往对于大学生社会化的积极和消极影响,并提出要以"多中心治理"的原则,从提升素养、建立规范和加强对话等方面去加强大学生文明网络交往机制的建构;通过发挥社会媒介组织、高校和大学生自身的作用,提高大学生的媒介素养,增强理性交往的能力;通过从政府层面加强网络立法,从社会组织、行业组织等层面加强网络信息环境建设,建立起适合大学生网络交往的共同的、安全的"生活世界";通过在交往中体现民族特色和青年文化特色等方式,提高对话的有效性,增强先进网络文化的作用发挥,推动交往最终达成理解和形成共识。在这里要特别提一下媒介素养方面,近年来随着中国媒介素养教育的推广,中国大学生能够更加理性和客观地看待网络以及网络交往中的人和事,但与西方发达国家的大学生相比,在如何更好地驾驭网络,如何更好地研判网络交往中呈现的海量信息,如何理性看待网络中的非理性行为等方面,还存在着较大差距。

在本书中,通过比较中西方大学生的网络交往,我们可以看到网络交往对大学生社会化带来的共同的积极和消极的影响，同时，也有很多问题值得我们深思：为什么中国大学生沉溺于网络交往的程度更重？为什么中国大学生使用网络更加重视实用性？为什么西方大学生相对重视网上陌生人社交而中国大学生相对重视熟悉人社交？这些问题通过本书的研究发现了，也在书中做了简单分析，但仍有待于进一步解答。

总体来看，中西方大学生的网络交往既存在差异，但也越来越明显地展现出更多相同的趋势和共同的特点。正如马克·佩恩（Mark J. Penn）和E. 金尼·扎莱纳（E. Kinney Zalesne）在《小趋势》中所论述的，共同的扩大和差异性的张扬在全球范围内是并行不悖的两种趋势。[1] 而这两种趋势都在中西方大学生的网络交往中存在着。而这样的交往特点又展现了鲍宗豪所描述的这样一幅画面："数字化的时代精神在奥尔匹斯山顶上嬉戏，但彼此间又相映成趣；共同的数字之途塑造出的不是千人一面的精神贫乏，而是充满多重互动的丰富多彩的世界图景。"[2]

---

[1] ［美］马克·佩恩、E. 金尼·扎莱纳：《小趋势：决定未来大变革的潜藏力量》，刘庸安、贺和风、周艳辉译，中央编译出版社2008年版，第1页。
[2] 鲍宗豪主编：《数字化与人文精神》，上海三联书店2003年版，第10页。

附 录

附录A：调查问卷（中文）

调 查 问 卷

亲爱的同学：

本问卷数据仅作为学术研究的参考，不会泄露你的个人信息。

烦请你将个人信息填写完整，并按照题目要求在选择题目后面的字母上画"√"。如果你认为备选题目不能反映你的真实情况，请你在题目后面自己加上相应的文字。谢谢你的支持与合作！

国籍：　　　　　　学校：

你的性别是：

A. 男　　B. 女

你的年龄是：

A. 不到18岁　　B. 18～20岁　　C. 21～23岁

D. 24岁以上

你就读的年级是：

A. 大一　　B. 大二　　C. 大三　　D. 大四　　E. 大五

你的专业类型是：

A. 文科类　　B. 理工科类

------

1. 你上网有多长时间了？（网龄多少）

   A. 不到1年　　B. 1～3年　　C. 3～5年　　D. 5～7年

   E. 7年以上

2. 进入大学之后你上网的时数较以前：

   A. 增加了　　B. 减少了　　C. 基本没变

3. 你每天使用互联网的时间？
   A. 不足 1 小时　　B. 1～2 小时　　C. 2～3 小时　　D. 3～4 小时
   E. 4 小时以上

4. 你上网通常是为了什么？（最多选三项，并请按重要程度排序）
   A. 查找资料　　B. 浏览网页　　C. 接收邮件　　D. 聊天
   E. 更新社交媒体（如微信、微博等）上的个人主页　　F. 学习需要
   G. 收看和下载电影和音乐　　H. 购物　　I. 玩网络游戏
   J. 挂在网上，"潜水""刷积分"　　K. 无聊地打发时间
   L. 其他（请写明）_____

5. 你经常浏览的网站：（可多选，并请按重要程度排序）
   A. 搜索引擎　　B. 社交网站　　C. 综合性网站　　D. 网络游戏
   E. 博客应用　　F. 网络视频　　G. 网络应用/电影等娱乐性网站
   H. 网络文学　　I. 论坛/BBS　　J. 即时通信
   K. 成人（色情）网站　　L. 其他（请写明）_____

6. 你习惯使用网络聊天工具和公共交友平台吗？
   A. 是　　B. 不是　　C. 一般

7. 你常用的网络聊天工具和公共交友平台有：（可多选，并请按重要程度排序）
   A. 腾讯QQ（空间）　　B. 微博　　C. 微信（朋友圈）
   D. 人人网　　E. 网络游戏　　F. BBS（论坛）　　G. 电子邮件
   H. 知乎　　I. 其他（请写明）_____

8. 你登录网络聊天工具和公共交友平台的频率：
   A. 通过手机，无聊时就使用　　B. 通过电脑，能上网时就登录
   C. 平均每天 1～2 次　　D. 平均每周 3～4 次　　E. 有空时经常登录
   F. 其他（请写明）_____

9. 你在使用网络聊天工具和公共交友平台时是否会如实填写自己的个人信息？
   A. 不愿意透露自己的任何真实信息

B. 无关紧要的填写，大部分不符合实际
C. 大部分真实，小部分不符合实际
D. 所填资料完全符合实际情况

10. 你根据什么起虚拟网名？（可多选，并请按重要程度排序）
    A. 可爱好听   B. 使用方便   C. 随心所欲
    D. 隐蔽自己   E. 另类有趣   F. 无特殊原因

11. 你在网上交往的对象主要是哪些人？（可多选，并请按重要程度排序）
    A. 家人和亲戚   B. 在网上偶然碰到的陌生人
    C. 现实生活中熟悉的周围朋友
    D. 网上认识的朋友   E. 在外地学习或工作的朋友

12. 你在 SNS（社会性网络网站）上的时候都做些什么？（最多选三项，并请按重要程度排序）
    A. 解决学习和生活中的各种问题
    B. 写日志、发照片、记录心情、更新自己的状态
    C. 了解更多不知道的信息   D. 浏览朋友的日志和照片
    E. 寻找和结识志同道合的朋友   F. 聊天交流，思想碰撞，展现自我
    G. 结识异性   H. 创办或参与群体活动   I. 玩游戏
    J. 四处闲逛，纯为打发时间   K. 其他（请写明）_____

13. 网络中你和交往对象交流得多的主要话题是：（最多选三项，并请按重要程度排序）
    A. 新闻资讯   B. 社会和学校等热点话题
    C. 学习或生活中遇到的各种问题   D. 爱情和情感类话题
    E. 自己感兴趣的话题   F. 没固定话题，无话不谈
    G. 人生感悟类话题   H. 其他（请写明）_____

14. 你在网上聊天交流，相对比较固定参加的网络群组（交际圈）主要有几个？
    A. 无   B. 1~2个   C. 3~4个   D. 5~6个   E. 7个以上

15. 你参加的网络群组类型是：（可多选，并请按重要程度排序）
   A. 大学社团群　　B. 班级群　　C. 自己感兴趣的群　　D. 游戏群
   E. 通过网络认识的网友群　　F. 现实生活中的朋友群
   G. 其他（请写明）＿＿＿＿＿＿＿＿

16. 你参加网络群组的目的是：（最多选三项，并请按重要程度排序）
   A. 展示才华　　B. 加入有共同话题的群体　　C. 相互交流学习
   D. 结交对自己有益的朋友　　E. 寻求精神寄托　　F. 锻炼处世能力
   G. 提高自己的声誉、地位　　H. 休闲娱乐　　I. 消磨时间
   J. 无明确目的　　K. 其他（请写明）＿＿＿＿＿＿＿＿

17. 在网上群体交往方面，你最看重什么？（最多选三项，并请按重要程度排序）
   A. 匿名交流、隐藏身份　　B. 无地域限制　　C. 无时间限制
   D. 话题广泛而多样　　E. 共同的兴趣爱好，有着共鸣
   F. 自由发表观点　　G. 交流方式灵活　　H. 参与的人多
   I. 其他（请写明）＿＿＿＿＿＿＿＿

18. 在网上群体交往中，你最不喜欢什么？（最多选三项，并请按重要程度排序）
   A. 匿名造成各种不道德言行的产生
   B. 网上交流的内容肤浅，垃圾信息多
   C. 内容太多，看不过来，反而少有收获
   D. 会对自我认识产生错觉，甚至造成人格障碍
   E. 易产生依赖，对现实人际交往产生不良影响
   F. 易受到群体影响，做出非理性的判断
   G. 容易造成网瘾，影响正常工作学习
   H. 其他（请写明）＿＿＿＿＿＿＿＿

19. 你在网络聊天时会使用哪些网络语言？（可多选，并请按重要程度排序）
   A. 略缩型（如GG）　　B. 符号图形型（如"^-^"）
   C. 词义转换型（如"灌水"）　　D. 谐音型（如"偶"）
   E. 派生型（如"创客""播客"）　　F. 词码混合型（如"小case"）
   G. 叠音型（如"漂漂"）

20. 你使用网络语言的主要原因是什么？（最多选三项，并请按重要程度排序）

　　A. 与网友沟通快捷方便　　B. 标新立异，生动形象
　　C. 能展现个性、塑造个人形象　　D. 时尚有趣，具有幽默感
　　E. 能更好地表达内心、宣泄情绪　　F. 能增强认同感和归属感
　　G. 不用就会被别人笑话　　H. 其他（请写明）_____

21. 下面是关于网络交往的一组描述，请你根据自己的实际情况和真实体验，评价这些描述与你的实际情况或真实体验相符合的程度。评价分为五类：1 = 完全不符合，2 = 比较不符合，3 = 界于符合与不符合之间，4 = 比较符合，5 = 完全符合。请你在所选择评价下面对应的数字上划"√"。

1. 与网友交往远比和同学实际交往快乐。	1	2	3	4	5
2. 我上网是为了寻找知心朋友或真心恋人。	1	2	3	4	5
3. 在网上与人交往时我感觉非常舒服。	1	2	3	4	5
4. 我因为网络交往而疏远了现实中的人际关系。	1	2	3	4	5
5. 上网时我感觉自己处于最好状态或最佳状态。	1	2	3	4	5
6. 在网上交往时，我自我暴露更多。	1	2	3	4	5
7. 因为网络交往，我错过了社会参与的机会。	1	2	3	4	5
8. 上网时，我才可以是真正的自我。	1	2	3	4	5
9. 在网上交往最能展示自我。	1	2	3	4	5
10. 网上的我比现实生活中的我更真实。	1	2	3	4	5
11. 在网上时我对别人很友好。	1	2	3	4	5
12. 因为上网，我曾经在学习上遇到了麻烦。	1	2	3	4	5
13. 网络交往是一种安全的交往方式。	1	2	3	4	5
14. 在网上我能更加真实地表露自己。	1	2	3	4	5
15. 网络交往和现实交往一样的真实。	1	2	3	4	5
16. 同网上认识的人在一起，我感到有更多的乐趣。	1	2	3	4	5
17. 网络交往促进了我以前的人际关系。	1	2	3	4	5
18. 当我有事情陷入困境时，我上网寻求各种帮助。	1	2	3	4	5
19. 我上网是为了寻求别人的理解。	1	2	3	4	5
20. 网络交往扩大了我的人际交往范围。	1	2	3	4	5
21. 我上网是为了和别人沟通思想，交换意见。	1	2	3	4	5
22. 通过网络交往，可以促进现实的人际关系更深入。	1	2	3	4	5

续上表

23. 网络交往使我的知识面变广了。	1	2	3	4	5
24. 因为使用互联网,所以我能掌握一些前沿性知识。	1	2	3	4	5
25. 我上网是为了了解别人对一些问题的看法。	1	2	3	4	5
26. 在网络交往时,对方是认真的、诚恳的。	1	2	3	4	5
27. 我上网聊天是为了消磨时间。	1	2	3	4	5
28. 因为网络交往,所以我的视力有所下降。	1	2	3	4	5
29. 因为网络交往,所以我参与各种锻炼的次数减少了。	1	2	3	4	5
30. 在网上和我交往的人都是友善的。	1	2	3	4	5
31. 网上结交的朋友是真实可信的。	1	2	3	4	5
32. 我认真地和别人进行网络交往。	1	2	3	4	5
33. 因为网上交往,我错过了对我很重要的学习(工作)机会。	1	2	3	4	5
34. 网上交往拓展了我的视野,增强了我分析判断问题的能力。	1	2	3	4	5
35. 我和网友的交往是关系良好的,愿意互相帮助。	1	2	3	4	5
36. 因为网上交往,我不止一次地错过吃饭的时间。	1	2	3	4	5
37. 我相信网上和我交往的人和现实中一样真实、富有感情。	1	2	3	4	5
38. 网络教会了我很多在课堂上学不到的知识。	1	2	3	4	5
39. 网上认识的朋友很亲近。	1	2	3	4	5
40. 因为上网,我的作息时间发生了变化。	1	2	3	4	5
41. 为了与网友交流,我的睡眠时间比以前少。	1	2	3	4	5
42. 网友之间的感情比现实中朋友的感情更和谐、真诚。	1	2	3	4	5
43. 在网上,我与别人是用心交流的。	1	2	3	4	5
44. 闲得无聊时,我就上网。	1	2	3	4	5
45. 我对网上人际关系很满意。	1	2	3	4	5
46. 为了上网,我放弃了学习或上课。	1	2	3	4	5
47. 当我情绪低落或焦虑时,我就上网寻求帮助。	1	2	3	4	5
48. 我对网友的典型感觉是真诚友好的。	1	2	3	4	5
49. 为了上网,我放弃或减少了重要的娱乐活动、人际交往等。	1	2	3	4	5

谢谢你的耐心作答!

附录 B：调查问卷（英文）

Questionnaire

All the responses to this questionnaire will be used for research only and will remain strictly confidential. Please finish a pre-survey on your personal information first by ticking the appropriate options with a "√". If you don't want to select any of the options provided, please write down what you think below each question. Thank you for your interest in taking part in the research!

Nationality:
University:

Your gender:
A) Male
B) Female

Your age:
A) Under 18
B) 18 – 20
C) 21 – 23
D) Over 24

What year are you in at your university?
A) First year
B) Second year
C) Third year
D) Fourth year
E) Fifth year

Which category does your major fall in?
A) Arts
B) Science & Engineering

1. How long have you been using the Internet?
A) Less than 1 year
B) 1 – 3 years
C) 3 – 5 years
D) 5 – 7 years
E) More than 7 years

2. After entering university, your online hours are
A) more than before.
B) less than before.
C) almost the same as before.

3. How much time do you spend online each day?
A) Less than one hour
B) 1 – 2 hours
C) 2 – 3 hours
D) 3 – 4 hours
E) More than 4 hours

4. What do you usually do online? (Please select up to three items and list them in descending order of importance: _____, _____, _____)
A) Search
B) Browse web pages
C) Email
D) Chat
E) Update my personal pages on social media like Facebook and Twitter
F) Learn
G) Watch movie, listen to music and download them
H) Shop
I) Play online games
J) Lurk on the Internet and get credit
K) Kill time
L) Other, please specify: _____

5. Which of the following types of websites do you usually visit? (You may select more than one option, and please list them in descending order of importance: _____, _____, _____, _____, _____, _____)

    A) Search engine
    B) Social media
    C) Comprehensive Website
    D) Online games
    E) Blog application
    F) Online video
    G) Network application or movie website
    H) Internet literature
    I) Online forum/BBS
    J) Instant messaging (IM) applications
    K) Adult (porn) site
    L) Other, please specify: _____

6. Do you usually use live chat tools or social media?
    A) Yes
    B) No
    C) Not very often

7. Which of the following live chat tools or social media do you usually use? (You may select more than one option, and please list them in descending order of importance: _____, _____, _____, _____, _____, _____)

    A) Twitter
    B) Facebook
    C) ICQ/QQ
    D) YouTube
    E) BBS
    F) Tumblr
    G) E-mail
    H) Online games websites

8. How often do you login your live chat tool or social media account?
A) Very often, login on cell phone when I am bored
B) Often, login on PC when a PC is available
C) 1 – 2 times each day
D) 3 – 4 time each week
E) Very often when I am free
F) Other, please specify: _____

9. Do you share your personal information on the live chat tool or social media?
A) Not at all.
B) Yes, I share something unimportant and most of it is faked.
C) Yes, most of it is true and only a little bit of it is faked.
D) Yes, all of it is true.

10. Which of the following types of screen name do you select? (You may select more than one option, and please list them in descending order of importance: _____, _____, _____, _____, _____, _____)
A) Cute and fancy
B) Easy to type in
C) Stylish
D) Identity-concealing
E) Alternative and funny
F) Whatever

11. Who do you usually interact with online? (You may select more than one option, and please list them in descending order of importance: _____, _____, _____, _____, _____)
A) Family members and relatives
B) Online strangers
C) Friends in my present real life
D) Online friends
E) Friends studying or working in other cities

12. What do you usually do on SNS (Social Networking Site)? (Please select

up to three items and list them in descending order of importance: _____,
_____, _____)

  A) Search solutions to any problem in my study or daily life
  B) Write diary, post photos, record mood, or post status updates
  C) Learn new information
  D) Browse my friends' diaries and photos
  E) Seek like-minded friends
  F) Communicate with others and present my own thoughts
  G) Date
  H) Launch or participate in activities
  I) Play games
  J) Troll around the Internet and kill time
  K) Other, please specify: _____

13. Which of the following topics do you usually talk about online? (Please select up to three items and list them in descending order of importance: _____, _____, _____)

  A) News
  B) Hot topics of society and my university
  C) Trouble in my study and daily life
  D) Romance
  E) Topics I'm interested in
  F) Any topic
  G) Perception of life
  H) Other, please specify: _____

14. How many online groups (circles) do you regularly join in?

  A) None
  B) 1 – 2
  C) 3 – 4
  D) 5 – 6
  E) More than 7

15. Which of the following types of online groups do you join in? (You may

select more than one option, and please list them in descending order of importance:
_____, _____, _____, _____, _____, _____)

  A) Group of university club members
  B) Group of classmates
  C) Affinity group
  D) Group of game players
  E) Group of online friends
  F) Group of offline friends
  G) Other, please specify: _____

16. Why do you join in online groups? (Please select up to three items and list them in descending order of importance: _____, _____, _____)

  A) Show my talent
  B) Join in groups with shared topics
  C) Exchange thoughts and learn from each other
  D) Meet wholesome friends
  E) Seek spiritual sustenance
  F) Learn interpersonal skills
  G) Gain fame and enhance my status
  H) Entertain myself
  I) Kill time
  J) For no specific reason
  K) Other, please specify: _____

17. Which of the following features of online group communication do you value the most? (Please select up to three items and list them in descending order of importance: _____, _____, _____)

  A) Anonymity and identity concealment
  B) Accessibility anywhere
  C) Accessibility anytime
  D) Topics diversified
  E) Shared topics
  F) Free expression of views
  G) Flexible ways of communication

H) Extensive participation

I) Other, please specify: _____

18. Which of the following features of online groups do you hate the most? (Please select up to three items and list them in descending order of importance: _____, _____, _____)

A) Anonymity brings about immoral, illegal remarks or behaviors.

B) Online communication consists mostly of superficial interactions and spam.

C) Too much information results in confusion.

D) Online communication may lead to a distortion of self-understanding, and even dissociative identity disorder.

E) People tend to become dependent on the online communication which has a negative impact on interpersonal communication in real life.

F) People are easily affected by other group members' remarks and behaviors and make irrational judgment.

G) People may become addicted to Internet which affects their daily work and study.

H) Other, please specify: _____

19. Which of the following types of Internet slang do you use online? (You may select more than one option, and please list them in descending order of importance: _____, _____, _____, _____, _____, _____)

A) Acronyms (e.g., "BTW" for "by the way")

B) Emoticons (e.g., ^-^)

C) Words with new meaning (e.g., "flame")

D) Letter homophones (e.g., "CU" for "see you")

E) Derivatives (e.g., cyberstar, cyberfair)

F) Coined word (e.g., blog, chatfly)

20. What are the main reasons that you use Internet slang? (Please select up to three items and list them in descending order of importance: _____, _____, _____)

A) It facilitates instant and convenient communication.

B) It is a lively language and attracts attention.

C) It can show my personality and build my personal image.
D) It is popular and funny.
E) It can better express my feelings.
F) It helps me fit in the community and enhances my sense of belonging
G) By using it, I can avoid being laughed at or ridiculed.
H) Other, please specify: _____

21. Please read the following descriptions of online communication, and indicate how much do you agree with these descriptions? 1 = Strongly disagree, 2 = Disagree, 3 = Neutral, 4 = Agree, 5 = Strongly agree. Please write "√" in the appropriate box below.

1. It's happier to associate with net friends than with classmates.	1	2	3	4	5
2. The reason I surf on the internet is to find a true friend or a true love.	1	2	3	4	5
3. I feel very comfortable when communicate with people online.	1	2	3	4	5
4. Due to network interaction, my real-world relationship between people becomes estranged.	1	2	3	4	5
5. I feel that I am in my ideal conditions or best conditions when surfing the internet.	1	2	3	4	5
6. Social networking leads to more self-disclosure.	1	2	3	4	5
7. I miss the opportunities for social participation because of social networking.	1	2	3	4	5
8. Only when surfing online can I be the real me.	1	2	3	4	5
9. Online communication is the best place that I can show myself.	1	2	3	4	5
10. I am more real on the internet than in reality.	1	2	3	4	5
11. I am friendly to people on the internet.	1	2	3	4	5
12. I used to encounter troubles in studies because of surfing the internet.	1	2	3	4	5
13. Social networking is a safe way of communication.	1	2	3	4	5
14. It is easier for me to reveal the real me on the internet.	1	2	3	4	5
15. Social online is as real as daily communication.	1	2	3	4	5

续表

16. It's of much more fun for me to hang around with net friends.	1	2	3	4	5
17. Social networking helps strengthen my interpersonal relations.	1	2	3	4	5
18. I seek for help on the internet when I get into trouble.	1	2	3	4	5
19. The reason I surf the internet is to seek for others understanding.	1	2	3	4	5
20. Social networking broadens my circle of interpersonal communication.	1	2	3	4	5
21. The reason I surf the internet is to communicate and exchange ideas with others.	1	2	3	4	5
22. Social networking helps to deepen the interpersonal relations of the real world.	1	2	3	4	5
23. Social networking broadens my scope of knowledge.	1	2	3	4	5
24. I can master some advanced knowledge from internet.	1	2	3	4	5
25. The reason I surf the internet is to understand people's points of view on some problems.	1	2	3	4	5
26. The opposite side on the internet is sincere and honest.	1	2	3	4	5
27. In order to kill my time, I turn to online chatting.	1	2	3	4	5
28. My eyesight has decreased because of network interaction.	1	2	3	4	5
29. Times of participating in different exercises have been reduced because of social networking.	1	2	3	4	5
30. People I associate with on the internet are all friendly.	1	2	3	4	5
31. Friends I associate with on the internet are true and dependable.	1	2	3	4	5
32. My attitude towards the friend online is sincere.	1	2	3	4	5
33. I miss some very important learning (working) opportunitiesbecause of social networking.	1	2	3	4	5
34. Social networking not only broadens my horizon but also improves my ability of analyzing and judging issues.	1	2	3	4	5
35. I maintain good relationships with my net friends and we are willing to help each other.	1	2	3	4	5

续表

36. I miss the mealtime more than once because of social networking.	1	2	3	4	5
37. I believe the people whom I associate with on the internet are as real and emotional as those in daily life.	1	2	3	4	5
38. The internet has taught me a lot of knowledge that cannot be learnt in class.	1	2	3	4	5
39. Friends I knew on the internet are very close.	1	2	3	4	5
40. My daily schedule has been changed because of surfing on the internet.	1	2	3	4	5
41. My sleeping time is less than before in order to communicate with net friends.	1	2	3	4	5
42. Compared to real-world friends, relationships between net friends are more harmony and sincere.	1	2	3	4	5
43. I communicate with others on the internet by my heart.	1	2	3	4	5
44. I go online when I feel boring.	1	2	3	4	5
45. I am satisfied with network interpersonal relations.	1	2	3	4	5
46. I give up study or skip the class in order to surf the internet.	1	2	3	4	5
47. When I am down in spirits or worried, I seek help from the internet.	1	2	3	4	5
48. The typical feeling I feel for net friends is sincere and friendly.	1	2	3	4	5
49. For the sake of surfing the internet, I give up or reduce some significant recreational activities, interpersonal communications and so on.	1	2	3	4	5

Thank you for your patience and cooperation.

附录C：中西方大学生互联网使用概况及网络交往形式特点的调查结果

表3-5-1　中西方大学生的上网目的（%）

上网目的	中国（$n=248$）	西方（$n=111$）
查找资料	46.77	48.65
浏览网页	35.48	27.93
接收邮件	16.53	25.23
聊天	52.02	61.26
更新社交网站上的个人主页	25.40	13.51
学习需要	41.13	36.04
收看和下载电影和音乐	31.85	49.55
购物	10.89	10.81
玩网络游戏	18.15	5.41
挂在网上	0.81	0.00
无聊地打发时间	12.50	9.91
其他	3.23	2.70

表3-5-2　中西方大学生的上网目的的显著性差异检验

卡方检验

项目	数值	df	渐进显著性（2端）	Monte Carlo 显著性（2端）		
				显著性（p值）	95%信赖区间	
					下限	上限
皮尔森（Person）卡方	19.163	11	0.058	0.045	0.041	0.049
概似比	20.089	11	0.044	0.048	0.044	0.052
费雪（Fisher）精确检验	19.262			0.042	0.038	0.046

表 3-6-1 中西方大学生浏览网站类型（%）

网站类型	中国（$n=248$）	西方（$n=111$）
搜索引擎	77.42	59.46
社交网站	48.39	74.77
综合性网站	37.10	26.13
网络游戏	22.18	12.61
博客应用	10.48	18.02
网络视频	41.53	54.05
网络应用/电影等娱乐性网站	27.02	41.44
网络文学	10.48	45.95
论坛/BBS	8.87	12.61
即时通信	18.55	25.23
成人色情网站	2.02	2.70
其他	7.26	4.50

表 3-6-2 中西方大学生浏览网站类型显著性差异检验
卡方检验

项目	数值	df	渐进显著性（2端）	Monte Carlo 显著性（2端）		
				显著性（p 值）	95%信赖区间	
					下限	上限
皮尔森（Person）卡方	38.085	11	0.000	0.000	0.000	0.000
概似比	39.797	11	0.000	0.000	0.000	0.000
费雪（Fisher）精确检验	39.214			0.000	0.000	0.000

表 3-7-1 中西方大学生使用网络聊天工具和公共交友平台的习惯性（%）

选项	中国（$n=248$）	西方（$n=111$）
是	68.02	71.17
一般	27.94	8.11
不是	4.05	20.72

表3-7-2　中西方大学生使用网络聊天工具和公共交友平台的习惯性显著性差异检验卡方检验

项目	数值	df	渐进显著性（2端）	Monte Carlo 显著性（2端）		
				显著性（p值）	95%信赖区间	
					下限	上限
皮尔森（Person）卡方	22.736	2	0.000	0.000	0.000	0.000
概似比	24.506	2	0.000	0.000	0.000	0.000
费雪（Fisher）精确检验	23.582			0.000	0.000	0.000

表3-8-1　中西方大学生常用网络聊天工具和公共交友平台（%）

平台	中国（$n=248$）	平台	西方（$n=111$）
腾讯QQ（空间）	50.4	ICQ/QQ	24.32
微博	3.23	Twitter	71.17
微信（朋友圈）	76.61	Youtube	13.51
人人网	96.77	Facebook	72.97
网络游戏	4.44	Online game	8.11
BBS（论坛）	8.87	BBS	14.41
电子邮件	25	E-mail	72.97
知乎	12.1	Tumblr	9.01
【熟悉人社交】	99.19	【熟悉人社交】	81.31
【陌生人社交】	18.15	【陌生人社交】	73.83

表3-8-2　中西方大学生常用网络聊天工具和公共交友平台显著性差异检验卡方检验

项目	数值	df	渐进显著性（2端）	精确显著性（2端）	精确显著性（1端）
皮尔森（Person）卡方	31.187	1	0.000	0.000	0.000
持续更正	29.758	1	0.000		
概似比	33.062	1	0.000	0.000	0.000
费雪（Fisher）精确检验				0.000	0.000

备注：该表为针对熟悉人社交、陌生人社交与国籍进行2×2的列联表分析结果，采用皮尔森卡方检验精确显著性（2端）的分析结果。

表 3-9-1 中西方大学生登录频率（%）

登录频率	中国 ($n=248$)	西方 ($n=111$)
通过手机，无聊时就使用	64.92	36.04
通过电脑，能上网时就登录	2.82	9.01
平均每天 1～2 次	3.23	23.42
平均每周 3～4 次	2.42	4.50
有空时经常登录	25.00	23.42
其他	1.61	3.60

表 3-9-2 中西方大学生登录频率显著性差异检验
卡方检验

项目	数值	df	渐进显著性（2 端）	Monte Carlo 显著性（2 端）		
				显著性（p 值）	95% 信赖区间	
					下限	上限
皮尔森（Person）卡方	28.747	5	0.000	0.000	0.000	0.000
概似比	31.123	5	0.000	0.000	0.000	0.000
费雪（Fisher）精确检验	29.849			0.000	0.000	0.000

表 3-10-1 中西方大学生个人信息保护（%）

信息保护情况	中国 ($n=248$)	西方 ($n=111$)
不愿意透露自己的任何真实信息	11.29	39.64
无关紧要的填写，大部分不符合实际	31.85	14.41
大部分真实，小部分不符合实际	48.79	21.62
所填资料完全符合实际情况	8.06	24.32

表3-10-2 中西方大学生个人信息保护显著性差异检验

卡方检验

项 目	数 值	df	渐进显著性（2端）	Monte Carlo 显著性（2端）		
				显著性（p值）	95%信赖区间	
					下限	上限
皮尔森（Person）卡方	41.801	3	0.000	0.000	0.000	0.000
概似比	43.657	3	0.000	0.000	0.000	0.000
费雪（Fisher）精确检验	42.714			0.000	0.000	0.000

表3-11-1 中西方大学生取网名依据（%）

依 据	中国（$n=248$）	西方（$n=111$）
可爱好听	17.74	29.73
使用方便	40.32	34.23
随心所欲	33.47	31.53
隐蔽自己	12.90	24.32
另类有趣	23.79	31.53
无特殊原因	36.29	34.23

表3-11-2 中西方大学生取网名依据显著性差异检验

卡方检验

项 目	数 值	df	渐进显著性（2端）	Monte Carlo 显著性（2端）		
				显著性（p值）	95%信赖区间	
					下限	上限
皮尔森（Person）卡方	6.615	5	0.251	0.254	0.245	0.262
概似比	6.675	5	0.246	0.253	0.244	0.261
费雪（Fisher）精确检验	6.569			0.256	0.247	0.264

表 3-12-1　中西方大学生网络交往对象特点（%）

交往对象	中国（n=248）	西方（n=111）
家人和亲戚	80.24	81.98
在网上偶然碰到的陌生人	10.48	13.51
现实生活中熟悉的周围朋友	90.32	84.68
网上认识的朋友	16.94	33.33
在外地学习或工作的朋友	56.45	47.75

表 3-12-2　中西方大学生网络交往对象特点显著性差异检验
卡方检验

项目	数值	df	渐进显著性（2端）	Monte Carlo 显著性（2端）		
				显著性（p值）	95%信赖区间	
					下限	上限
皮尔森（Person）卡方	6.414	4	0.170	0.170	0.163	0.177
概似比	6.507	4	0.164	0.169	0.162	0.176
费雪（Fisher）精确检验	6.409			0.170	0.162	0.177

表 3-13-1　中西方大学生使用 SNS 社交网站的主要用途（%）

主要用途	中国（n=248）	西方（n=111）
解决学习和生活中的各种问题	50.40	39.64
写日志/发照片/记录心情/更新自己的状态	42.74	30.63
了解更多不知道的信息	36.69	68.47
浏览朋友的日志和照片	40.73	42.34
寻找和结识志同道合的朋友	14.92	9.01
聊天交流，思想碰撞，展现自我	34.27	37.84
结识异性	3.23	3.60
创办或参与群体活动	8.87	4.50
玩游戏	6.85	1.80
四处闲逛，纯为打发时间	12.50	13.51
其他（请写明）	4.44	3.60

表3-13-2 中西方大学生使用SNS社交网站的主要用途显著性差异检验
卡方检验

项目	数值	df	渐进显著性（2端）	Monte Carlo 显著性（2端）		
				显著性（p值）	95%信赖区间	
					下限	上限
皮尔森（Person）卡方	18.042	10	0.054	0.048	0.044	0.052
概似比	18.388	10	0.049	0.059	0.054	0.064
费雪（Fisher）精确检验	18.048			0.047	0.043	0.051

表3-14-1 中西方大学生网上聊天的话题选择（%）

话题	中国（$n=248$）	西方（$n=111$）
新闻资讯	19.76	47.75
社会和学校等热点话题	43.55	33.33
学习或生活中遇到的各种问题	60.48	33.33
爱情和情感类话题	20.16	12.61
自己感兴趣的话题	51.61	61.26
没固定话题，无话不谈	41.53	29.73
人生感悟类话题	6.45	16.22
其他	4.44	4.50

表3-14-2 中西方大学生网上聊天的话题选择显著性差异检验
卡方检验

项目	数值	df	渐进显著性（2端）	Monte Carlo 显著性（2端）		
				显著性（p值）	95%信赖区间	
					下限	上限
皮尔森（Person）卡方	29.642	7	0.000	0.000	0.000	0.000
概似比	30.294	7	0.000	0.000	0.000	0.001
费雪（Fisher）精确检验	29.813			0.000	0.000	0.001

表3-15-1 中西方大学生参加网络群组的数量

群组数量	中国（$n=248$）	西方（$n=111$）
无	4.03	10.81
1～2个	25.40	32.43
3～4个	47.98	29.73
5～6个	12.10	11.71
7个以上	10.48	15.32

表3-15-2 中西方大学生参加网络群组的数量显著性差异检验
卡方检验

项目	数值	df	渐进显著性（2端）	Monte Carlo 显著性（2端）		
				显著性（p值）	95%信赖区间	
					下限	上限
皮尔森（Person）卡方	9.275	4	0.055	0.056	0.051	0.060
概似比	9.452	4	0.051	0.057	0.052	0.061
费雪（Fisher）精确检验	9.197			0.057	0.052	0.061

表3-16-1 中西方大学生参加网络群组的类型（%）

群组类型	中国（$n=248$）	西方（$n=111$）
大学社团群	70.56	60.36
班级群	74.60	74.77
自己感兴趣群	35.08	17.12
游戏群	9.27	18.92
通过网络认识的网友群	11.69	36.94
现实生活中的朋友群	79.44	25.23
其他	6.85	7.21

表3-16-2　中西方大学生参加网络群组的类型显著性差异检验
卡方检验

项目	数值	df	渐进显著性（2端）	Monte Carlo 显著性（2端）		
				显著性（p值）	95%信赖区间	
					下限	上限
皮尔森（Person）卡方	47.549	6	0.000	0.000	0.000	0.000
概似比	49.402	6	0.000	0.000	0.000	0.000
费雪（Fisher）精确检验	48.670			0.000	0.000	0.000

表3-17-1　中西方大学生参加网络群组的目的（%）

参加目的	中国（$n=248$）	西方（$n=111$）
展示才华	8.47	5.41
加入有共同话题的群体	51.21	43.24
相互交流学习	55.65	49.55
结交对自己有益的朋友	41.94	20.72
寻求精神寄托	13.31	6.31
锻炼处世能力	16.94	14.41
提高自己的声誉、地位	2.42	2.70
休闲娱乐	29.44	27.03
消磨时间	12.90	17.12
无明确目的	14.11	18.02
其他	5.65	12.61

表3-17-2　中西方大学生参加网络群组的目的显著性差异检验
卡方检验

项目	数值	df	渐进显著性（2端）	Monte Carlo 显著性（2端）		
				显著性（p值）	95%信赖区间	
					下限	上限
皮尔森（Person）卡方	13.065	10	0.220	0.220	0.212	0.228
概似比	13.265	10	0.209	0.233	0.224	0.241
费雪（Fisher）精确检验	13.049			0.216	0.208	0.224

表3-18-1　中西方大学生对网上群体交往积极作用的认识（%）

积极作用	中国（$n=248$）	西方（$n=111$）
匿名交流、隐藏身份	10.89	14.41
无地域限制	18.55	27.03
时间限制	14.11	30.63
话题广泛而多样	44.76	18.92
共同的兴趣爱好和共鸣	70.97	41.44
自由发表观点	46.77	46.85
交流方式灵活	33.47	32.43
参与的人多	4.03	9.01
其他	1.61	5.41

表3-18-2　中西方大学生对网上群体交往积极作用的认识显著性差异检验
卡方检验

项目	数值	df	渐进显著性（2端）	Monte Carlo 显著性（2端）		
				显著性（p值）	95%信赖区间	
					下限	上限
皮尔森（Person）卡方	29.117	8	0.000	0.000	0.000	0.001
概似比	29.733	8	0.000	0.001	0.000	0.001
费雪（Fisher）精确检验	29.145			0.000	0.000	0.001

表3-19-1　中西方大学生对网上群体交往消极作用的认识

消极作用	中国（$n=248$）	西方（$n=111$）
匿名造成各种不道德言行的产生	55.24	44.14
网上交流的内容肤浅，垃圾信息多	68.95	41.44
内容太多，看不过来，反而少有收获	37.50	21.62
会对自我认识产生错觉，甚至造成人格障碍	13.71	22.52
易产生依赖，对现实人际交往产生不良影响	23.39	43.24
易受到群体影响，做出非理性的判断	22.58	25.23
容易造成网瘾，影响正常工作学习	25.40	32.43
其他	6.05	5.41

表 3-19-2　中西方大学生对网上群体交往消极作用的认识显著性差异检验

卡方检验

项目	数值	df	渐进显著性（2端）	Monte Carlo 显著性（2端）		
				显著性（p值）	95%信赖区间	
					下限	上限
皮尔森（Person）卡方	21.265	7	0.003	0.002	0.001	0.003
概似比	21.490	7	0.003	0.003	0.002	0.004
费雪（Fisher）精确检验	21.272			0.002	0.001	0.003

表 3-20-1　中西方大学生网络交往语言特点（%）

语言特点	中国（$n=248$）	西方（$n=111$）
略缩型（如GG）	38.31	62.16
符号图形型（如"^-^"）	56.45	71.17
词义转换型（如"灌水"）	29.84	27.93
谐音型（如"偶"）	18.95	26.13
派生型（如"创客""播客"）	17.74	12.61

备注：鉴于汉语和英语网络语词的特点，只比较中文和英文问卷题目中的前5项。

表 3-20-2　中西方大学生网络交往语言特点显著性差异检验

卡方检验

项目	数值	df	渐进显著性（2端）	Monte Carlo 显著性（2端）		
				显著性（p值）	95%信赖区间	
					下限	上限
皮尔森（Person）卡方	5.345	4	0.254	0.258	0.249	0.266
概似比	5.343	4	0.254	0.262	0.253	0.271
费雪（Fisher）精确检验	5.321			0.258	0.250	0.267

表 3 -21 -1　中西方大学使用网络语言的原因（%）

使用原因	中国（$n=248$）	西方（$n=111$）
与网友沟通快捷方便	56.45	60.36
标新立异，生动形象	18.55	35.14
能展现个性、塑造个人形象	19.35	14.41
时尚有趣，具有幽默感	46.37	43.24
能更好地表达内心、宣泄情绪	52.42	40.54
能增强认同和归属感	20.56	12.61
不用会被别人笑话	1.61	1.80
其他	6.05	8.11

表 3 -21 -2　中西方大学使用网络语言的原因显著性差异检验
卡方检验

项目	数值	df	渐进显著性（2 端）	Monte Carlo 显著性（2 端）		
				显著性（p 值）	95% 信赖区间 下限	上限
皮尔森（Person）卡方	9.151	7	0.242	0.239	0.230	0.247
概似比	9.246	7	0.235	0.262	0.253	0.270
费雪（Fisher）精确检验	9.255			0.225	0.217	0.234

附录 D：访谈提纲

访谈提纲

访谈时间：
性别：_____   年龄：_____   年级：_____   专业：_____

　　1. 请问你是在什么时候加入网上的群的，比如在论坛的群或是 QQ 群、微信群或是游戏群？这样的群一共有多少个？

　　2. 你主要加入的是什么类型的群？比如班级群、社团群、亲戚群、老乡群，或者是摄影群、运动群等源于兴趣爱好的群？最喜欢哪个群或哪几个群？为什么？能举个例子说明一下吗？

　　3. 你参加了网络上的班级群、社团群和亲友群吗？在群里，一般都聊些什么？和你在生活中与他们聊天，有什么不一样？如果不一样，你觉得是什么原因造成的？

　　4. 你参加了以兴趣爱好为主的群（如跑团、摄影发烧友等）吗？是出于什么想法加入的？在群里，一般都聊什么？会带给你收获吗？存在困惑吗？为什么？

　　5. 你在网上聊天，和网友交往，有没有什么不快的事情发生？你周围的朋友呢？在这些群里，你自己或者别人曾经出现过争执吗？能否说一下最后是怎么解决的？

　　6. 在群里，你最喜欢什么样的人？为什么？

　　7. 你曾经退过群吗？是什么原因？

　　8. 你有没有和群里认识的网友在线下见过面？可否谈一谈为什么想在线下见面？现在你们相处得怎么样？

　　9. 对于有的群里出现的性挑逗、人身攻击等，你怎么看？

　　10. 你们一般在群里是怎么组织一次大型活动的？可以把组织的过程简要讲一下吗？你觉得和以前没有使用网络时相比，有什么不同？

参 考 文 献

一、中文译著类

[1] 埃里希·弗罗姆. 逃避自由[M]. 刘林海, 译. 北京: 国际文化出版公司, 2002.
[2] 安迪·班尼特, 基思·哈恩-哈里斯. 亚文化之后: 对于当代青年文化的批判研究[M]. 中国青年政治学院青年文化译介小组, 译. 北京: 中国青年出版社, 2012.
[3] 安东尼·吉登斯. 现代性与自我认同: 现代晚期的自我与社会[M]. 赵旭东, 方文, 译. 北京: 三联书店, 1998.
[4] 戴维·冈特利特. 网络研究——数字化时代媒介研究的重新定向[M]. 彭兰, 等, 译. 北京: 新华出版社, 2004.
[5] 戴维·波普诺. 社会学: 第十版[M]. 李强, 等, 译. 北京: 中国人民大学出版社, 1999.
[6] 道格拉斯·肯里克, 史蒂文·纽伯格, 罗伯特·西奥迪尼. 自我·群体·社会——进入西奥迪尼的社会心理学课堂[M]. 谢晓非, 刘慧敏, 胡天翊, 等, 译. 北京: 中国人民大学出版社, 2011.
[7] 哈贝马斯. 交往行动理论·第二卷——论功能主义理性批判[M]. 洪佩郁, 蔺青, 译. 重庆: 重庆出版社, 1994.
[8] 哈贝马斯. 交往与社会进化[M]. 张博树, 译. 重庆: 重庆出版社, 1989.
[9] 霍华德·莱茵戈德. 网络素养——数字公民、集体智慧和联网的力量[M]. 张子凌, 老卡, 译. 北京: 电子工业出版社, 2013.
[10] 莱斯利·A. 豪. 哈贝马斯[M]. 陈志刚, 译. 北京: 中华书局, 2002.
[11] 刘易斯·A. 科瑟. 社会学思想名家[M]. 石人, 译. 北京: 中国社会科学出版社, 1990.
[12] 马克·佩恩, E. 金尼·扎莱纳. 小趋势: 决定未来大变革的潜藏力量[M]. 刘庸安, 贺和风, 周艳辉, 译. 北京: 中央编译出版社, 2008.
[13] 迈克尔·休斯, 卡罗琳·克雷勒. 社会学导论[M]. 周杨, 邱文平, 译. 上海: 上海社会科学院出版社, 2011.
[14] 曼纽尔·卡斯特. 千年终结[M]. 夏铸九, 黄慧琦, 译. 北京: 社会科学文献出版社, 2006.
[15] 尼古拉斯·卡尔. 浅薄——互联网如何毒化了我们的大脑[M]. 刘纯毅, 译. 北京: 中信出版社, 2010.

[16] 齐格蒙特·鲍曼,蒂姆·梅. 社会学之思:第二版[M]. 李康,译. 北京:社会科学文献出版社,2010.
[17] 乔纳森·布朗. 自我[M]. 陈浩莺,等,译. 北京:人民邮电出版社,2004.
[18] 乔治·H. 米德. 心灵,自我与社会[M]. 赵月瑟,译. 上海:上海译文出版社,2005.
[19] 山崎正和. 社交的人[M]. 周保雄,译. 上海:上海译文出版社,2008.
[20] 唐·泰普斯科特. 数字化成长(3.0版)[M]. 云帆,译. 北京:中国人民大学出版社,2009.
[21] 肖恩·科斯蒂根,杰克·佩里. 赛博空间与全球事务[M]. 饶岚,梁玥,等,译. 北京:电子工业出版社,2013.
[22] 亚历克斯·蒂奥. 大众社会学:第七版[M]. 丛霞,译. 北京:人民邮电出版社,2012.
[23] 伊·谢·科恩. 自我论:个人与个人自我意识[M]. 佟景韩,范国思,许宏治,译. 北京:三联书店,1986.
[24] 詹姆斯·波特. 媒介素养:第四版[M]. 李德刚,等,译. 北京:清华大学出版社,2012.
[25] 真田信治,涩谷胜己,阵内正敬,等. 社会语言学概论[M]. 王素梅,彭国跃,译. 上海:上海译文出版社,2002.
[26] 中共中央马克思恩格斯列宁斯大林著作编译局. 马克思恩格斯全集:第3卷[M]. 北京:人民出版社,1960.
[27] 中共中央马克思恩格斯列宁斯大林著作编译局. 马克思恩格斯全集:第42卷[M]. 北京:人民出版社,2001.
[28] 中共中央马克思恩格斯列宁斯大林著作编译局. 马克思恩格斯全集:第46卷上册[M]. 北京:人民出版社,1979.
[29] 中共中央马克思恩格斯列宁斯大林著作编译局. 马克思恩格斯选集:第1卷[M]. 北京:人民出版社,1995.

二、中文著作类

[1] 沈虹. 90后的数字生活——90后大学生研究报告[M]. 北京:机械工业出版社,2012.
[2] 鲍宗豪. 数字化与人文精神[M]. 上海:上海三联书店,2003.
[3] 鲍宗豪. 网络与当代社会文化[C]. 上海:上海三联书店,2001.
[4] 毕宏音. 微博诉求表达与虚拟社会管理[M]. 北京:中国社会科学出版社,2014.
[5] 蔡帼芬,张开,刘笑盈. 媒介素养[M]. 北京:中国传媒大学出版社,2005.
[6] 曾国屏,李正风,段伟文等. 赛博空间的哲学探索[M]. 北京:清华大学出版社,2002.
[7] 常晋芳. 网络哲学引论——网络时代人类存在方式的变革[M]. 广州:广东人民出版社,2005.

[8] 车文博. 当代西方心理学新词典 [M]. 长春：吉林人民出版社，2001.
[9] 陈力丹. 精神交往论——马克思恩格斯的传播观 [M]. 北京：开明出版社，1993.
[10] 陈秋珠. 赛博空间的人际交往——大学生网络交往与心理健康关系的研究 [M]. 长春：吉林大学出版社，2012.
[11] 陈万柏，张耀灿. 思想政治教育学原理 [M]. 北京：高等教育出版社，2007.
[12] 陈卫星. 网络传播与社会发展 [C]. 北京：北京广播学院出版社，2001.
[13] 陈文江，黄少华，互联网与社会学 [M]. 兰州：兰州大学出版社，2001.
[14] 范庆华. 现代汉语辞海 [Z]. 哈尔滨：黑龙江人民出版社，2002.
[15] 方汉文. 西方文化概论（第2版）[M]. 北京：中国人民大学出版社，2010.
[16] 郭庆光. 传播学教程 [M]. 北京：中国人民大学出版社，1999.
[17] 郭玉锦，王欢. 网络社会学（第二版）[M]. 北京：中国人民大学出版社，2010.
[18] 韩红. 交往的合理化与现代性的重建——哈贝马斯交往行动理论的深层解读 [M]. 北京：人民出版社，2005.
[19] 路丽梅. 汉语辞海 [Z]. 北京：北京教育出版社，2003.
[20] 何明升，白淑英. 中国网络文化考察报告 [M]. 北京：中国社会科学出版社，2014.
[21] 贺香玉. 和谐社会视野下的大学生社会化问题探究 [M]. 北京：中国时代经济出版社，2009.
[22] 胡锦涛. 坚定不移沿着中国特色社会主义道路前进 为全面建成小康社会而奋斗 [Z]. 北京：人民出版社，2012.
[23] 黄少华，陈文江. 重塑自我的游戏——网络空间的人际交往 [M]. 兰州：兰州大学出版社，2002.
[24] 黄少华. 网络空间的社会行为——青少年网络行为研究 [M]. 北京：人民出版社，2008.
[25] 梁良. 从众 [M]. 上海：东方出版中心，2007.
[26] 刘明合. 交往与人的发展——基于马克思主义的视角 [M]. 北京：中央编译出版社，2008.
[27] 刘燕. 媒介认同论——传播科技与社会影响互动研究 [M]. 北京：中国传媒大学出版社，2010.
[28] 鲁曙明，洪浚浩. 传播学 [M]. 北京：中国人民大学出版社，2007.
[29] 陆晔等. 媒介素养：理念，认知，参与 [M]. 北京：经济科学出版社，2010.
[30] 马和民，吴瑞君. 网络社会与学校教育 [M]. 上海：上海教育出版社，2002.
[31] 马向真. 当代中国社会心态与道德生活状况研究报告 [M]. 北京：中国社会科学出版社，2015.
[32] 南帆. 双重视域——当代电子文化分析 [M]. 南京：江苏人民出版社，2001.
[33] 彭聃龄. 普通心理学（修订版）[M]. 北京：北京师范大学出版社，2001.
[34] 齐爱民，徐亮. 电子商务法——原理与实务 [M]. 武汉：武汉大学出版社，2001.
[35] 沙莲香. 社会心理学 [M]. 北京：中国人民大学出版社，2002.
[36] 商务印书馆编辑部. 辞源 [Z]. 北京：商务印书馆，1979.

[37] 宋元林. 网络文化与人的发展 [M]. 北京：人民出版社，2009.
[38] 苏振芳. 网络文化研究——互联网与青年社会化 [M]. 北京：社会科学文献出版社，2007.
[39] 陶国富，王祥兴. 大学生网络心理 [M]. 上海：立信会计出版社，2004.
[40] 田学斌. 传统文化与中国人的生活 [M]. 北京：人民出版社，2015.
[41] 王俊秀，杨宜音. 社会心态蓝皮书：中国社会心态研究报告（2015）[C]. 北京：社会科学文献出版社，2015.
[42] 魏光奇. 中西文化观念比较 [M]. 北京：经济科学出版社，2012.
[43] 吴伯凡. 孤独的狂欢：数字时代的交往 [M]. 北京：中国人民大学出版社，1998.
[44] 吴大品. 中西文化互补与前瞻——从思维，哲学，历史比较出发 [M]. 徐昌明，译. 北京：海洋出版社，2014.
[45] 吴康宁. 教育社会学 [M]. 北京：人民教育出版社，1998.
[46] 谢俊. 虚拟自我论 [M]. 北京：中国社会科学出版社，2008.
[47] 杨继红. 新媒体生存 [M]. 北京：清华大学出版社，2008.
[48] 杨鹏. 网络文化与青年 [M]. 北京：清华大学出版社，2006.
[49] 杨燕. 社交心理学 [M]. 天津：天津大学出版社，2007.
[50] 姚纪纲. 交往的世界——当代交往理论探索 [M]. 北京：人民出版社，2002.
[51] 姚双喜，郭龙生. 媒体与语言——来自专家与明星的声音 [M]. 北京：经济科学出版社，2002.
[52] 于海. 西方社会思想史 [M]. 上海：复旦大学出版社，2008.
[53] 臧克和，刘本才. 实用说文解字 [M]. 上海：上海古籍出版社，2012.
[54] 张开. 媒介素养概论 [M]. 北京：中国传媒大学出版社，2006.
[55] 张世英. 中西文化与自我 [M]. 北京：人民出版社，2011.
[56] 张志安. 网络空间法治化——互联网与国家治理年度报告（2015）[M]. 北京：商务印书馆，2005.
[57] 郑傲. 网络互动中的网民自我意识研究 [M]. 成都：电子科技大学出版社，2013.
[58] 郑杭生. 社会学概论新修 [M]. 北京：中国人民大学出版社，2002.
[59] 周晓虹. 现代社会心理学 [M]. 上海：上海人民出版社，1997.
[60] 朱滢. 文化与自我 [M]. 北京：北京师范大学出版社，2007.

三、中文期刊类

[1] 北京大学青年研究中心. 试论社交网络平台的分化趋势与校园网络文化的转型路径 [J]. 思想理论教育导刊，2013（5）：123 – 127.
[2] 卜卫. 论媒介教育的意义、内容和方法 [J]. 现代传播，1997（1）：29 – 33.
[3] 蔡骐. 网络虚拟社区中的趣缘文化传播 [J]. 新闻与传播研究，2014（9）：5 – 23.
[4] 曹兰胜. 微博文化中的自我认同与价值审视 [J]. 学校党建与思想教育，2013（5）：87 – 89.

[5] 陈井鸿. 网络交往与"自我"认同 [J]. 江海纵横, 2007 (6): 50-51.
[6] 陈香. 自我同一性理论及其核心概念的阐释 [J]. 前沿, 2010 (4): 91-93.
[7] 陈小普. 沉溺网络交往对大学生自我同一性发展的消极影响 [J]. 鸡西大学学报（综合版）, 2009 (1): 23-24.
[8] 陈晓慧, 王晓来, 张博. 美国媒介素养定义的演变和会议主题的变革 [J]. 中国电化教育, 2012 (7): 19-22.
[9] 陈要勤. 中日大学生网络缩略语使用心理比较 [J]. 广东外语外贸大学学报, 2009, 20 (5): 34-36.
[10] 陈毅松. 思想政治教育中同辈群体的作用分析与对策研究 [J]. 求实, 2006 (9): 75-77.
[11] 陈正良. 同辈群体环境对青少年发展的影响 [J]. 宁波大学学报（教育科学版）, 2004, 26 (5): 61-64.
[12] 程安琪, 张耘, 祁珍丽, 等. 大学生网络流行语盛行的解读与思索 [J]. 北京城市学院学报, 2014 (2): 28-32.
[13] 邓泽球, 张桂群. 论网络虚拟人格 [J]. 常德师范学院学报（社会科学版）, 2002, 27 (2): 33-35.
[14] 杜运年. 从博客到微信: 网络社交的窄化 [J]. 新媒体研究, 2017, 3 (2): 19-20.
[15] 段文娥. 大学生社交网络中的人际交流研究——以华中师范大学为例 [J]. 新闻世界, 2013 (1): 55-57.
[16] 范进, 柯锦华. 现代西方交往概念研究 [J]. 哲学动态, 1992 (6): 36-38.
[17] 风笑天, 孙龙. 虚拟社会化与青年的角色认同危机——对 21 世纪青年工作和青年研究的挑战 [J]. 青年研究, 1999 (12): 15-19.
[18] 郭金山. 西方心理学自我同一性概念的解析 [J]. 心理科学进展, 2003, 11 (2): 227-234.
[19] 韩晓峰, 郭金山. 论自我同一性概念的整合 [J]. 心理学探新, 2004, 24 (2): 7-11.
[20] 何广寿. 中外大学生网络伦理教育比较研究 [J]. 边疆经济与文化, 2010 (6): 122-124.
[21] 何林. 网络交往中自我的发展与提升对策的思考 [J]. 玉林师范学院学报（哲学社会科学版）, 2007, 28 (2): 122-124.
[22] 侯岩. 网络虚拟自我与人格新探 [J]. 河南师范大学学报（哲学社会科学版）, 2013, 40 (4): 169-172.
[23] 胡平, 刘俊, 董冰. 大学生人格与网络行为: 网络道德人际 SEM 模型 [J]. 心理发展与教育, 2003, 18 (2): 29-34.
[24] 华伟. 网络交往对青少年自我形成的影响 [J]. 青年探索, 2002 (1): 10-13.
[25] 黄核成. 网络文化对当代大学生的影响 [J]. 中国青年研究, 2012 (12): 69-72.
[26] 黄汀. 青年亚文化视域下的校园网络语言和流行语研究 [J]. 湖南科技大学学报（社会科学版）, 2012, 15 (6): 164-168.

[27] 黄希庭,夏凌翔. 人格中的自我问题 [J]. 陕西师范大学学报(哲学社会科学版),2004,33(2):108-111.

[28] 黄向辉,傅翔. 从新词的传播过程看语言的社会文化建构功能 [J]. 浙江工程学院学报,2004,21(4):367-370.

[29] 雷志萍,吴媛媛. 大学生网络交往类型及基本特征研究 [J]. 科技资讯,2011(3):238.

[30] 黎昌友,黄先政,施帆帆. 从网络语言看当代青年的文化心理 [J]. 成都大学学报(社会科学版),2012(6):16-18.

[31] 黎力. 虚拟的自我实现——网络游戏心理刍议 [J]. 中国传媒科技,2004(4):22-24.

[32] 李红革. 当代大学生的网络行为与意识分析——来自湖南五所高校的统计调查报告 [J]. 湘潭师范学院学报(社会科学版),2002,24(4):133-136.

[33] 李辉. 网络虚拟交往中的自我认同危机 [J]. 社会科学杂志,2004(6):84-88.

[34] 李小元. 网络交往对大学生社会化的影响及其对策 [J]. 教育探索,2009(3):103-105.

[35] 李义军. 浅谈网络交往对大学生成长的影响及正确引导 [J]. 河南社会科学,2008(2):163-165.

[36] 李志红,陈雅莲. 网络交往——中介的革命 [J]. 北京理工大学学报(社会科学版),2009,11(2):25-27.

[37] 厉兵. 不必视网络语言为洪水猛兽 [J]. 电脑爱好者,2006(2):120.

[38] 廖建国,范中丽. 微博给予自我的意义:内、外两个世界更加澄明 [J]. 成都大学学报(社会科学版),2014(2):1-6.

[39] 林玲. 汉语网络新词的判定及造词方式 [J]. 成都大学学报(社会科学版),2008(2):110-113.

[40] 刘冰冰,花鸥. 高校网络青年自组织发展风险防范对策研究 [J]. 安徽广播电视大学学报,2012(3):70-73.

[41] 长城. 网络时代青少年社会化模式的转变 [J]. 当代教育科学,2007(21):57-58.

[42] 刘中起,风笑天. 虚拟社会化与青少年角色认同实践研究 [J]. 黑龙江社会科学,2004(2):109-112.

[43] 卢新伟,蔡国春. 解读大学校庆的价值:组织文化和仪式的视角 [J]. 煤炭高等教育,2009,27(5):15-18.

[44] 卢义忠. 非角色交往刍议 [J]. 福建论坛(经济社会版),1989(6):40-42.

[45] 罗自文. 青年网络趣缘群体的类型和成因分析——以6个典型青年网络趣缘群体访谈为例 [J]. 中国青年政治学院学报,2014(5):132-136.

[46] 马春雷. 青年民间组织发展现状及其引导 [J]. 中国青年研究,2007(11):38-40.

[47] 马中红. 亚文化符号:网络语言 [J]. 江淮法治,2015(4):41-43.

[48] 梦海. 交往是人类大同之路——论雅斯贝尔斯的交往理论 [J]. 求是,1998(5)39-42.

[49] 闵毅. 从网络语言看网络流行文化与青年的互动 [J]. 淮海工学院学报(人文社会

科学版),2012,10(14):104-107.

[50] 农郁. 微时代的移动互联:轻熟人社交,交往快感与新陌生人社会的伦理焦虑——以微信为例[J]. 文学与文化,2014(3):91-99.
[51] 彭扬. 网络交往中的虚拟自我研究[J]. 东南传播,2014(2):83-85.
[52] 秋沙. 女生上网[J]. 网络与信息,1999,13(11):30-32.
[53] 仝春阳. 谈英汉网络语言之比较[J]. 沈阳大学学报,2006,18(6):75-77.
[54] 施雯. 网络群体交往中的虚拟自我[J]. 媒体时代,2013(6):36-39.
[55] 石国亮. 从网络语言看青年文化的反哺功能[J]. 中国青年研究,2009(7):84-87.
[56] 石伟,刘杰. 自我肯定研究述评[J]. 心理科学进展,2009,17(6):1287-1294.
[57] 陶佳,魏玲. 谈网络虚拟同辈群体对青少年的积极影响[J]. 才智,2012(33):292.
[58] 田雨,卞玉龙,韩丕国,等. 羞怯对网络交往的影响:自我意识的中介作用[J]. 中国健康心理学杂志,2016,24(4):548-552.
[59] 汪怀君. 中西交往伦理价值取向之比较[J]. 东方论坛,2008(5):14-17.
[60] 王帅,抗雷,齐波,等. 当代大学生网络交流方式及特点研究[J]. 现代交际,2014(4):213-214.
[61] 王小艳. 从大学生自我教育角度浅析高校非正式群体[J]. 文教资料,2007(25):35-37.
[62] 王玉香,杜艳. 高校网络青年自组织管理现状及思想教育对策[J]. 学校党建与思想教育,2014(13):56-59.
[63] 王玉香,王俊燕. 网络青年自组织的特征解析[J]. 中国青年研究,2014(9):39-44.
[64] 文姿波. 英汉网络新词对比[J]. 知识经济,2010(2):168-169.
[65] 肖伟胜. 作为青年亚文化现象的网络语言[J]. 社会科学研究,2008(6):190-195.
[66] 谢玉进. 网络趣缘群体与青少年发展[J]. 中国青年研究,2006(7):60-63.
[67] 徐琳琳. 中国传统文化对大学生"虚拟自我"的影响[J]. 哈尔滨师范大学社会科学学报,2013(6):9-11.
[68] 徐真华. 从广州年轻人的语言态度看语言与社会的互动关系[J]. 外语教学与研究,2008(4):310-313.
[69] 薛国林. 国外微博管理经验借鉴[J]. 人民论坛,2012(6):36-37.
[70] 闫珺. 网络时代的青年亚文化——网络流行语言的文化浅谈[J]. 东南大学学报(哲学社会科学版),2007,9(A2):215-217.
[71] 杨明刚,陈韵超,顾明毅. 大学生网络流行语使用行为的调查与分析——以上海部分高校为例[J]. 中国广告,2011(12):118-122.
[72] 姚剑英. 网络化:高校学生工作的新课题[J]. 无锡教育学院学报,1999(4):66-68.
[73] 姚俊,张丽. 网络同辈群体与青少年社会化[J]. 当代青年研究,2004(4):24-27.
[74] 阴卫芝. 美国五所高校社交媒体准则研究[J]. 新闻爱好者,2013(2):62-65.
[75] 袁婷,汪峰,李祥东. 论新媒体视域下的高校青年自组织的建设[J]. 铜陵学院学

报，2013（2）：76-79.
- [76] 张华. 网络时代：青少年社会化方式的转变与共青团团结凝聚青年自组织的策略[J]. 中国青年研究，2011（2）：22-28.
- [77] 张芦军，周笑平. 网络文化对大学生自我同一性的影响研究[J]. 江西金融职工大学学报，2010，23（1）：151-153.
- [78] 张日昇. 同一性与青年期同一性地位的研究——同一性地位的构成及其自我测定[J]. 心理科学杂志，2000，23（4）：430-435.
- [79] 张文宏. 网络社群的组织特征及其社会影响[J]. 江苏行政学院学报，2011（4）：68-73.
- [80] 赵瑞华. 媒介化生存与人的异化[J]. 新闻记者，2010（2）：29-32.
- [81] 郑涌，黄希庭. 自我同一性状态对时间透视体验的结构关系研究[J]. 心理科学，1998，21（3）：201-205.
- [82] 钟毅平，陈智勇，罗西，等. 自我肯定对自尊及自我评价的影响[J]. 中国临床心理学杂志，2014（3）：390-393，385.
- [83] 周钦江，黄希庭，毕重增. 自我知识组织与心理适应[J]. 西南大学学报（社会科学版），2007，33（6）：37-42.
- [84] 周园园. 英汉网络语言造词方法的比较[J]. 宁波广播电视大学学报，2008，6（2）：11-13.
- [85] 朱强. 言说：青年社会互动的一种特殊符号——对青年俗语，网络语言，段子，翻唱歌词……的解读[J]. 青年研究，2001（6）：13-19.
- [86] 祝伟华，沈海华. 浅论高校网络青年自组织建团研究[J]. 教育教学论坛，2013（17）：9-10.
- [87] 宗锦莲. 浅析网络语言与青年文化的建构[J]. 青少年研究（山东省团校学报），2007（6）：15-18.

四、学位论文类

- [1] 陈历. 论网络交往实践[D]. 福州：福建师范大学，2003.
- [2] 陈秀兰. 交往中的建构——大学教学活动的社会建构论解读[D]. 武汉：华中科技大学，2007.
- [3] 高蕾. 社交媒体网络公民参与现状及相关因素研究：以大学生使用微博、微信朋友圈为例[D]. 重庆：重庆大学，2015.
- [4] 华伟. 网络交往与大学生道德自我发展[D]. 南京：南京师范大学，2003.
- [5] 黄诗旸. 大学生网络交往现状与对策研究[D]. 上海：上海师范大学，2005.
- [6] 刘小燕. 上海大学生网络自我效能的实证研究[D]. 上海：上海师范大学，2005.
- [7] 卢斌. 哲学视域下的网络社会交往[D]. 北京：中共中央党校，2011.
- [8] 吕夺印. 网络交往对自我认知影响的探索性观察分析：基于当代青年的案例研究[D]. 重庆：西南政法大学，2010.

［9］马恒平. 网络行为的心理伦理分析［D］. 武汉：武汉科技大学，2002.

［10］马璐璐. 实现网络社会合理性交往的路径研究［D］. 长春：东北师范大学，2008.

［11］彭静. 网络交往对大学生社会性发展的影响研究［D］. 呼和浩特：内蒙古师范大学，2010.

［12］夏俊. 大学生网络交往问题及教育导向策略研究［D］. 重庆：西南师范大学，2003.

［13］杨玲. 文化交往论［D］. 武汉：华中科技大学，2010.

［14］杨平. 网络交往与人的发展［D］. 天津：天津师范大学，2008.

五、报纸、报告类

［1］鲍鲳. 年轻人为何如此迷恋"网游"［N］. 中国青年报，2014-11-3（2）.

［2］邱鸿安. 寂寞脸书［N］. 世界日报，2012-05-7（B7）.

［3］习近平. 在哲学社会科学工作座谈会上的讲话［N］. 光明日报，2016-05-19（1）.

［4］叶娟娟，姚帅. 青年自组织：网络串起公益群体圈［N］. 河北日报，2008-06-4（10）.

［5］中国互联网信息中心. 第30次中国互联网络发展状况统计报告［R/OL］，2012.7.

［6］中国互联网信息中心. 第40次中国互联网络发展状况统计报告［R/OL］，2017.7.

六、外文类

［1］KIM B, KIM Y. College students' social media use and communication network heterogeneity: implications for social capital and subjective well-being［J］. Computers in human behavior, 2017, 73: 620-628.

［2］JIANG C, ZHAO W, SUN X, et al. The effects of the self and social identity on the intention to microblog: An extension of the theory of planned behavior［J］. Computers in human behavior, 2016, 64: 754-759.

［3］CHIST W G, POTTER W J. Media literacy, media education, and the academy［J］. Journal of communication, 1998, 48（11）: 5-15.

［4］HUME D. A treatise of human nature［M］. Oxford: Oxford University Press, 1958.

［5］DECEMBER J. Units of analysis for internet communication［J/OL］. ［2012-02-25］. http://jcmc.indiana.edu/voll/issue4/December.html.

［6］TAPSCOTT D. Growing up digital: the rise of the net generation［M］. New York: McGraw-Hill, 1999.

［7］ELLISON N B, STEINFIELD C, LAMPE C. The benefits of Facebook "Friends:" social capital and college students' use of online social network sites［J］. Journal of computer-mediated communication, 2007, 12（4）: 1143-1168.

［8］GENAVEE B, MICHINOV N, MANAGO A M. Private message me s'il vous plait: preferences for personal and mass personal communications on Facebook among American and French students［J］. Computers in human behavior, 2017, 70: 143-152.

［9］ISABEL RODRLGUEZ-TEJEDO, LARA S. An assessment of the impact of social networks on collaborative learning at college level [J]. Procedia-social and behavioral sciences, 2012, 1 (47): 1616 – 1621.

[10] KROGER J. Discussions on ego identity [M]. London: Lawrence Erlbaum Associates, 1993.

[11] LEWIS J, KAUFMAN J, CHRISTAKIS N. The taste for privacy: an analysis of college student privacy settings in an online social network [J]. Journal of computer-mediated communication, 2008, 14 (1): 79 – 100.

[12] LESSIG L. Code and laws of cyberspace [M]. New York: Basic Books Publisher, 1999.

[13] MANAGO A M, TAYLOR T, GREENFIELD P M. Me and my 400 friends: the anatomy of college students' Facebook networks, their communication patterns, and well-being [J]. Developmental psychology, 2012, 48 (2): 369 – 380.

[14] MASON M J, ZAHARAKIS N, BENOTSCH E G. Social networks, substance use, and mental health in college students [J]. Journal of American college health, 2014, 62 (7): 470 – 477.

[15] VALENZUELA S, PARK N, KEE K F. Is there social capital in a social network site: Facebook use and college students' life satisfaction, trust, and participation [J]. Journal of computer-mediated communication, 2009, 14 (4): 875 – 901.

[16] MARC A S, KOLLOCK P. Communities in cyberspace [M]. London: Routledge, 1999.

[17] HALL S, JEFFERSON T. Resistance through rituals: youth subcultures in post-war Britain [M]. London: Hutchinson, 1976.

[18] WORCHELL S, WOOD W, SIMPSON J A. Group processes and productivity [C]. Berkshire: Newbury Park, 1992.

[19] WILEY C, SISSON M. Ethics, accuracy and assumption: the use of Facebook by students and employers [R]. The Southwestern Ohio Council for Higher Education Special Topics Forum, Dayton, OH, 2006.

后 记

本书是在我博士论文的基础上补充修改而成的。以"中西方大学生网络交往"为研究对象,通过比较的视角去观照不同文化成长背景下的大学生网络交往实践,分析其对新时期青年亚文化形成、大学生社会化进程等所产生的重要而深远的影响,这是一个极富挑战性的课题。在研究写作的过程中,伴随着网络社交媒体的不断演进,作为一个浸润其中的"网民",我也得到了蜕变和成长。

本书见证了我在广外工作和学习的岁月。13 年前踏进广外校园,白云山的青翠,更是显出这所学府的钟灵毓秀。从那天开始,白云山与我的梦想紧紧相依。我每天聆听着她轻盈的脚步,感受着她如水的凉意,欣赏着她斑斓的色彩。图书馆门前那几棵大叶榕,嫩芽吐绿,欲卷还舒,枝繁叶茂,郁郁葱葱,特别是毕业季,穿着学位服的毕业生们在树下阶梯拍照,这图书馆、这大榕树便定格在了一届又一届广外学子的青春记忆中。

踏上在职攻读博士之路,其实初衷很简单,就是希望自己保持学习的动力和耐力。于我而言,攻博的六年是人生得到历练和成长的最关键时期;于家庭而言,我是妻子、母亲和女儿;于单位而言,我是十余年坚守文秘岗位的业务骨干;于论文而言,所有那些角色担当下的困难都不能成为侥幸或是随意的借口。我深深感到,每一篇文章,都是用"时间"在累积,虽有技巧,却无捷径。当走过六个寒暑,回往那段路,有些片断难以忘却,有些心情记忆犹新:晚饭后挥手告别孩子时的依恋和愧疚;踏着闭馆的音乐声走出图书馆时的充实和成就感;在皎洁的月光中、橘黄的路灯下骑车回家时的淡定和从容;在朋友圈秀吃、秀玩、秀娃的"热闹"中打开电脑的寂寞和"悲壮"……

在这段求学路上,凝结着太多人的智慧、鼓励和付出。导师徐真华教授作为一位传道授业 40 余年的教育家,他支持我选择这个研究主题,鼓励我用比较和实证的方式研究新媒体环境下的中西方大学生的网络交往,是徐老师的鼓励让我相信这个研究的现实意义并努力坚持下来;当我把大量的精力投注于繁忙工作,尽家庭之责时,是徐老师的耐心劝导让我相信利用好"碎片化时间",就能到达终点……在他的身上,我看到的是一个师者的诲人不倦,一个学者的严谨求实，一个教育家的视野格局。

在此，我要郑重感谢带我走上研究之路的启蒙导师，著名新闻传播学家、教育家樊凡教授，他于2017年2月16日在美国旧金山辞世，令我悲痛万分。他60年来执着学术，10余年无私相助和鼓励我不断求索。知道我的研究主题后，他专程从美国寄来关于社交媒体的剪报资料和他的批注，并在信中表达对人们过于依赖社交媒体的忧思，用比较的视角给了我诸多启发。我还要感谢对本书撰写提出独到见解的杨韶刚教授、郑立华教授、何国平教授、张向荣教授、吴艳教授、王芳主任编辑等；感谢对书中的问卷调查、翻译、访谈等做出贡献的部分外语院校和广东高校的同行、朋友们。

求学、工作的20余年，是家人的支持、鞭策和鼓励使我能够不断追求自己的梦想，他们的理解和关爱是我动力的源泉和情感的慰藉。戴上博士帽，书籍的付梓，对我而言，都只是另一段路程的开始，它不是句号，而是分号，我将继续不忘初心，砥砺前行。

最后，本书得以顺利出版要特别感谢栾栋教授，他不仅关注我论文的写作，还把拙作纳入他主编的"外国文学文化论丛"，并劳心劳力，多次与出版社沟通，使之最终能够与读者见面。本书在写作过程中，采撷了众多学者的智慧之果，虽已标明出处，但难免有所遗漏，在此表示谢意和歉意。社交媒体的发展日新月异，因本人学养和水平的不足，书中难免存在错误和疏漏，敬请各位专家学者和读者朋友批评指正。